王元化
著作集

读黑格尔

王元化 著

上海书店出版社
SHANGHAI BOOKSTORE PUBLISHING HOUSE

王元化像

墨辩萧逻辑学有"名"，名词三范畴，即普遍性、特殊性、个体性。墨辩也同样提出逻辑名词"名"分私、

名达三个范畴，据逻辑而解释，名状达也有实少特义多也，马数也，若实也，矢以墨名也命之。

私也是名也，止于是实也。墨辩所谓达名是指普遍性范畴，即说某有子在名者不达而专

名如物，物达个概念可统摄万有。类名是指特殊性的范畴，即高与马，达的是别名，如其，马达个概念则

在别于牛羊，但又根据一种共同形态而各在其内，私名指个体性范畴，即高与马的推而别之，必无别而隐

此如臧，臧达个概念作为第个体的专名。

录自一九六二年撰哲学笔记 甲申夏清阁

出版说明

　　王元化（1920.11.30—2008.5.9），湖北江陵人。著名学者、思想家、文艺理论家。号清园，曾用笔名洛蚀文、方典、函雨等。他从二十世纪三十年代开始写作，在漫长的学术生涯中，发表了多部作品。他对《文心雕龙》的解读，对五四启蒙思想的剖析，对卢梭"公意"的追问，他整个思想历程的"三次反思"等，都对当代思想学术产生了深远影响。他"不降志，不辱身，不追赶时髦，也不回避危险"的精神风骨，亦成为后学追慕的楷模。为了更好地传播王元化先生的思想学术，传承其精神文脉，更加完整地展现先生个人的观察、思考、认知与研究，我们此次以精装本形式推出"王元化著作集"，集中呈献给广大读者，谨以此表达对先生最真挚和最深切的纪念。

二〇二二年十月

谨以此书

纪念我的妻子张可

她于二〇〇六年八月六日永远离开了我们

目 录

上　　编

下　编

小引

本书分上下两编，两编都是我读黑格尔时写下的文字。下编是原始笔记。约十年前，江西百花洲文艺出版社曾将这部分原始笔记影印出版，其目的主要在于保存笔记的手迹。出版者认为这两本手写的笔记字体整齐，书法好看，所以就将它出版了。当时我只想留下我学习途程的一点痕迹，而没有考虑乘机把自己对这位大哲学家的思考勾勒出来。这两本原始笔记一本是一九七二年重读《小逻辑》的笔记，一本是一九七六年至一九七七年读《美学》第一卷的笔记，都写于"文革"中。那时思想受到拘束，也缺乏下笔畅言的胆量，这是经过那场浩劫的人可以理解的。我记笔记时自然不会想到公开给别人阅读，但顾忌仍旧难免。其中有些今天看来近似教条的话，一部分原因固然出自自己的水平，也有一部分原因是由于怕被人发现，因文字而遭祸。我说这些话无非是希望读者知道我对它们的缺点与局限是不满意的。尽管那时读黑格尔曾给予我很多教益，它帮助我逐渐明白怎样去思考——不是单一的，而是多条线索交织在一起地去思考；不是简单化的，而是错综复杂、如剥笋抽茧、层层深入地去思考。这就使我自然而然地养成一种沉潜往复、多面推敲、曲折进展的思想习惯。

　　本书的上编大多是我在两种笔记的基础上酝酿而成的短文，它们或是单独成篇，或是在其他论题的文章中对黑格尔有所涉及的部分。现在把它们集合在一起，可以算是多年来我对这位大哲学家尽心钻研所获得的一点心得。其中一种是我对他的认识和理解：比如关于《小逻辑》里所阐述的三范畴论、知性的分析方法、《美学》中的某些重要概念如"情志"等等，均属此类。这些都是我在反复研读黑格尔哲学时，感受较深且有自己见解的纪录。另外一种则是我对黑格尔哲学和别的哲学进行比较和探讨其间关系的揭示，比如我发现黑格尔美学中某些地方是受到了威廉·席勒格的影响，《小逻辑》中的三范畴：普遍、特殊、个别不仅受到卢梭的公意、众意、私意三范畴的启迪，而且和我国先秦时期《墨辨》中的三范畴：达名、类名、私名，以及荀子所谓的大共名、大别名、个体名所阐明的是完全同样的逻辑范畴。再如黑格尔美学中的"生气灌注"和我国魏晋时期谢赫所标示的"六法"中的"气韵生动"，也属于同样的美学范畴。诸如此类阐释，我并没有看到过其他论者有同样的或近似的说法，而都是由我自己作出的。这里我把上编的内容作了简要交代，倘读者阅读本书时能注意及此，那我将感到十分高兴了。

　　还需要说明一下上编的这些文字和下编的不同。下编是我在阅读黑格尔时未遑细思，就把读时的感受匆忙记下的草稿。上编的文字是我为发表而写的，但它们写在不同时期，跨越的时间很长，其间我的思想是有其发展过程的。从四十年代初至九十年代初，我经过了三次重大的反思，直到九十年代，我才认为自己开始步入学术之境，较为成熟起来（关于我的三次反思请详拙著《思辨录》序）。如果按照这一标准去衡量，上编的许多文字，我也感到是有缺点与局限的。但我把它们收录在本书中时，除了在文字上略作修饰和补充外，并未作大的改动，这一点我也希望读者在阅读本书时，能加以注意。本书的导论《读黑格尔的思想历程》写于一九九六年，可以说代表我成熟期的思想成果。这篇文章概括了我对黑格尔的较全面的思考。文中对黑格尔哲学的某些论点的评述，如逻辑和历史的一致、抽象的普遍性与具体的普遍性，以及三范畴论中的同一哲学倾向等等，都不是引申别人的意见或受到别人影响，而是我经过多年独立思考所得出的一点成果，至今我仍认为这些论断是值得推荐给读者参考的。

二〇〇六年九月十日

读黑格尔的思想历程

　　我开始接触黑格尔是在隔离审查的第二年。经过一年多时间，我的问题基本清楚了，内查外调已经结束，我被允许读书读报。我读的第一本黑格尔的书，是一九五四年三联书店初版印行的贺麟译《小逻辑》。这是根据新中国成立前的商务本子重印的。这本书我现在还保存着，纸已发黄，封底业已脱落。在最后一页上记载着："一九五六年九月七日上午第一次读毕。"下面有这样几行文字："用了一个多月的时间。开始很吃力，但越读兴味越大。深刻，渊博，丰富。……作了重点记号。作了第一次笔记。"时间过去整整四十年了，我已记不起当时所记的笔记内容，这本笔记早就遗失了。记得初读《小逻辑》时，宛如进入一个奇异的陌生世界。我完全不能理解黑格尔所用的专门名词和他的表述方式。费尔巴哈曾经说，黑格尔将具体的例证都放到脚注中去了。他的正文是思辨性的、抽象性的。试想这怎么能够使一个从来不习惯于思辨思维的人去理解它？在读《小逻辑》的开头几天，我完全气馁了，几乎丧失了继续读下去的勇气。可是我想我应该像许多开头并不懂黑格尔的读者一样，无论如何应该把这部难读的书读完。我打算反复去读，先通读一遍，然后再慢慢细读或精读。这个决心一下，我驱走了失望情绪，耐心地去读第二遍。在上面提到的那本现已破旧的《小逻辑》最后一页上，我记下"一九五六年十一月一日下午第二次读毕。此次历时两个多月，做了十一册笔记，共三百二十六面，约二十万字左右"。我在第二遍阅读时，开头很缓慢，每天早上只读书中的一节。我要求自己尽量读通读懂，对书中的某些疑难问题，有时一直从早上考虑到下午。这样一点一点去消化，使我养成了一种钻研的习惯。后来我从一些艰深著作中得到了读书之乐，就是从这时开始的。六十年代初，我向熊十力先生问学时，他批评读书"贪多求快，不务深探"的作风，而提倡"沉潜往复，从容含玩"，使我深锲于心，即由于我有过上面那一段读书体验的缘故。这次所写的十一册笔记连同差不多时期所写的读《资本论》第一卷的十来本笔记，我于一九五七年隔离结束后带回家中，"文革"动乱中也没有随同其他书札一起被毁，幸而保存下来。两年前我将它们全部捐赠给上海市档案馆了。

在一九五四年三联初版印行的《小逻辑》最后一页上，还记载着"一九七四年十月二十九日第三次读毕"，下面没有附加任何说明。现在本书所影印的《读小逻辑笔记》就是第三次读毕之后所写的笔记，记笔记的时间约在一九七四年十一月到十二月光景。我读黑格尔《小逻辑》共有三次。韦卓民先生在通信中，曾称我读黑格尔"韦编三绝"即是指此。这三次阅读《小逻辑》是就通读而言，至于平时翻阅检索的次数，就没有记录了。我应该承认，如果说我也有一些较严格的哲学锻炼，那就是几次认真阅读黑格尔《小逻辑》为我打下了基础，使我以后可以顺利地阅读黑格尔的其他一些著作。

自从读了黑格尔哲学以后，我成为黑格尔的景仰者。我觉得他的哲学具有无坚不摧扫除一切迷妄的思想力量。我曾经一遍一遍重读书前所载黑格尔在柏林大学授课前向听众所做的《开讲辞》："精神的伟大力量是不可低估和小视的。那隐闭着的宇宙本质自身并没有力量足以抵抗求知的勇气。对于勇毅的求知者它只能揭开它的秘密，将它的财富和奥妙公开给他，让他享受。"我每次读《开讲辞》这几句结束语，都会感到心情激荡，它体现了文艺复兴以来对人和人的思想充满信心的那种坚毅的人文精神。在那些愁苦的岁月中，它增加了我的生活勇气，使我在隔离中不致陷于绝望而不可自拔。从那时到现在已经有数十年过去了。虽然我这些年不再像过去一样，怀有对于理性主义那种近似宗教式的热忱，但我仍牢记黑格尔所说的"精神的力量是不可低估和小视的"这句话。

《小逻辑》给我的最大启迪，就是黑格尔有关知性问题的论述。这些论证精辟的文字对我的思想起了极大的解放作用。因为知性的分析方法，长期被视为权威理论，恐怕至今还有人在奉行不渝。它使我认识到，自康德以来的德国古典哲学把知性作为认识的一种性能和一个环节是完全必要的。这可以纠正我们按照习惯把认识分为感性和理性两类，以为前者是对于事物的片面的、现象的、外在联系的认识，而后者是对于事物的全面的、本质的和内在联系的认识。按照这种两分法，我们就很难将知性放到正确的位置上，甚至还可能把它和理性混为一谈。知性和理性虽然都是对于感性事物的抽象，但两者区别极大。知性具有形而上学的性质，并不可能达到对事物的全面的、本质的和内在联系的认识。我们应该重新考虑德国古典哲学的说法，用感性—知性—理性的三段式去代替有着明显缺陷的感性—理性的两段式。那时我在隔离中，虽然前途茫茫，命运未卜，却第一次由于思想从多年不敢质疑的权威理论中解放出来，而领受了从内心迸发出来的欢乐，这是凡有过同样思想经历的人都会体会到的。

　　我隔离结束回家后，利用长期等候做结论的空暇，重读了马克思《政治经济学批判导言》。这篇不长的文字中所提出的"由抽象上升到具体"的方法是我们学术界长期争论未决的问题。一般认为这个说法很难纳入认识是由感性到理性的共同规律，于是援用《资本论》第二版跋所提出的"研究方法"和"叙述方法"来加以解释，以为"由抽象上升到具体"是指"叙述方法"。对于这一说法我一直未惬于心。当我根据《小逻辑》中有关知性的论述再去思考这个问题时，渐渐从暧昧中透出一线光亮。越思考下去，问题越变得明朗。就马克思在《导言》中对这问题的说明来看，我认为马克思也是运用了感性—知性—理性三段式的。如果这样去理解他对"由抽象上升到具体"所做的说明，问题就变得明白易晓了。马克思在《导言》中仔细地阐释了这个方法的全部过程。我们可以把他说的过程分为三个阶段：第一阶段"从混沌的关于整体的表象开始"（即指感性）—第二阶段"分析的理智所做的一些简单的规定"（即指知性）—第三阶段"经过许多规定的综合而达到多样性的统一"（即指理性）。问题太明显了，这三个阶段不是阐明感性—知性—理性又是什么呢？这一发现不禁使我欣喜万分。我觉得我的诠释是切合《导言》本义的。同时，用感性—知性—理性代替感性—理性的想法，由于从"由抽象上升到具体"的诠释中得到印证，更使我对自己的观点加强了信心。我很希望自己的愉快别人也能分享，一九七九年我有了投稿的可能，就把对"由抽象上升到具体"的理解写成一篇短文，投寄《学术月刊》。这是我在沉默二十多年后发表的第一篇哲学文章。但是它并没有得到什么回应。我并不因此放弃自己的看法。两年多以后，我比较充分地阐释了自己的观点，写了《论知性的分析方法》，发表在上海另一个杂志上。在这篇文章中，我批评了在理论界盛行不衰的"抓要害"观点。所谓"抓要害"即指抓主要矛盾或抓矛盾的主要方面。我在文章中说，"这一知性分析方法经过任意搬用已经成为一种最浅薄最俗滥的理论"。当时"文革"结束不久，大家对大批判攻其一点不计其余的滋味记忆犹新。这篇文章在读者中产生了一定影响，现在它也没有完全被人遗忘，偶尔还被人提起。

一九八三年初，我们在天津迎宾馆为周扬起草那篇惹起一场风波的讲话稿时，他听到我对知性问题的阐释很感兴趣，坚持要我在讲话稿中把这问题写进去。我说在此以前我已有文章谈过了，他说没有关系，可以在讲话稿中说明他对这观点的赞同。这篇讲话稿后来成为引发一次事件的开端。在这次事件中，知性问题虽然不是主要的批判对象，但也受到株连，被指摘为和权威理论唱对台戏，"要回到康德去"。对于这种责备，我一直沉默着，现在也不准备回答。我只想对掌握意识形态大权的批判者提一个问题：为什么你们回避了我对"由抽象上升到具体"的诠释呢？要知道除非在这个问题上将我的论据论证驳倒，你们是不能稳操胜算的。

当时我对于《小逻辑》所提出的三范畴即普遍性、特殊性与个体性的理论最为服膺。恩格斯曾说这三个范畴始终贯穿并运动在黑格尔的逻辑学中，他对此甚为赞赏。在黑格尔那里，这三个范畴是紧密相连不可分割的。普遍性是自我同一的，又包含特殊性和个体性在内。特殊的即相异，或有特殊性格，又必须了解为它自身是普遍的并具有个体性。个体性为主体和基本，包含有种和类于其自身，并具有实质的存在。黑格尔认为任何事物都是一个推论，就是说明一切事物都包含这三个环节于自身之内。后来我读了黑格尔《美学》，发现他在《理想的定性》中阐述理念经过自我发展过程而形成具体的艺术作品，就是按照上述三环节的理论加以论证的。后来我曾经撰写过一篇题为《情况—情境—情节》的文章，论述黑格尔的上述美学观点，现收入《清园论学集》中。美学中所说的情况相当于逻辑学总念论三范畴中的普遍性，情境相当于特殊性，情节相当于个体性。艺术家在创作活动中可以将情况、情境、情节中的任何一个作为中项或中介来带动其他两项。就《美学》中的这个例子来看，我更理解了黑格尔所说的"一切事物都是一个推论"这句话的合理性。

但黑格尔并不到此止步，在《小逻辑》中，进而论述了"抽象的普遍性"这一概念。他认为这是知性的概念。所谓抽象的普遍性，就是排除了特殊性与个体性的概括性，因此概括的外延愈大，它的内涵也就愈抽象愈空疏。与此相反，总念的普遍性却统摄了特殊性与个体性于自身之内。当时我对于黑格尔关于两种普遍性的划分十分钦服，认作是逻辑学中的一个重大揭示。长期以来我不止一次援用了这个说法。近几年我为了清理自己的思想，对黑格尔哲学进行了反思，这使我的看法有所改变。我认为黑格尔在总念的普遍性问题上，没有能够摆脱给他带来局限的同一哲学的影响。知性的普遍性固然不可取，但以为总念的普遍性可以将特殊性与个体性一举包括在自身之内，却是一种空想。它在逻辑上虽然可能，但在事实上却做不到。黑格尔在《哲学史演讲录》中曾举出东方哲学的特点在于不承认与自在自为的本体对立的个体具有任何价值。他说，个体与本体合二为一时，它也就停止其为主体而消失了。我不懂黑格尔在论述总念的普遍性时为什么会作出与此相反的论断？这恐怕要归咎于他刻意追求逻辑的彻底性的缘故吧。无论总念的普遍性如何优于知性的普遍性，如果不承认它是不可能将特殊性与个体性一举囊括在自身之内这一事实，那么这样的思想就会给人类生活带来极大的灾难。卢梭在设想公意超越了私意和众意，从而可以通过它来体现全体公众的权利和利益的时候（这也是以为普遍的可以一举将特殊的和个体的统摄于自身之内），原来是想为人类建立一个理想的美好社会，可是没有料到竟流为乌托邦的空想，并且逐渐演变为独裁制度的依据。* 当黑格尔陷入同一哲学的时候，我们必须注意它的后果。最近我在一篇与友人论学书中，曾经专门谈到这个问题。不过这里必须说一下，我在反思中虽然有了这样的认识，但并不因此减少我对于黑格尔总念三环节理论的服膺。他所说的普遍性、特殊性和个体性和我国先秦名辨哲学中的同类概念是可以互相印证的。比如《墨辨》所列举的达名、类名和私名，以及荀子所说的大共名、大别名和"推而别之至无别而后止"的个体名，都是用来代表普遍性、特殊性和个体性这三个逻辑概念的，这是很值得探讨的有趣问题。

最近我在文章中常涉及黑格尔，只是想清理自己的思想，就自己受到黑格尔影响的那些观点，进行剖析，提出新的认识。这些年我几次在文章中提到逻辑和历史的一致性，就因为过去我对这个问题十分信服。六十年代，我曾向一位研究精神病理学的周玉常医生请教人的生长过程。在他的帮助下，我认识到从受精卵到胎儿，几乎在大致上重复了从

---

* 需要说明一下。照卢梭看来，私意（个人的意愿）、众意（众人的意愿）并不真正了解他们本身的利益是什么。因为私意、众意往往着眼于自己的私利，是片面的，只顾眼前，看不到长远的根本的方面，"只有公意才着眼于公共的利益"。（从这一论断可以推出这样一种看法，即人们为了维护或争取自己的利益，并不真懂得应该去做什么，只有一个在政治、思想、道德上更完满具有奇里斯玛魅力的领袖才知道他们应该做什么和怎样做。黑格尔在《小逻辑》中谈到普遍、特殊、个体三环节关系时特别举卢梭《民约论》为例，说任性妄诞不真的意志不是意志的总念，而卢梭所说的公意（黑格尔解释说它"无须是全体人民的意志"）才是意志的总念。我们似可据此来考虑我们对于人民一词的理解。

动物到人的进化史，即由单细胞生物发展到高级动物的生命史。我又从阅读中知道，可以从不同年龄的儿童的认识过程（有人曾把这一过程分为特化阶段—泛化阶段—分化阶段—概括化阶段四个时期），来探讨早期人类的认识史。我以为这些事例都可以作为历史与逻辑一致性的佐证，从而为我们提供了一种可信的研究方法。比如我们如果要知道概念是怎样在人的认识发展过程中形成的，或美感怎样在人的认识发展过程中形成的，我们只要注意对婴儿的观察，记录他们在不同发育成长阶段的认识活动或意识活动，就可以测知大概近似的情况了。我还发现，黑格尔本人的著作也是根据逻辑与历史一致性的原则来构成整体的框架的。不仅《逻辑学》、《美学》、《哲学史讲演录》、《精神现象学》各书如此，而且我们还可以将《小逻辑》和《哲学史讲演录》加以对勘来读。因为在逻辑学中，各个概念出现的程序，正是和哲学史上各个概念出现的程序同步的、一致的。这些理论上的思考和发现，使我对黑格尔提出的这一原则深信不疑。

可是后来我的意见改变了。我开始对这一信念产生动摇，也是在近几年的反思时期。正像这一时期我的某些看法发生变化，不完全是借助书本的思考，而是来源于生活的激发，这一次也是一样。数十年来，在思想界已经形成了一种新传统，即所谓以论带史。研究问题，不从事实出发，不从历史出发，而从概念出发，从逻辑出发。这一风气不限于史学界，而且是弥漫在各个领域，甚至渗透在生活中。后者带来的深刻教训是使人不会忘记的。运动中妄加给人的罪名，往往不是从事实出发，而是根据逻辑推理作出的。所以后来我在讨论历史与逻辑的一致性时，曾以审案为例。我说应当强调法律上的"证据法"，而不能根据逻辑推理，或根据我国传统审案的所谓"自由心证"。因为在审案中根据逻辑推理可以构成的罪行，在事实上却往往是无辜的，这一点在"文革"中已经是屡见不鲜了。从历史的发展中固然可以推考出某些逻辑性规律，但这些规律只是近似的，不完全的。历史和逻辑并不是同一的，后者并不能代替前者。黑格尔哲学往往使人过分相信逻辑推理，这就会产生以逻辑推理代替历史的实证研究。无论哪一个从事理论研究的人，一旦陷入这境地，就将如同希腊神话中的安泰脱离了大地之母一样，变得渺小无力了。我读了黑格尔以后所形成的对于规律的过分迷信，使我幻想在艺术领域内可以探索出一种一劳永逸的法则。当我从这种迷误中脱身出来，我曾把自己的经验教训写进《〈文心雕龙讲疏〉序》中。这里我扼要记述了我近年对于黑格尔哲学反思的经历。我相信，了解这些经历，就会理解我在某些观点上的改变，并非见异思迁或趋新猎奇，而是经过认真思考的过程的。这样就会以严肃的态度来对待我的思想变化，而不致妄测这种变化的原委，或轻率地说"嘿，看看他有了一百八十度的改变"，而加以讥嘲。我并不是简单地希求别人的同情性的理解，而是想以自己的经历昭告后来者，使他们少走弯路。

黑格尔的《美学》也是曾经对我发生过巨大影响的著作。我最初读《美学》，已是七十年代了。倘使和读《小逻辑》的艰难比较起来，我读这部书不知要轻便多少。人们常说黑格尔哲学晦涩难懂，其实这并不确切。黑格尔哲学的难懂处，如果撇开在理论结构上由于使用了强制性手段，以致常常暧昧不明之外，主要是由于他拥有一整套与别人不同的独具意蕴的名词和术语，如果掌握了他的专门名词和术语，黑格尔哲学是并不难懂的。我曾经把他的哲学比作一杯不羼杂质的清水一样纯净明澈。我读《美学》第一卷进展十分顺利。但像这一类书，读一遍是绝对不够的。当时没有作记录，我读几遍已记不得了。这本读《美学》的笔记大约作于一九七六年。《美学》笔记也像《小逻辑》笔记一样，存在一些当时不成熟的以至今天看来已变得十分粗陋甚至机械的看法，我希望读者把它作为我的思想轨迹看待。黑格尔《美学》给我的第一个印象，就是使我对他的艺术鉴赏力感到惊佩。黑格尔的思想深度是从来不会令人怀疑的，但是仅仅具有深刻思想的哲学家，不一定会写出一本好的美学著作，因为它还需要艺术的感受才能。黑格尔的艺术鉴赏力不仅在学术界是罕见的，就是在艺术领域内也是很少有人可以与之匹敌的。他对于希腊艺术的赞美与分析，对于莎士比亚的真知灼见，对于十七世纪法国古典主义的批评，对于风格、才能、独创性的阐发，对于独创行为的剖析等等，处处显示了渊博的知识和卓越的审美趣味，就是今天看来，如果撇开其中某些可以原谅的失误外，也足以令人为之叹服。

黑格尔如果没有这样深厚的艺术素养，就不可能在美学著作中提出如此深合艺术特征的美学原则。例如，他将古希腊人所说的 $\pi\alpha\theta o\varsigma$ 一词，作为激发人的动作和反动作的内在要求。他说这个字很难译（朱译作"情致绵绵"的情致二字，我以为不妥，姑改译作古代文论中所用的"情志"一词，以求较近似之）。它既不是具有低劣意味的情欲（因为它是"本身合理的情绪方面的力量，是理性和自由意志的内容"），它也不是经过审慎衡量的理智所形成的思想（因为它是"存在于人的自我中而充塞渗透到全部心情的那种基本的理性的内容"）。举例来说，哈姆莱特的复仇就是一种情志。他的复仇既没有经过"应不应该这样做？"之类的盘算考虑（不是一般意义上的理性），也不是听凭感情指引的一时冲动（不是一般意义上的感性），而是根深蒂固盘踞在他的心头未经思索不招即来的一种意志力量。所以情志既非思想又非感情，同时既有思想的某种性质又有感情的某种性质。一般文学教程从来没有像这样来探讨问题。黑格尔的情志说不仅发人所未发，而且将艺术作品中表现思想感情的问题置于更深入更合理的地位上加以解决。遗憾的是在黑格尔提出情志说后，很少有人重视这一说法。我们的文学教科书至今仍在沿袭那套文学既表现感情又表现思想的陈词滥调。

黑格尔《美学》与一般文学教程或美学课本不同之处，特别表现在《想象、天才和灵感》、《作风、风格和独创性》这类章节上面。这些都是一般论者不敢轻易下笔论述的问题，因为它们属于艺术家的微妙的创造活动，倘使不在日积月累的创作经验中亲身领受它的奥秘，那么在论述这些问题的时候，就很容易流于简单机械，出现刻板呆滞的毛病。黑格尔是不可能具有什么艺术创作活动的经历的。为什么有时连一个内行也难以表达出来的奥秘，他却能够谈得这样妥帖入微，使最挑剔的人也不得不折服？这是我迄今仍感到惊讶并百思不得其解的。我所指的是这类论述，比如：关于才能和天才——他说，单纯的才能只是在艺术的某些方面达到熟练，只有天才才给艺术提供生气灌注作用。关于艺术的表现能力——他说，形象的表现方式就是艺术家的感受和知觉方式。而真正的艺术家可以毫不费力地在自己身上找到这种方式，就像它是特别适合他的器官一样。凡是在他想象中活着的东西，好像马上就转到手指上。关于灵感——他说，艺术家把对象变为自己的对象后，应抛开自己的主观癖性。如果在一种灵感里，主体作为主体突出地冒出来发挥作用，而不是作为艺术主题本身所引起的有生命力的活动，这种灵感就是一种很坏的灵感。关于独创性——他说，艺术家须根据他的心情的和想象的内在生命去形成艺术的体现。艺术家的主观性与表现的真正客观性这两方面的统一就是独创性的概念。独创性是从对象的特征来的，而对象的特征又是从创造者的主观性来的。关于区别于风格的作风——他说，作风是指某一特殊的表现方式，经过反复沿袭变成普泛化了，似乎成了艺术家的第二天性，这就可能出现这样一种危险，作风愈特殊，它就愈容易退化为一种没有灵魂的因而是枯燥的重复和矫揉造作，再见不出艺术家的心情和灵感了……诸如此类论述，真是胜义披纷精美绝伦，构成了《美学》的最动人的篇章。我初读《美学》时原来只希望得到哲学性的启迪，可是渐渐我领受到从艺术鉴赏与审美趣味得来的乐趣。那时我不禁默默祷念：黑格尔，你的哲学是人类奇妙的创造。你的书打开了我的心灵。感谢你，使我在你的知识海洋中可以汲取取之不竭的智慧……

一九九六年五月九日于清园

上　编

席勒格与黑格尔

　　黑格尔《美学》曾谈到席勒格兄弟，并论述了他们创立的"讥讽说"(ironic，朱光潜译"滑稽说")。威廉·席勒格 (A. W. Schlegel) 在他的《戏剧艺术与文学演讲录》中曾据此说去分析莎士比亚使悲剧性和喜剧性互相交迭的手法："人与人之间的关系都可以用一种讥讽的观点来加以考察，而并不混淆区别善与恶的永恒标志。"他认为莎士比亚也是按照这种原则来写作的。莎士比亚打破古典主义传统，使用了悲剧性和喜剧性交迭的手法，是一个值得探讨的问题，席勒格把它归之于讥讽说则未免牵强了。不过，席勒格的讲话有些独到之见，是很值得重视的。这些观点据笔者所见，曾为黑格尔所吸取，写入他的美学理论中去。例如：威廉·席勒格在二十二讲中谈到美的形式由矿物的结晶，到植物的花草，再到人的躯体，就和黑格尔《美学》论述自然美从低级到高级的历程相符合。再如席勒格在二十三讲中嘲笑那些认为戏剧诗文的各部分必须整齐划一的主张，就好像穿着同样制服配着同样武器带着同样装备的士兵在列队检阅一样。他说只有这种人才会认为这（指在剧本中交迭使用韵文和散文的写法）是不适当的，因为他们要求看到一两个士兵之后，就必须能够类推千万个士兵都和他们一样。这一说法被黑格尔引进《自然生命作为美（乙）》中去。甚至举士兵的例子也→样。黑格尔把它称作是"有规律的安排"。不过，黑格尔援用了席勒格的这些说法，却并没有注明出处。

——摘自一九六二年撰《威廉·席勒格翻译莎剧》

达名、类名、私名与
普遍、特殊、个别

　　黑格尔逻辑学的三范畴论（即：普遍性、特殊性、个体性）曾博得很大声誉，常常为人所征引。其实，早在黑格尔之前，《墨辨》就同样提出过"达名"、"类名"、"私名"三个范畴。据《经说》的解释："名：'物'，达也。有实必待文多也，命之。'马'，类也。若实也者，必以是名也，命之。'臧'，私也。是名也，止于是实也。"

　　《墨辨》所谓"达名"是指普遍性范畴，即后来荀子在《正名篇》中说的"大共名"，如"物"。"物"这个概念可统摄万有。"类名"是指特殊性的范畴。即荀子说的"大别名"，如"马"。"马"这个概念以区别牛羊，但又赅括一切不同形态的马在内。"私名"指个体性范畴，即荀子说的"推而别之至于无别而后止"，如"臧"。"臧"这个概念作为某一个体（人）的专名。《墨辨》提出了"辞以类行"的理论。荀子对于"类"的理论更多有发挥：《儒效篇》"举统类而应之"，《子道篇》"言以类使"，《非相篇》"以类度类"，"类不悖，虽久同理"，《王制篇》"以类行杂，以一行万"。大体说来，荀子认为知类为立名之本，掌握了"类"的概念，就可以突破感性认识的局限，以近知远，以一知万。

一九六二年

黑格尔体系

　　黑格尔哲学具有一整套系统完备的体系，他的美学是这个庞大体系中的一个组成部分。黑格尔的哲学体系是理念的自我综合、自我发展、自我深化的运动过程。首先，以理念自身作为出发点，然后理念将自己外化，转化为自然界。理念由自在阶段发展为自为阶段后，再进一步返回自身，终于在人身上重新达到自我意识。在黑格尔哲学体系中，这三个发展过程就表现为"逻辑学"、"自然哲学"、"精神哲学"这三大部门。美学属于精神哲学的最初阶段。在美学体系中，首先是从"美的理念"出发，然后"美的理念"将自身外化为"自然美"，由于"自然美"是有缺陷的，于是"美的理念"发展为自在自为阶段，成为"艺术美"。由此可见，黑格尔体系毫无例外地总是遵循正、反、合的否定之否定律，即：自在—自为—自在自为这三个环节构成的。绝对理念是构成他的整个体系的根本依据。黑格尔曾经花费很大力气用在体系的思考上。如果我们不能识破他的思辨结构的秘密，就很容易被他的体系所俘虏。

一九七六年

黑格尔的体系思考

　　黑格尔在体系上所花费的精力比他在其他方面进行的思考要多得多。但是他的体系有很大缺点，除了客观唯心主义所形成的头脚倒立的情况且不说外，就是刻板地甚至迂腐地要求整齐划一，常带有明显的人工强制性的痕迹。特别是他从一个概念向另一个概念过渡的时候，往往用了人工的强制手段，这就造成了黑格尔体系的晦涩难懂。黑格尔哲学其实并不难懂，难懂的只是他特有的名词术语，如果把它们搞清楚，就会发现他的表述是很清晰的，他的逻辑性是非常强。我以为这和德国哲学自康德以来所倡导的批判精神有关。这里所说的批判，决不能理解作"文革"大批判式的批判，而是指对于概念进行清理，沙汰其中模糊不清的杂质，使之通体透明、清晰、准确，黑格尔哲学的晦涩难解是在那种用人工强制手段的转折上、过渡上，当实际情况无法过渡的时候，他还是挖空心思硬要把它们设法纳入他的体系轨道。过去，我们往往强调必须打破黑格尔的体系，这只是简单地从唯物唯心对立的观点出发，意图将黑格尔的体系置于唯物主义的基础上。其实，如果我们想得更复杂一些，就能看到，他的体系中也不乏可资借鉴和参考的东西。例如黑格尔哲学、美学所体现的范畴之间的内在联系。他很看不起一部书各个章节之间毫无关联，只是把一堆问题杂凑在一起。他认为有价值的著作应该是一个有机整体，部分和部分之间以及部分与整体之间都是有机地结合在一起的。

一九七六年

费尔巴哈批判绝对哲学

　　黑格尔在《小逻辑》第三版序言中对批评他的人说过这样的话："对于一个经过多年的透彻思想，而且以郑重认真的态度、以严谨的科学方法加以透彻发挥的著作，予以这样轻心的讨论，是不会给人以任何愉快的印象的。"这并不是一个哲学家的自负和高傲，事实的确如此。今天谁还知道那些黑格尔哲学批评家的名字呢？不过，除了这些浅薄空疏的批评家外，毕竟还是有人认真地研究了并批判了黑格尔的哲学。头一次击中了黑格尔哲学要害的是费尔巴哈。费尔巴哈在一八三九年出版的《黑格尔哲学批判》中指出：

　　黑格尔哲学被规定和宣布为"绝对的哲学"，虽然并不是这位大师本人作出了这样的规定，而是他的门徒们，至少是他的正统门徒们贯彻始终地契合着老师的学说作出了这样的规定。但是黑格尔哲学，不管它的内容性质如何，都只能是一种一定的、特殊的、存在于经验中的哲学。……认为哲学在一个哲学家身上得到绝对的实现，正如认为"类"在一个个体中得到绝对的实现一样，这乃是一件绝对的奇迹，乃是现实界一切规律和原则的勉强取消，……因此也就别无他望，只有等待世界的真正终结。但是，如果今后历史仍像以前一样继续前进，事实上上帝化身的理论也就被历史本身所驳倒了。

费尔巴哈批判黑格尔哲学体系中的绝对主义，在黑格尔《美学》中也是同样存在的。后来，车尔尼雪夫斯基在批判黑格尔美学时，主要就是根据这一点而加以发挥的。然而这并不意味后来者居上，费尔巴哈与车尔尼雪夫斯基虽然击中了黑格尔哲学中某些缺点，但从总的来说，他们的哲学却不能与黑格尔哲学并肩媲美。

一九七六年

由抽象上升到具体

《政治经济学批判导言》中提出"由抽象上升到具体"的科学方法是方法论中的一个重要问题。六十年代前期，我国哲学界曾就这一问题展开讨论。当时有人认为这个提法很难纳入认识由感性到理性的共同规律，于是援引《资本论》第二版跋所提出的"研究方法"和"叙述方法"的区别来加以解释，认为"由抽象上升到具体"是指"叙述方法"。最近哲学界在有关分析和综合问题的讨论中，又重新涉及这个问题。有的文章仍沿袭此说。如一九七八年《文史哲》的一篇文章就曾经这样说："事实上，这个方法在这里仅仅是指叙述方法（重点系原文所加），而叙述方法是不能完全包括研究方法和认识方法的。"我以为，此说不能成立，是在于把"由抽象上升到具体"的科学方法排除在"研究方法"之外，认为它不属认识领域。"由抽象上升到具体"这一方法正是"掌握世界"的一种思维活动方式。诚然，政治经济学的方法不能以抽象为发端。相反，《政治经济学批判导言》中曾明确地说，政治经济学的方法存在着"把直观和表象加工成概念这一过程"。不过，我以为政治经济学的科学方法是以它的特定形态来体现认识规律的。

《政治经济学批判导言》阐述政治经济学的科学方法的全部过程说:"如果我从人口着手,那么这就是一个混沌的关于整体的表象,经过更切近的规定之后,我就会在分析中达到越来越简单的概念,从表象中的具体达到越来越稀薄的抽象,直到我达到一些最简单的规定。于是行程又得从那里回过头来,直到我最后又回到人口,但是这回人口已不是一个混沌的关于整体的表象,而是一个具有许多规定和关系的丰富的总体了。"我们可以把这一过程概括为三个阶段:从混沌的关于整体的表象开始(感性的具体)—经过理智的区别作用作出抽象的规定(理智的抽象)—通过许多规定的综合而达到多样性的统一(理性的具体)。在这里,政治经济学的方法有两条道路:在第一条道路上,把完整的表象蒸发为抽象的规定。这是十七世纪古典经济学家所采取的知性分析方法。在第二条道路上,使抽象的规定在思维行程中导致具体的再现。《政治经济学批判导言》对于十七世纪古典经济学家的批判,实质上也就是辩证观点对于知性观点的批判。和启蒙学派有着密切关联的十七世纪古典经济学家,是以"思维着的悟性(知性)"作为衡量一切的尺度。他们像早期的英国唯物论者一样,坚执着理智的区别作用,从完整的表象中找出一些有决定意义的抽象的一般关系就停止下来,以为除此以外,"认识不能有更多的作为"(洛克)了。这种知性的分析方法正如歌德在《浮士德》第一部中所说的那样:"化学家所谓自然的化验,不过嘲笑自己,而不知其所以然。各部分很清楚地摆在他面前,可惜就只是没有精神的联系。"

但是,科学上的正确方法,不能停留在单纯的分析上,而必须由抽象上升导致具体的再现。这就需要由分析而进入综合。辩证方法并不排斥理智的区别作用，它囊括了理智的区别作用于自身之内。知性方法由于坚执理性的区别作用，所以只知分析，而不知综合，只是从完整的表象中抽象出一些简单的要素，并且把这些要素孤立起来，当作"永恒的理性"所发现的真理原则，而不能找出这些要素之间的内部联系，进而使抽象的规定在思维行程中导致具体的再现。这最后一个步骤就是"由抽象上升到具体"的方法的要旨所在。

最后还要说明一下：作为政治经济学科学方法起点的感性认识是一种"混沌的关于整体的表象"，这和作为艺术思维起点的感性认识是现实生活的可感觉的具体形象有着显著的区别。虽然两者都属于感性范畴的表象，但是这两种表象的性质是各异其趣的。作为政治经济学科学方法起点的表象也是外界所给予的感性材料，不过这些外界感性材料所构成的表象往往采取了思想的形式。例如，上面提到的"人口"这一"混沌的关于整体的表象"就是一个显明的例子。此外，我们还可以举出：忿怒、希望等等。这些表象都是我们感觉所熟悉的，但它们也都是以普遍的思想形式呈现出来。

一九七七年

情志 A

　　黑格尔把激起人物行动起来的内在要求，用一个古希腊语 $\pi\dot{\alpha}\theta o\varsigma$ 来表达。他说这个字很难译，不能作为情欲来理解，因为情欲总是有着一种低劣的意味，而它却是一种本身合理的情绪方面的力量，是理性和自由意志的基本内容。我以为情志应该合理地理解作在人的内心中所反映的时代精神。时代精神是一种普遍的力量，所以黑格尔把它称为"有实体性的普遍力量"、"普遍力量"或"普遍的内容"等等。更确切地说，这种时代精神，黑格尔往往用来表明那个时代的具有普遍性的伦理观念。为什么黑格尔又把它称为"神圣的东西"、"神的内容"或索性就是"神"呢？这是黑格尔从他认作是艺术理想时代的希腊艺术中概括出来的。在古希腊的作品中，无论是雕刻、史诗或悲剧，"神"纵使不是唯一的也是最重要的艺术表现的内容。古希腊人正是用神来表现他们时代具有普遍性的伦理观念的。这样我们就不难理解黑格尔说的："无论把神们看成只是外在于人的力量，或是把他们看成只是内在于人的力量，都是既正确又错误的。因为神同时是这两种力量。"反映时代精神的具有普遍性的伦理观念不是由于个别人所形成，并且不以他的意志为转移，所以是外在的。但是个别人不能脱离他的时代，他的性格被他那时代具有普遍性的伦理观念所浸染，形成他的情志，所以又是内在的。

黑格尔为了说明这一点曾举《伊利亚特》为例。他认为，在荷马史诗里，神与人的活动经常交织在一起。神好像是在做与人无干的事情，但是实际上，神所做的事情只是反映了人的内在心情的实体。比如，荷马描写阿喀琉斯在一次争吵中正在举剑要杀阿伽曼农，这时雅典娜女神站在他身后，一把抓住他的头发，只有阿喀琉斯才能看到她。一方面，雅典娜的来临好像与阿喀琉斯的心情毫不相干，阿喀琉斯心头的怒火突然停息，这种控制对于原有的愤怒似乎是一种外在力量。但是，从另一方面看，突然出现的雅典娜就是平息阿喀琉斯怒火的谨慎，这还是内在的，反映阿喀琉斯自己的心情的。事实上，荷马在前几行诗里就已留下了伏笔，点明了阿喀琉斯犹豫不决的内心矛盾。这就说明了雅典娜作为一种以神的面貌出现的情志，对阿喀琉斯来说，既是外在的又是内在的力量。这种情志代表一种审慎，这种审慎不是凭空而来的，而是和那个时代具有普遍性的伦理观念交织在一起的。它是以那个时代对于首领的尊重，处世待人的态度，以及符合英雄品格的行为标准这些具有普遍性的伦理观念为内容的。一个人从小就生活在浸透着他那时代精神，他那时代具有普遍性的伦理观念的环境中，这种时代精神及其具有普遍性的伦理观念，通过种种渠道：教养、习惯、亲友交往、社会风气的熏染，在他内心深处扎下了根，融为他的性格血肉的一部分，所以当他一旦发觉自己的行为背离这种时代的具有普遍性的伦理观念时，

他就会自觉或不自觉地马上起来纠正自己行为的偏差，把它纳入他
心目中认为合理的正轨。

一九七七年

情志 B

　　黑格尔说："要显出人物的更大明确性，就需有某种特殊的情志作为基本的突出的性格特征，来引起某种确定的目的、决定和动作。但是，如果这种界限定得过分死板，以致使一个人物仅仅成为某种情志——例如爱情和荣誉感之类——的完全抽象的形式，那么一切生气和主体性也就完全消失了，而这种艺术表现也就会因此枯燥贫乏。例如法国的戏剧作品就是如此。"这是非常值得我们注意的一个重要论点。作为人物身上主导因素的情志必须在人物性格的丰富性复杂性中显现出来，和人物性格的丰富复杂性互相交织在一起，必须带有人物个性的鲜明烙印。莎士比亚的作品可以说是这方面的典范。他的人物都具有特殊的带有个性鲜明烙印的某种情志作为基本的突出的性格特征，同时这种特殊的情志又不是直线式地支配人物行为和心理的单纯力量，而是与人物性格的多样性结合在一起的复合性。与此相反的就是黑格尔所说的十七世纪法国古典主义作品。这种作品只是挑出某一种情志作为人物性格的全部内容，人物的一言一行莫不严格地按照这种情志的需要作出死板的安排和规定，从而消灭了人物性格原来所应有的丰富性和复杂性。这样，就使情志丧失了生气和活力，而沦为一种概念化的抽象力量。黑格尔在论述希腊悲剧时也指出了某些作品存在着同样的弊端。他反对把神（情志）作为一种抽象的外在力量加到人物身上去。他指出有些希腊悲剧搬用"神机关"来作为事件的转折点，而不是使神（情志）和人结合起来，通过神（情志）来表现人物改变自己行动的内在要求。在这种情形下，人和神分裂开来，神（情志）发号施令，人只有俯首服从。神（情志）变成了死的机械，而人物也就变成神（情志）的工具，任凭外在的意志所支配了。在法国的古典主义戏剧中，尽管没有出现神，尽管推动人物行动起来的力量好像也是人物内心的一种思想感情，但由于这种思想感情只是由作者的意志外加到人物身上去的抽象概念，所以它其实就是一种变相的"神机关"，不过是人化了的神机关罢了。

黑格尔认为，情志应该在一个完满的个性里显现出来，在这完满的个性中，某一特定的情志尽管是构成性格的基本特征，尽管是在这一个性中占有统治作用的一方面，但是人的心胸是广大的，一个真正的人可以把各种不同的情志同时包括在他的心里。人物性格所以能引起兴趣，就在于他一方面显出整体性，而同时在这种丰富性中，他仍是本身完备的主体。所以在人物性格中，尽管有一种特定的情志作为统治方面，但同时人物性格仍须保持住生动性和完满性，使他有余地可以向多方面流露他的性格，适应各种各样的情境，把一种本身发展完满的内心世界的丰富多彩性显现出来。但是从形而上学的知性观点看来，一方面有一个统治的定性，而另一方面在这个定性范围内又有这样的多方面性，好像是不可能的。形而上学的观点爱用抽象方式单把性格的某一方面挑出来，把它标志成整个人的唯一准绳。凡是跟这种片面的统治相冲突的，在形而上学看来，就是始终不一致的。但是，就性格本身是整体因而具有生气的这个道理来看，这种始终不一致正是始终一致的，正确的。因为人的特点就在于他不仅担负多方面的矛盾，而且还忍受多方面的矛盾，在这种矛盾里仍然保持自己的本色，忠实于自己。

一九七七年

黑格尔论莎剧的一种见解

　　文学不应说谎，不应粉饰。刘勰在一千多年前就曾经批评过那些回避生活真实的玄言诗赋。他所说的"世极迍邅，而辞意夷泰"，就是对这类虚假作品的针砭。我很怀疑文学作品能不能按照长期形成的习惯划分为歌颂文学和暴露文学，我更不能赞同把那些抉发弊端的作品看作是违反文学使命的。我认为，这是一种误解。倘使追源溯流，应该说它根源于古老的美学偏见。黑格尔在《美学》的序论中，曾指出西方惯用的几个美学名词（Asthetik 或者 Kallistik）都不能十分恰当地表现美学的内容。但是，他自己也没有摆脱上述那种偏见，对美作出精确的界说。他在《美学》中说："如果事物内在的概念和目的本身已经是虚妄的，原来内在的丑在它的外在的实在中也就更不能成为真正的美了。"由于强调理想美，他认为反面的、坏的、邪恶的力量不应作为不可少的反动作的根源，这种偏见使他对自己所崇敬的莎士比亚也作出了一些显然错误的审美判断。比如，他认为艺术不应引起罪恶和乖戾的印象，因而他对《雅典的泰门》和《李尔王》都不无微词，责备前者"没有合理的情志"，而后者则是"渲染罪恶"。他说："古代大诗人和艺术家从来不让我们引起罪恶和乖戾的印象，莎士比亚则不然，他在《李尔王》悲剧里却尽量渲染罪恶。"黑格尔偏爱古希腊艺术，将它标准化、偶像化。他的美的理想仍受到艺术只应表现美好事物的传统美学观念的束缚。正像车尔尼雪夫斯基所说的："把艺术作品必要属性的形式美和艺术的许多对象之一的美混淆起来了。"其实揭露黑暗与丑恶正需要作者的心的光明。果戈理曾经很机智地说明了这一点。有人问他作品中的肯定力量是什么的时候，他回答说："我的'笑'。"幸而黑格尔常常从抽象领域进入到现实世界，摆脱了他的思辨结构框架，这才使他对许多作品也包括莎士比亚剧作，作出了深刻精辟的分析。如果他僵硬地死守上述那个美学命题去评骘一切，那么，他那部具有卓识的《美学》就将成为令人无法卒读的著作了。

一九八〇年

情致译名质疑

　　我所用某些黑格尔专门术语的译名，没有采取《美学》朱光潜中译本的译名。例如 Begriff 中译本作"概念"（英译本作 Notion），我在过去的文章中从贺麟译作"总念"。因为黑格尔赋予此字的特殊含义与一般所谓"概念"有重大区别。"总念"指的是具体的普遍性以区别于知性的抽象的普遍性。再如 πάθος 这一古希腊语，黑格尔在书中已说明此字很难转译，因此在书中特标明此字的希腊原文，至于他是否用德语转译以及用哪个德文字来转译，朱光潜中译本未曾说明，至于英译本用什么译名，朱译本亦未注出，估计可能用的是 pathos（悲哀，哀愁，动情力，悲怆性等）。而朱光潜译本竟以"情致绵绵"的"情致"译之。这个译名有悖原旨。英译名 pathos 作为一种动情力，含有悲怆性的意蕴，近似于雅科布·伯麦的 Qual 这一用语的含义（英译 Qual 作 torment；intense suffering）。据恩格斯解释："Qual 按字面的意思是苦闷，是一种促使采取某种行动的痛苦；同时，神秘主义者伯麦把拉丁语 qualitas（质）的某些意义加进这个德国字，他的 Qual 和外来的痛苦相反，是能动的本原，这种本原从受 Qual 支配的事物、关系或个人的自发发展中产生出来，而反过来又推进这种发展。"由于语言学水平所限，我不能把古希腊人说的 $\pi\acute{\alpha}\theta o\varsigma$ 和神秘主义者伯麦说的 Qual 两者之间的关系作进一步探讨，这里只是提供一条线索供高明者作为参考之资。至于《笔记》中把 $\pi\acute{\alpha}\theta o\varsigma$ 转译为"情志"一词是借用刘勰的用语。《文心雕龙》中把作为情感因素的"情"和作为志思因素的"志"连缀成词，用以表示情感和志思的互相渗透。刘勰所谓"志思蓄愤"，也同样是说情志含有一种悲怆性，它是一种打动人们心弦唤起人们共鸣的动情力，不过他只是就激发诗人进行创作这方面的力量来说罢了。

一九七七年

驳形象化说

　　一般把塑造艺术形象的表现方法往往划在形象思维之外，认为它只是把作家头脑中已有的映象表现出来的一种单纯技法。这种观点，我以为并不正确（至于曾经一度流传的所谓把思想"化"为形象这种等而下之的理论，就更不用说了）。我觉得，黑格尔《美学》中虽然有时也流露了与上述错误观点类似的论述，但总的说来，黑格尔《美学》在这方面也曾经提出过十分精辟的正确观点。他说："形象的表现的方式正是他（艺术家）的感受和知觉的方式"，"艺术家这种构造形象的能力，不仅是一种认识性的想象力、幻想力和感觉力，而且还是一种实践性的感觉力，即实际完成作品的能力。这两方面——心里的构思与作品的完成（或传达）是携手并进的"。这些说法纠正了那种把塑造艺术形象的表现方法视为游离于形象思维之外或之后的观点。我不得不承认，高尔基在一些文学理论中时或流露了这种观点。但是他自述创作经验却露出了这种观点的破绽。我还记得我在青年时急于想要悟出构造形象的奥秘所在，于是从高尔基写给青年写作者的文章中去找解答。一次我在他的一篇论文中读到他在写《奥古罗夫镇》这篇小说时的经验谈。他说，他曾经花了十来天工夫，苦思冥想如何用形象化的办法来为读者构成一幅奥古罗夫镇的图画，可是这种"形象化"的结果却是把奥古罗夫镇的形象变成掌中玩具，这使他感到很懊丧。我觉得这个例子足以说明把原本统一的东西，即形象的表现方式和作家平时对生活的感受和知觉的方式生硬地拆散开来所招致的失败。

一九七九年

氢氧碳不等于肉

有些人不是把本质看作是某种现象的本质，而是加以扩大化，把它看作是属于更广范畴的共性或类。这就重复了费尔巴哈所批判的要求"类在一个个体中完满无遗的表现"的错误。比如过去曾经出现过的一个阶级只有一个典型的观点，正是反映了这种错误理论的最好例证。事实上，任何作为感性形态的"这一个"，都不能一劳永逸地体现作为类的全体代表的本质*，正如历史长河的人类认识过程，决不会在某一瞬间获得绝对真理，戛然中止，再不能前进一步一样，本质并不能一举囊括作为感性形态的"这一个"的现象整体，后者有些成分是本质所不能完全纳入的，因为本质是排除干扰经过净化的抽象。车尔尼雪夫斯基所提出的命题"茶素不是茶，酒精不是酒"。虽然曾受到朱光潜先生的指摘（见朱著《西方美学史》），但我始终相信它是真理。试问，茶素能代替茶，酒精能代替酒吗？在文学创作上，用写本质去代替写真实，那结果往往是以牺牲本质所不能包括的现象本身所

---

* 这里需要补充说明："类"在一个个体身上完满无遗地体现固然是不可能的，但同时需要看到个体与个体之间是不同的。有的个体是可能比别的个体更多地体现"类"的内涵。

固有的大量成分作为代价的。这个代价却未免太大了，它剥去了文学机体的血肉，使之变为只剩筋骨的干瘪躯壳。黑格尔说得好：化学家分析一块肉，指出这块肉是由氢、氧、碳等元素构成的，但这些抽象的元素不再是肉了。我们可以援此为例打个比喻，倘使有人请客吃饭，他端出来的不是一盆肉，而是氢、氧、碳等元素，并且说这就是本质的肉，是肉类的精华，比平常普通的肉更好；你将会怎样想法？不幸的是这种写本质的偏见竟如此难以消除，以致把几十个或上百个人的共同点抽象出来概括到一个人的身上，和后来发展到尽量把所有的优点或缺点集中到一个人身上的典型论，曾风靡一时，至今尚流传不歇。由此所产生的悍然违反真实的作品，将会给读者留下怎样的印象？我想套句古话来回答：尧之善不若是之甚也，桀之恶不若是之甚也。作品不能使读者相信，还谈得上什么感染力？文学作品当然要表现生活的本质，但这并不意味着排斥生活的现象形态，经过作家提炼、加工、熔铸了的生活现象，可以像许多人喜欢讲的那样是容许变形的（变形只是艺术手法中的一种，不是唯一的），但不能放纵意志的任性，海阔天空、漫无边际。作家创作不能抛弃生活现象形态本身所具有的属性。在这样的情况下，透过现象显示本质是文学创作的真正困难所在，而作家就是要在这种困难条件下披荆斩棘，逞才效技，施展自己的本领。

一九八〇年

理论与实用

　　用功利主义观点对基础理论一概加以抹煞，全都斥之为脱离实际，这是多年来轻视基础理论的后果。黑格尔曾批判过这种实用主义的态度，他在《小逻辑》里批判了一种观点：即理论研究必须立即产生实用价值，否则就把它说成是空疏无用的学究把戏。他曾举出当时有些著作不去探讨事物的自身性质，只是把它们作为工具去实现其自身以外的目的，比如不去探讨橡树自身的性质，只是去考量橡树皮如何可以剥下来作为木塞以实现其封酒瓶的实用目的。黑格尔嘲笑说："曾有不少书是根据这种作风写成的。"这种急功近利的观点在我们这里也很流行，我们往往很不适当地对德国人具有特色的理论表述作出了种种苛求和挑剔。一位文学史家曾在一篇文章中说德国古典哲学家例如康德等的风格非常坏，因为他们所表现的思想内容很抽象，很晦涩，是从概念到概念。我不同意这种批评，我认为这多少有些粗暴和简单化。德国古典哲学遭过几次殃，斯大林就曾经认为，德国古典哲学是对法国资产阶级革命的反动。这是违反事实的。事实上德国古典哲学为当时德国资产阶级革命作了理论准备。海涅甚至把康德以来的德国古典哲学家比拟作法国资产阶级革命者。不错，黑格尔的哲学是晦涩的，但并不能因此认为它是抽象蒙眬的。它的晦涩主要是它的体系造成的。黑格尔哲学体系严格遵循"自在—自为—自在自为"这三段式，而且把它毫无例外地用在每个小章节中。黑格尔哲学显得晦涩，就因为他在论述时为了迁就这种刻板的先验的体系，不得不抛开事物的实际情况，采取了强制的人工手段，因此往往在一个环节向另一环节过渡时，就用了十分牵强以至神秘的说法，来维持他的体系的完整。不过在其他方面黑格尔哲学并不晦涩，只要弄清他的特有术语，我们就会发现，他的表述和概念很清晰，像一杯没有杂质的清水那样透明。黑格尔曾说哲学是思想的思想，所以他不在正文中列举具体的例证。费尔巴哈说他把很多具体例证放逐到脚注中去了。但他运用个体性、特殊性、普遍性三范畴来阐述思维活动应给予高度评价。我以为无论在哲学、美学或文艺理论中只用一般和个别两个概念是不够的。许多问题只有用三范畴才能阐释清楚，可是我们的理论很少运用后者，这不能不说是个缺陷。

　　德国古典哲学的内容是极其丰富的，不能因为运用纯抽象思维的表述方法，而没有多举实例，就批判它脱离实际。这种错误的判断是由于从形式去看问题的结果。黑格尔哲学是从现实实际的事物中概括出来的抽象，即那种区别于"抽象的普遍性"（通过知性分析方法所得出的共性）的"具体的普遍性"（通过理性把分析综合统一起来统摄整体的方法所得的共性）。

一九八二年

主导情志

人物性格必须有一种主导的情志（如哈姆雷特的复仇、夏洛克的贪吝等），但是这种主导的情志不能是唯一的、单线的。例如《三国演义》中的曹操是以奸诈来满足权势欲作为主导的情志。但是这个人物所以写得很成功，正如作家高晓声所说的，全在于从多方面来展示他的性格的丰满性：曹操杀死吕伯奢全家是一面，官渡之战破袁绍从档案中找出一批手下官员通敌信件看也不看付之一炬又是一面；为报父仇攻下徐州杀人掘墓是一面，征张绣马踏青苗割发代首又是一面；一方面礼贤下士兼收并蓄，另方面却容不下一个杨修；一方面煮酒论英雄表现得很聪明有眼力，另方面又毫不察觉刘备种菜的韬晦之计；一方面在华容道对关羽说："将军别来无恙！"显出一副可怜相，另方面当关羽被杀首级送至曹操，他笑曰："云长公别来无恙！"又显出一副刻薄相。最后，高晓声就把以上这些写法总结成这样几句话："一个曹操有多副面孔，看来似乎矛盾，但联系着每一特定的场合，却又真实可信。这多副面孔构成曹操的性格，曹操就立体化了，活起来了。"这话说得很好。可是，遗憾的是有些文艺评论者只能按照黑格尔所指摘的法国十七世纪古典主义作家的知性原则去评长道短。他们和普希金相反，把莫里哀的悭吝人看得比莎士比亚的夏洛克更合乎艺术法则。普希金认为悭吝人只是悭吝人，而夏洛克的性格却是活生生的。夏洛克的主导情志固然也是吝啬，但同时他爱女儿，对作为犹太人所受到的歧视和侮辱满怀愤怒，他的性格是丰满的、复杂的。但是坚执知性原则的文艺评论家恰恰把普希金所指出的缺点当作长处。

从多方面展开的人物性格的复杂性就在于：一方面他必须有一种主导的情志，成为支配或推动他行动起来的重要动力；另方面他的性格又必须是多方面的，具有多样性统一的性质。一方面作为人物性格中的情志来说是普遍性的，否则就不能引起人们的共鸣；另方面作为个体的人物性格来说，又必须具有和其他人所不同的独特个性。作家怎样通过一条微妙的线索使上述两个方面联系起来，这是艺术创造的真正困难所在。知性不能掌握美，就因为理智区别作用的特点恰好在于把多样性统一的具体内容拆散开来，作为孤立的东西加以分析，只知有分，不知有合，并且对矛盾的双方往往只突出其中一个方面，无视另一个方面，而不懂得辩证法的对立统一。须知，普遍性不能外在于个别性，倘使外在于个别性变成教诲之类的抽象普遍性，就必定会分裂上述的统一，使人物成为听命抽象概念的傀儡，而这正是知性的分析方法给艺术带来的危害。

一九八二年

感性—知性—理性

我觉得用感性—知性—理性这三个概念来说明认识的不同性能是更科学的。把知性和理性区别开来很重要。作出这种区别无论在认识论或方法论上，都有助于划清辩证法和形而上学的界限。有人指责我提出这三个范畴是"回到康德去"。但是据我所知，马恩也是采用知性的概念，并把知性和理性加以区别。马克思在《政治经济学批判导言》中说：

> 我如果从人口着手，那么这就是一个混沌的关于整体的表象，经过更切近的规定后，我就会在分析中达到越来越简单的概念；从表象中的具体达到越来越稀薄的抽象，直到我达到一些最简单的规定。于是行程又得从那里回过头来，直到我最后又回到人口，但是这回人口已不是一个混沌的关于整体的表象，而是一个具有许多规定和关系的丰富的整体了。

从这段话看来，马克思也是运用了感性—知性—理性这三个概念的。

如果把上述理论概括地表述出来，就是这样一个公式：从混沌的关于整体的表象开始（感性）—分析的理智所作的一些简单的规定（知性）—经过许多规定的综合而达到多样性的统一（理性）。马克思把这一公式称为"由抽象上升到具体"的方法，并且指出这种方法"显然是科学上正确的方法"。按照马克思的说法，和这种方法相对立的，则是经济学在初期走过的路程，例如十七世纪的经济学家（他们像恩格斯所指出的那些启蒙学者一样，把"思维的悟性［知性］作为衡量一切的唯一尺度"），就是从混沌的关于整体的表象开始，通过知性的分析方法，把具体的表象加以分解，达到越来越简单的概念，越来越稀薄的抽象。这也就是说，从感性过渡到知性就止步了。马克思提出的由抽象上升到具体的方法，则是要求再从知性过渡到理性，从而克服知性分析方法所形成的片面性和抽象性，而使一些被知性拆散开来的简单规定经过综合恢复了丰富性和具体性，从而达到多样性统一。从这一点来看，黑格尔说的一句警句是值得注意的，那就是理性涵盖并包括了知性，而知性却不能理解理性。

一九八三年

知性概念

我们习惯把认识分为两类，一类是感性的，另一类是理性的；并且断言前者是对于事物的片面的、现象的和外在关系的认识，而后者则是对于事物的全面的、本质的和内在联系的认识。这样的划分虽然基本正确，但也容易作出简单化的理解。因为它不能说明在理性认识中也可能产生片面化的缺陷。例如知性在认识上的性能就是如此。

康德曾经把认识划分为感性—知性—理性三种。后来黑格尔也沿用了这一说法，可是他却赋予这三个概念以不同的含义。黑格尔关于知性的阐述，至今仍具有现实意义，对我们颇有启发。笔者将要在本文中借鉴他的一些观点。

这里先谈谈知性的译名。知性的德文译名是"Verstand"。我国过去大抵把它译作悟性。黑格尔《美学》中译本有时亦译作理解力。现从贺译译作知性。这一译名较惬恰，不致引起某种误解，而且也可以较妥切地表达理智区别作用的特点。

简括地说，知性有下面几个特点：一、知性坚执着固定的特性和多种特性间的区别，凭藉理智的区别作用对具体的对象持分离的观点。

它把我们知觉中的多样的具体内容进行分解，辨析其中种种特性，把那些原来结合在一起的特性拆散开来。二、知性坚执着抽象的普遍性，这种普遍性与特殊性坚硬地对立着。它将具体对象拆散成许多抽象成分，并将它们孤立起来观察，这样就使多样性统一的内容变成简单的概念、片面的规定、稀薄的抽象。三、知性坚执着形式同一性，对于对立的双方执非此即彼的观点，并把它作为最后的范畴。它认为对立的一方有其本身的独立自在性，或者认为对立统一的某一方面，在其孤立状态下有其本质性与真实性。

由于知性具有上述的片面性和局限性，当我们用知性的分析方法去分析对象时，就往往陷入错觉：我们自以为让对象呈现其本来面目，并没有增减改变任何成分，但是却将对象的具体内容转变为抽象的、孤立的、僵死的了。

不过，知性在一定限度的范围之内也有其一定的功用，成为认识历程中的一个不可缺少的环节。我们不应抹煞它在从感性过渡到理性的过程中的应有地位和作用。知性的作用可以借用黑格尔的一句话来说明："没有理智便不会有坚定性和确定性。"为了论证这一点，他举出一些例证。比如在自然研究中，知性是作为分析的理智来进行的，只有这样我们才可以区别质料、力量、类别，并将每一类孤立起来，而确定其形式，而这一切都是对于自然研究所必要的。再如，在艺术研究中也不能完全离开知性作用，因为我们必须严格区别在性质上不同的美的形式，并把它们明白地揭示出来。至于创作一部艺术作品，也同样需要理智的区别活动。因为作品中的不同人物性格须具有明确性，作者应加以透彻地描写，并且将支配每个人物行为的不同目的与兴趣加以明确的表达。诚然，知性不能认识到世界的总体，不懂得一切事物都在流动，都在不断地变化，不断地产生和消亡。但是当我们要去认识构成总体的细节，就不得不凭藉知性的区别作用，把它们从自然的或历史的整体中抽出来，从它们的特性以及它们的特殊原因与结果等等方面来逐个地加以研究。

　　然而，如果我们一旦习惯于知性的分析方法，只知道把事物当作孤立的、固定的、僵硬的、一成不变的研究对象，并且认为这是不言而喻的唯一正确方法。那么，我们就将陷入形而上学。不少理论家并不认识知性的局限性，他们认为运用知性的分析方法是理所当然、合乎常识的。知性的分析方法在一定领域内是必要的，可是一旦超越这个界限，它就要变成片面的、狭隘的、抽象的，并且陷入不可解决的矛盾，因为它不能认识事物的内在联系和事物的运动与变化。因此，马克思在《政治经济学批判导言》中批判了十七世纪的经济学家的知性分析方法，而提出了由抽象上升到具体的唯一正确的方法。

一九八二年

知性不能掌握美

黑格尔在《美学》中说："知性不能掌握美。"这是就知性总是把统一体的各差异面分裂开来看成是独立自在的东西这一特点来说的。知性的这一特点，显然是破坏了艺术作品必须是生气灌注的有机体这一基本原则。从这一方面来看，我们可以援引黑格尔的话来说明："有机体的官能和肢体并不能仅视作有机体的各部分，惟有在它们的统一里，它们才是它们那样，它们对那有机的统一体互有影响，并非毫不相干。只有在解剖学者手里这些官能和肢体才是机械的部分。但解剖学者的工作乃在解剖尸体，并不在处理一个活的身体。"（《小逻辑》第一三五节）黑格尔很喜欢援用亚里士多德说过的一句话，那就是，把手从身体上割下来就不复是手了。这正好说明采取孤立的、抽象的考察事物的知性分析方法，尽管在艺术研究中具有一定作用，但是如果不是把它作为达到具体的过渡环节，坚执为最终的范畴，那就不可能掌握美。

关于这个问题，黑格尔并未详细地加以深论。我认为如果我们进一步去进行探讨，将会澄清我们在文艺思想上迄今仍存在着的许多混乱。这里我想谈谈我们文艺理论界曾经盛行不衰的所谓"抓要害"的观点。据说抓要害就是要抓住主要矛盾和矛盾的主要方面。这一知性观点经过任意套用已经变成一种最浅薄最俗滥的理论。臭名昭著的"三突出"理论就是这样滋长出来的，并且直到今天它仍在改头换面传布不歇。最近我看到一篇评论电视片《武松》的文章，论者赞扬这部把《水浒》改编走了样的作品，说它的最大优点就是"一切从主题出发"。我还看到另一篇分析《阿Q正传》的文章，论者把阿Q的精神胜利法作为贯串每一细节中去的主题思想，由此断言鲁迅安排所有细节，连阿Q在小尼姑脸上捏一把，甚至阿Q向吴妈求爱，莫不是有意识地把它们作为阿Q精神胜利法的表现。这就不得不使人认为，直到目前抓要害这一知性的分析方法，仍被当作不容置疑的正确理论。从表面上看，抓要害有什么错？这似乎是无可非议的。但是它却经不起仔细推敲。我们往往以为只要抓住事物的主要矛盾和矛盾的主要方面就抓住了事物的本质。但是，事实上，由此所得到的只是与特殊性坚硬对立的抽象的普遍性，它是以牺牲事物的具体血肉（即多样性的统一）作为代价的。抓住主要矛盾和矛盾的主要方面是不是就可以认识事物的实质？这在自然科学中可以找到回答。有人曾举出下面的例证：半导体材料主要是锗或硅这两种元素。这两种元素可以说是半导体的主要矛盾和矛盾的主要方面，但是却不能形成所需要的半导体的导电性能，因为必须在这两种元素外掺进某些微量杂质，如锑、砷、铟等才可以使半导体的特性充分发挥出来。分析什么是主要矛盾和矛盾的主要方面固然是重要的，但是仅仅到此为止是不够的，还应当更进一步去研究事物的各个方面以及其间的种种联系。只有对事物作出这样全面的考察才能认识事物的整体，而不致像知性的分析方法那样肢解了事物的具体内容，使之变成简单的概念、片面的规定、稀薄的抽象。

认为艺术作品一切都必须从主题出发这种来自知性的观点是对艺术的最大误解。艺术作品必须有一个占主导地位的情志，但是作者一旦使他的作品的任何部分，包括每一细节，都从主题出发，都必须作为点明主题思想的象征或符号，那就必然会引起尊重感情的读者应有的嫌恶，他将会指摘这种作品和评论者按照这种理论对于某些优秀之作所作的牵强附会的分析。文艺作品固然要表现生活的本质，但是它是通过生活的现象形态去表现生活的本质的。因此，文艺作品不能以去粗取精为借口舍弃生活的现象形态。相反，它必须保持生活现象的一切属性，包括偶然性这一属性在内。甚至像黑格尔这样认为哲学的任务就在于扫除偶然性揭示必然性的理论家也说，偶然性在艺术作品中是必要的。过去，俄罗斯批评家歇唯辽夫认为《死魂灵》中的一切细节都具有反射主题的重要意义。这种理论曾受到车尔尼雪夫斯基的正当讥评。他反驳说："乞乞科夫在到玛尼罗夫家去的路上，也许碰到的农民不是一个人，而是两个人或三个人；玛尼罗夫的村落，也许坐落在大路左边，不是右边；梭巴开维支所称呼的唯一正直的人，可能不是检察官，而是民事法庭庭长，或者省长，等等，《死魂灵》的艺术价值一点也不会因此而丧失，或者因此而沾光。"歇唯辽夫把上述这些偶然性都认作是从主题思想中引申出来的，只能是这样，不能是那样。这正是知性不能掌握美的一个例证。

一九八二年

审美主客关系

　　最早比较全面阐述审美活动中的人的能动性的是黑格尔。黑格尔在《艺术美的概念》中说："在艺术里，感性的东西是经过心灵化了，而心灵的东西也借感性化而显现出来。"这意思是说，在文艺创作过程中，心灵的现实化和现实的心灵化一直在交错进行着。文艺创作所反映的现实不是现实世界的自然形态，而是心灵化的现实，从而使艺术美区别于自然美。同时，文艺创作所表现的思想感情不是精神世界的抽象形态，而是现实化的心灵，从而使以形象为特征的艺术区别以概念为特征的科学。

　　黑格尔在《美的理念》中，通过对于知性的有限智力和有限意志的批判更进一步阐述了审美的主客关系。现将大意综述如下：有限的智力对待对象的态度是假定客观事物是独立自在的，而我们的认识只是被动地接受。表面上看，这好像是克服了主观的幻想和成见，按照客观世界的原状去吸取眼前的事物。但主体在这种关系上是有限的、不自由的，因为这是先已假定了客观事物的独立自在性，从而取消了主观的自确定作用。而有限的意志则相反，主体在对象上力图实现自己的旨趣、目的、意图，根据自己的意志牺牲事物的存在和特性，把对象作为服务自己的有力工具，从而剥夺了事物的独立自在性，以致使对象依靠主体，对象的本质就在于对主体的目的有用。但这种主体的自由只是一种假象，在实践的关系上，它仍是有限的、不自由的。因为由于有限意志的片面性，对象的抵抗就不能消除，结果就造成了对象和主体的分裂和对抗。

黑格尔所说的"主观自确定作用"含有审美活动的主观能动性的意蕴。（《小逻辑》第二二六节《附释》曾批判了把认识的主体当作一张白纸的观点。——案：这是针对洛克在《人类悟性论：单纯观念的性质》中提出的主张。可参阅。）黑格尔所提出的"人把他的环境人化了"这一美学实践观点，是有积极意义的。但是，我们同时也应看到他所谓审美主体的"自确定作用"，一方面在批判知性的有限意志时，肯定了事物的独立自在性，反对主体为了实现自己的意图去牺牲事物的存在和特性。而另一方面，他在批判知性的有限智力时，又否定了客观事物是独立自在的，认为这种独立自在性只是出于主体的事先假定。黑格尔的这种说法似乎是矛盾的，而他的晦涩的论述方式更容易使人增添迷乱。黑格尔的思想体系是按照客观唯心主义建立起来的。不依赖人的意识而客观存在着的理念是他的哲学理论的核心。他在《美学》中说："一切存在的东西只有作为理念的一种存在时，才有真实性，因为只有理念才是真实的东西。这就是说，现象之所以真实，并不由于它有内在的或外在的客观存在，并不是由于它一般是实在的东西，而是由于这种实在是符合概念的。"由此出发，黑格尔认为在审美的主客关系中，客体对于主体是独立的。有限意志的局限就在于没有认识到客体不依赖人的意识而客观存在着。可是，另一方面，客体对于理念来说又是没有独立性的，因为它只是理念的外化，尚处于低级的粗糙阶段。有限智力的局限则在于没有认识到人的认识历程是理念的自身活动，由自在阶段向着高级自在自为阶段的不断深化，而要认识客观事物的内在概念，就要依靠主观的自确定作用，使理念回复到自身，达到主客观在自在自为的更高阶段上的统一。

黑格尔在论述审美主客关系时，作出了"在概念与实在的统一里，概念仍是统治的因素"的结论。不过，黑格尔在思辨的叙述中常常作出了把握事物本身的真实的叙述，例如，他虽然把艺术美称作"理想"，但他却强烈地反对使艺术脱离现实的理想化倾向。他说："在艺术和诗里，从'理想'开始总是很靠不住的，因为艺术家创作所依靠的是生活的富裕，而不是抽象的普泛观念的富裕。在艺术里不像在哲学里，创造的材料不是思想，而是现实的外在形象。所以艺术家必须置身于这种材料里，跟它建立亲切的关系，他应该看得多，听得多，而且记得多。"不过，由于他以"美是理念在感性事物中的显现"这一原则所建立的客观唯心主义美学体系的局限，他断言心灵和心灵所产生的艺术美高于自然。他认为只有心灵才是真实的，才是涵盖一切的，所以自然美只是心灵美的反映，而且自然美所反映的心灵美只是全然不完善的粗糙形态。由此，黑格尔提出了他的艺术清洗的理论。他认为艺术要把被偶然性和外在形状所玷污了的事物还原到它和它的概念的和谐，就必须把现象中凡是不符合概念的东西一概抛开，只有通过这种"清洗"，才能把理想表现出来。黑格尔曾经把这种克服所谓自然缺陷的艺术清洗理论表述在下面的命题中，即：艺术创作应使"概念完全贯注到符合它的实在里"。

可是，当黑格尔的辩证法使他从思辨结构中摆脱出来，作出了把握事物本身的真实的叙述时，他也背叛了自己的理论原则。他在论述美的理想对现实的关系时，曾反对艺术家"从现实中的最好形式中，东挑一点，西挑一点，拼凑起来"的办法。他在《美学》和《小逻辑》中，都说过偶然性在艺术创作中是不可少的。他在论述人物性格时，曾反对法国古典主义剧作家使人物仅仅成为某种情志的抽象形式而消灭了人物的主体性，从而使艺术表现显得枯燥、贫乏。他说："性格的特殊性中应该有一个主要方面作为统治的方面，但是尽管有这个定性，性格仍须同时保持生动性与完满性，使个别人物有余地可以向多方面流露他的性格，适应各种各样的情境，把一种本身发展完满的内心世界的丰富多采性显现于丰富多彩的表现。"这类论述显然和他从艺术清洗理论提出的使"概念完全贯注到符合它的实在里"的命题异旨。不过这些地方往往为人所忽视，甚至把黑格尔美学中的消极一面发展到极端，成为将所有的优点集中到一个人物身上来拔高形象就是创造艺术典型的准则。从这种追求理想完人的理论出发，以致连车尔尼雪夫斯基在《生活与美学》中所提出的正确命题"茶素不是茶，酒精不是酒"，也被视为对艺术美的贬低。（朱光潜的《西方美学史》批判了这一命题，认为美就是将表现在许多个体上的美加以集中的表现。这是一种倒退。车尔尼雪夫斯基大体继承了别林斯基的观点。别林斯基曾经对典型提出这样的问题："典型是些什么？难道像过去高贵而可敬的美学家们所设想和宣扬的那样，是散在于自然界，为了按照预定的尺度构成典型才加以收集的各种特征吗？……呵，不是的，完全不是的！"［《论俄国中篇小说与果戈理君的中篇小说》］我国古代思想家王充在《艺增》中，也批判过那种"辞出溢其真，称美过其善，进恶没其过"的违反真实性的浮夸作风。）其实，车尔尼雪夫斯基的这个观点和上引黑格尔关于人物性格的观点基本上是一致的。这里我们还可以援引黑格尔的另外一段话来加以证明。他曾经讥嘲知性的分析方法说："譬如，一个化学家取一块肉放在蒸馏器上，加以多方的割裂分解，于是告诉人说，这块肉是氧气碳气氢气等元素所构成。但这些抽象的元素已经不复是肉了。"（《小逻辑》第二二七节）这和车尔尼雪夫斯基提出的"茶素不是茶，酒精不是酒"，有着惊人的类似。

　　不过，由于黑格尔认为美是理念在感性事物中的显现，由于他认为自然本身是有缺陷的，不能完善地显现美的理想，从而作出了一些显然错误的审美判断。例如，他在论述引起动作的普遍力量时，认为反面的、坏的、邪恶力量不应作为反动作的基本根源，"因为它们内在的概念和目的本身已经是虚妄的，原来内在的丑在它的外在实在中也就更不能成为真正的美了"。这种观点不仅使他对莎士比亚作出了一些不公正的指摘，而且倘加以引申和发挥，就会一笔抹煞十九世纪席卷整个欧洲的现实主义文学思潮，因为这些作品几乎都以批判社会罪恶为宗旨。黑格尔这种否定艺术表现邪恶的偏见正是说明：一、当概念与实在发生不一致的情况下，不是使概念服从实在，而是牺牲实在去保持概念的纯洁。如果说这一点在他的艺术清洗理论中已现端倪，那么在他指斥表现罪恶（这是大量存在于莎士比亚时代——资本主义原始积累时代的现实）玷污了美的理论中就显露无遗了。二、他的美的理想仍受到了艺术只应表现美好事物的传统美学观念的束缚，而并不承认艺术应该全面表现社会生活，除了美好的方面外也包括邪恶的方面在内。从而使他把古希腊史诗时代的艺术标准偶像化、绝对化，当作一切时代的审美准则。他认为史诗时代以后艺术只有日趋衰落，这一看法显然出于他对古希腊艺术的偏爱。三、他把事物的概念和实在和谐一致作为美的属性，正像车尔尼雪夫斯基在《生活与美学》中所指出的："把艺术作品必要属性的形式美和艺术的许多对象之一的美混淆起来，是艺术中不幸的弊端的原因之一。"虽然黑格尔在阐发美的规律方面较之车尔尼雪夫斯基的美学具有更丰富的内容，虽然车尔尼雪夫斯基由于直观唯物主义的局限不能像黑格尔那样从主观能动性方面去阐述艺术的创作活动，来充分肯定艺术美的应有价值，但是车尔尼雪夫斯基对黑格尔的上述批评却是正确的。

一九八八年

整体与部分和部分与部分

　　黑格尔的《美的理念》主要论述了整体与部分和部分与部分之间的必然性和偶然性关系，现撮要综述如下，以便我们对这一问题作进一步探讨。

　　黑格尔为了体系的需要，把美的理念放在自然美的前面来论述。他认为美的理念是先于自然美的独立存在。但是只要我们把这两部分论述加以仔细的对照和比较，就立即可以发现，黑格尔对美的理念所作的种种规定，恰恰是从作为生命的自然美中概括出来的。所谓美的理念正是他在《自然生命作为美》的部分中对生命有机体作了周密的研究之后所获得的成果。这些成果主要是把关于生命有机体的一些带有规律性的东西提炼出来，加以规范化，作为美的理念的内容。因此，从体系来看似乎是黑格尔美学中最唯心的这一部分，就其内容来说，却是现实的。

　　黑格尔在《美的理念》中论述美的规律时，同样运用了他的概念论（或译总念论）的三范畴，即：普遍性、特殊性和个别性。"普遍性是自我同一的，不过须了解为，在普遍里复包含有特殊的和个体的在内。特殊的即是相异的，或有特殊性格的，不过须了解为，它自身是普遍的，并且具有个体性。同样，个体性亦须了解为主体或基本，包含有种和类于其自身，并具有实质的存在，这就表明了概念的各环节有其异中之同，有其区别中的不可分离性。"（《小逻辑》第一六四节）在作为美的统一体中，具有普遍性的内在本质方面和特殊个体的外在现象方面可以互相渗透。普遍性的内在本质可以把特殊个体的外在现象统摄于自身之内，同时特殊个体的外在现象也可以把普遍性的内在本质宣泄于外，从而形成各差异面的和谐一致。黑格尔认为这种对立统一的辩证法是知性所不能理解的。他说："知性不能掌握美。"因为知性的特点乃在于"抽象"和"分离"。知性认为抽象孤立的概念即本身自足，可以用来表达真理而有效准。其实，知性只是对于对象的外在思考，知性用来称谓对象的概念或名词，乃是现成的表象，是外加给对象的。用知性来掌握美，就会把美的统一体内的各差异面看成是分裂开来的孤立的东西，从而把美的内容仅仅作为一抽象的普遍性，而与特殊的个体形成坚硬的对立，只能从外面把概念生硬地强加到特殊的个体上去；而另一方面，作为美的形式的外在形象也就变成只是拼凑起来勉强粘附到内容上去的赘疣了。这就破坏了美的和谐与统一。

照黑格尔看来，在美的对象中，概念和实在都必须是从事物本身发出来的。显然，这是从生命有机体的规律中概括出来的。在生命有机体中，概念和实在这两个差异面的统一，就是精神与肉体（黑格尔用的名称是"灵魂"与"身体"）的统一。精神与肉体都是生命所固有的。它们之间的关系是一种有机的内在联系。精神把生命灌注在肉体的各部分之中，这在感觉中就可以看出。人的感觉并不是单独地发生在身体上的某一部分，而是弥漫在全身，全身的各部分都在同时感到这感觉。但是在同一身体上并没有成千上万的感觉者，而只有一个感觉的主体。美的规律也是这样。在艺术作品中，内在意蕴和表现它的外在形象必须显现为完满的通体融贯。内容意蕴作为艺术生命的主体，把生气灌注到外在形象的各部分中去，使它们活起来。外在形象的各部分都弥漫同一内容意蕴灌注给它们的生命，而形成和谐一致的有机体。外在形象是从内在意蕴本身发展出来的，是内在意蕴实现自己的外在表现，而不能是拼凑一些外在材料，迫使这些材料勉强迁就本来不是它们所能实现的目的。因为那些拼凑起来的艺术形象的各部分对于外加给它们的抽象概念，处处都会表现一种抵制和反抗，从而造成形式和内容的分裂。

　　黑格尔对上述美的规律加以进一步的阐明："美的对象各个部分虽协调成为观念性的统一体，而且把这统一显现出来，这种和谐一致必须显现成这样：在它们的相互关系中，各部分还保留独立自由的形状，这就是说，它们不像一般的概念的各部分，只有观念性的统一，还必须显出另一方面，即独立自在的实在面貌。美的对象必须同时显出两方面：一方面是由概念所假定的各部分协调一致的必然性，另方面是这些部分的自由性的显现是为它们本身的，不只是为它们的统一体。单就它本身来说，必然性是各部分按照它们的本质即必须紧密地联系在一起，有这一部分就必有那一部分的那种关系。这种必然性在美的对象里固不可少，但是也不应该就以必然性本身出现在美的对象里，而应该隐藏在不经意的偶然性后面。否则各个实在的部分就会失去它们的地位和特有的作用，显得只是服务于它们的观念性的统一，而且对这观念性的统一也只是抽象的服从。"

　　在这段话里，屡次出现了"观念性的统一"这一用语，需要简略地解释一下。所谓"观念性的统一"是指事物的内在联系。说它是观念性的，并不是说这种统一只存在主观意识中，而这种由内在联系构成的统一不能凭借感官知觉到，而只能通过思考才能辨认出来。通过思考去认识这种观念性的统一，却是专属哲学的认识功能。在美的对象里，观念性的统一却必须从事物的外在现象中直接显现出来，呈现于感性观照。例如，人的肉体和精神之间有着有机的联系，在平时这种内在联系还不能直接现出，只能通过思考去辨认，这就是观念性的统一。但是人一旦被某种强烈感情所支配的时候，这种感情就从他身体的各个部分充分地显现出来，从而这种观念性的统一就由本来内在的直接宣泄于外，变成可以感觉到的东西了。这就是美的对象所必须具有的特点。

　　黑格尔在这段话里运用了必然性和偶然性这对范畴，揭示了必然性和偶然性在美的对象里的辩证关系。在美的对象里，作为整体的观念性的统一直接从各部分中显现出来，这就使各部分之间由于内容的生气灌注而形成通体融贯的协调一致。各差异面协调一致的必然性，使各部分之间结成这样一种有机关系，即：有这一部分就必有那一部分的关系。自然生命有机体的各部分就是按照这种方式构成的。在生物学中，达尔文把它定名为"生长相关律"。这一规律是说："一个有机生物的个别部分的特定形态经常是和其他部分的某些形态相关联的，虽然在表面上它们似乎并没有任何联系。"在自然生命有机体中，各部分的形状、性能发生着相互影响。无机物就不然。从矿物割取一部分下来，既不影响整体，也不影响部分。就割下来的那一部分来说，它仍是同一矿物。就被割去一部分的整体来说，也并不引起质的变化，而只引起量的变化。可是生命有机体并不如此。从人体割下一只手来，就再不是一只手了。艺术形象的任何部分的任意改动，就必然会影响其他部分以至整个作品的原有性质。这种整体与部分和部分与部分之间的有机联系，就是黑格尔所说的必然性。

但是，另一方面，黑格尔又说，这种必然性不应该以它本身出现在艺术作品中，而必须隐藏在不经意的偶然性后面。这是黑格尔论述美的规律的一个重要观点。为了说明这一点，我们还是先回到自然生命有机体上来。在互相关联协调一致的生命有机体中，各部分又显示了它们各自所具有的独立自在面貌。例如，在人体上每个部分都是不同的，每个部分都显得是独立自在的。固然它们都为同一生命所统摄，都为同一生命而服务，但是它们不仅在形状上显出各自不同的独立自在的外貌，而且在为同一生命服务上也随形体构造不同而发挥不同的功效。它们各有专司，各管各的事，不能互相替代。黑格尔认为，生命的过程就是矛盾统一的过程，它表现在下述双重活动方面："一方面继续不断地使有机体的各部分和各种定性的实在差异面得到感性存在，在这种感性存在中，每一方面都具有独立的存在和完备的特性；另一方面又继续不断地使这感性的存在不致僵化为独立自在的特殊部分，变成彼此对立、排外自禁的固定的差异面，而使它们可以见出观念性的统一。"在这种体现了生命过程双重活动的有机体中，各差异面保持了它们独立自在的面貌，而并不现出抽象的目的性。这就是说，某一部分的特性并不同时是另一部分的特性。任何部分并不因为另一部分具有某种形状也就具有那种形状。各部分的独立自在性显得是为它们本身的，而不是为了它们的统一体。虽然在各部分的独立自在性里可以见出一种内在的联系，但是这种经过生命灌注作用所产生的统一，不但不消除各部分的自身特性，反而把这些特性充分地表现出来。这就是黑格尔所说的必然性必须隐藏在不经意的偶然性的后面。

因此，艺术作品的各部分、各细节不能是拼凑在一起的混合体。因为在混合体中，这一部分和那一部分之间并没有任何必然的联系，它们聚拢在一起只是由于偶然的机缘。同时，艺术作品的各部分、各细节也不能是限于形式方面的有规律的安排。因为在有规律的安排中，这一部分采用这个样式只是由于其他部分也采用这个样式的缘故。这样，各部分、各细节就会失去它们本身的特性，仅仅显出了外在的统一。相反，艺术作品的各部分、各细节一方面保持了各自独立的特性，另方面又取得了内在的统一。它们不是由于偶然的机缘，而是由于内在的必然联系融为一体。而艺术作品这种内在的必然联系正是从具有各自独立特性的各部分、各细节直接显现出来的。

黑格尔关于美的理念的论述值得我们注意的地方，可以概括为以下几点：一、黑格尔关于整体与部分和部分与部分之间的必然性和偶然性关系的论述，具有反形而上学观点的积极意义。形而上学观点使必然性和偶然性坚硬地对立起来，并且把必然性置于不堪容忍的专横统治地位。照形而上学观点看来，如果表现艺术作品由概念所规定的各部分协调一致的必然性，就不能容许各差异面的独立自在性。各部分不是为它们本身而存在，它们完全丧失了自己的独立地位和特性，只是单纯地为外加给它们的抽象概念服务。这样制造出来的艺术作品，其中的人物形象就变成了作家的思想的传声筒，而作品的细节也就变成了影射主题思想的象征或符号，从而作为生活现象形态的偶然性完全被放逐到艺术领域之外。二、艺术创作一方面要把生活真实中各个分散现象间的内在联系这种必然性直接表现出来呈现于感性观照，另方面又必须保持生活现象形态中的偶然性，使两方面协调一致，这是艺术创作的真正困难所在。在成功的艺术作品中，生活的现象形态保持下来了，但它们彼此分裂的片面性被克服了；偶然性的形式也保持下来了，但必然性通过偶然性为自己开辟了道路。这里，黑格尔关于偶然性的论述，事实上也就反驳了他自己在《艺术美或理想》第一部分中所提出的"清洗"理论。三、不难看出，黑格尔在《美的理念》中所揭示的艺术规律并不是先验地在自然美产生以前就已存在，尽管黑格尔本人是这样宣布的。事实上，他所揭示的美的规律是从自然生命有机体中概括出来的。离开了自然生命有机体又从哪里去寻找"美的理念"呢？就连黑格尔本人也不得不在《美学》中承认："凡是唯心哲学（指黑格尔本人的哲学——引者）在心灵领域内要做的事，自然在作为生命时就已经在做。"因此他说："只有生命的东西才是理念，只有理念才是真实。"这里所说的生命，我们只要把它作为自然生命有机体看待，那么黑格尔的这句话就含有一定的合理因素。所以，所谓美的理念只能以自然生命有机体为基础，从中抽绎出美的规律。正如宗教幻想所造成的神物不过是人自己本身的幻想的反映，作为绝对存在的美的理念也不过是自然生命有机体本质的幻想的反映。

一九八八年

情况—情境—情节

　　黑格尔的美学没有正面阐述艺术的创作过程，但他在《理想的定性》中详细地阐述了理念经过了怎样的自我发展过程而形成具体的艺术作品。他把这一过程也规定为三个步骤，即：情况—情境—情节。黑格尔认为情况即"一般世界情况"是人物动作（情节）及其性质的前提。他认为艺术的理想不能停滞在作为普泛概念的普遍性上，而必须转化为具有实体性内容的普遍力量。普遍性实现其自身于特殊的个体中，这就是理想的定性。这种实体性的普遍力量怎样才能成为可供感性观照的艺术作品呢？它必须实现自己，通过动作及一般运动和活动展示出来。这种动作或活动的场所或前提就是"情况"。他说："情况只能形成个别形象表现的可能性，还不能形成个别形象表现本身。所以我们所看到的只是艺术中有生命的个别人物所借以出现的一般背景。"黑格尔关于情况的论述是很晦涩的。他认为只有在古希腊史诗时代，具有实体性内容的普遍力量才完全体现在个人的活动中，从而显现了个体的独立自足性，而在现代的散文生活中，普遍性与个体性形成了分裂状态，个性只有在局限的狭窄范围内才显出自由自在。所以他认为古希腊史诗时代是体现艺术理想的楷模。不管黑格尔对于资本主义社会损害艺术作出了怎样有价值的论断，总的说来，他对情况的说明是从和谐宁静这种观点出发的，而并不把情况看作是矛盾的普遍性。这种错误应归咎于他的思辨结构，因为照他看来，情况在三个环节中尚处于最初的自在阶段，其发展尚未明显，其涵蕴尚未显露，因此还只是浑沌的统一体。可是，事实上作为普遍性的情况只能形成个别形象表现的可能性，而不能成为激发人物动作的直接推动力，原因并不在于一般世界情况并不存在矛盾，而是在于这情况是最根本最普遍的矛盾。虽然每个社会成员都受到这同一普遍矛盾的影响和支配，但只有当它体现为特殊矛盾时，才能成为激发人物行动的直接因素。

　　由情况进入到"情境"，倘我们用科学的语言来表述，就是由矛盾的普遍性进入到矛盾的特殊性。矛盾的特殊性是被矛盾的普遍性所规定的。只有在情境中，才能把情况所规定的人物及其行动表现的可能性转化为现实性。黑格尔说：情境就是"情况的特殊性，这情况的定性使那种实体性的统一发生差异对立面和紧张，就是这种对立和紧张成为动作的推动力——这就是情境及其冲突"。在这里，黑格尔把情境作为浑沌统一体发生差异对立面的结果是费解的。不过，他把情境作为情况的特殊性，把情境及其冲突作为个别人物动作的推动力，这种见解是深刻的。因为艺术创作如果只从一般世界情况去把握人物，而不从具体的情境去把握人物，只着眼矛盾的普遍性，而无视矛盾的特殊性，那么这往往是造成概念化倾向的根源之一。就人物性格表现来说，冲突只能发生在特殊性的规定情境之中。黑格尔说："发现情境是一项重要工作，对于艺术家也往往是件难事。"人物性格离开规定情境就不能得到表现。怎样选择适当的特定情境及其冲突恰到好处地来显示人物性格，使人认识到这是怎样一个人，确是不容易的。情境克服了情况的普泛性，和人物的具体处境、生活、遭遇结合起来，成为激发人物行动的机缘和动力。所以，情境及其冲突对于人物来说，是使他不得不行动起来的必然趋势。在情况中，具体的特定的冲突尚未定型，情况只是冲突的基础和根据。在情境中，冲突的必然性变成了人物的内在要求，和他的心情紧密地结合在一起。

但是，情境只是激发人物行动起来的机缘和动力，情境本身还不是行动。发出行动的是人。动作的蓄谋、最后决定和实际完成都要依靠人来实现。在情境及其冲突的激发下，人究竟怎样行动起来？性格的差异往往在相同的情境中使他们发生千差万别的动作和反动作。在这里，人物的个性起着决定作用。所以，必须再由情境进入"情节"。情节即动作，是以人物性格为中心的。人物性格属于个体性范畴。按照黑格尔的说法，个体性就是"主体"和"基本"，"包含有种和类于其自身"（《小逻辑》第一六四节）。矛盾的个体性包含着矛盾的特殊性（种）和矛盾的普遍性（类）于自身之内。倘使把黑格尔这个说法加以阐发和引申，那就是人物一方面体现着作为社会关系总和的阶级属性，另方面也体现着表现时代矛盾的特定冲突和纠纷。这两方面都要通过主体的动作或反动作显现出来。黑格尔把冲突激起人物行动起来的内在要求，借用古希腊人所说的 $\pi\acute{a}\theta o\varsigma$ 一词来表达。大体说来，黑格尔用这个字以表明特定时代的具有普遍性的伦理观念，但这种观念在人物身上不是由理智，而是由渗透着理性内容的感情表现出来。关于 $\pi\acute{a}\theta o\varsigma$（《美学》朱光潜中译本译作"情致"，也有人据此字的转译 Pathos 译作"激情"或"动情力"，均不够妥切，笔者觉得译作"情志"似较惬恰）这个概念黑格尔作出了精辟的阐述，是值得我们注意的。他有时又把这个概念称为"神圣的东西"、"神的内容"或索性就是"神"。这些神秘说法往往使人感到扑朔迷离，难以索解。但细绎其旨，我们可以看出：这是黑格尔从他认作是艺术理想时代的希腊艺术中概括出来的。因为在古希腊艺术中，无论是雕刻、史诗或悲剧，"神"往往是主要的艺术表现内容。古希腊人正是用"神"来表现他们时代具有普遍性的伦理观念的。这样我们就不难理解黑格尔说的下面这段话："无论把神们（案：这是指希腊诸神，黑格尔把这些神视为各种人格化的情志。——引者）看成是外在于人的力量，或是把他们看成只是内在于人的力量，都是既正确又错误的。因为神同时是这两种力量。"表面看来，这似乎近于戏论。但是如果把它那披着神秘外衣的晦涩语言翻译出来，它的意蕴还是可以理解的。反映时代精神的具有普遍性的伦理观念，不是由个别人所形成，并不以他的意志为转移，所以对他来说是外在的。但是个别人不能脱离他的时代，他的性格被他那时代具有普遍性的伦理观念所浸染，形成他自己的情志，所以对他来说又是内在的。通过情志，黑格尔使人物性格和他的社会时代联系为一有机的整体。

　　以上我们综述了黑格尔论述艺术作品形成的三个环节的内容要旨。在综述过程中经过了清理，以便尽量使其合理的内容得到科学的表现。这里再总括地说明一下，贯串在黑格尔三个环节中的主线是理念的自我深化运动。按照他的思辨结构，艺术理想（理念）要实现自己，取得定性的存在，必须否定自身作为普泛概念的普遍性，转化为具有实体性的内容，这就是"情况"。情况发生了差异对立面，揭开了冲突和纠纷，从而否定了原来的浑沌的统一，这就是"情境"。在情境中，作为主体的人物发出反应动作，使差异对立面的斗争得到解决，达到矛盾的消除，这就是"情节"（或动作）。不难看出，在这三个步骤中，每一步骤都是对前一步骤的否定，而每一否定都使艺术理想的自我深化运动前进一步，从而构成自在—自为—自在自为这样一个逻辑公式。黑格尔为了把艺术理想的自我深化运动纳入这个公式中，使用了思辨哲学的强制手段，因而使他在叙述每一环节的过渡时都是显得牵强的、晦涩的。可是，在黑格尔思辨结构的框架中蕴含着某些辩证观点，包含了某些非思辨的现实内容。最突出的一点，就是黑格尔始终从社会时代背景上来考察人物性格，把人物和环境联系在一起。

　　黑格尔在《小逻辑》中曾用一句概括的话说："一切事物都是一推论（或译推理）。"意思是指：任何事物都蕴含着普遍性、特殊性和个别性的辩证关系。他根据这一原理阐明了形成艺术作品的三个环节：情况（普遍性）、情境（特殊性）、情节（个别性）。对于黑格尔的这一理论，这里总括地说明以下几点：一、黑格尔把这三个环节作为理念的自我深化运动。我们必须把被黑格尔倒置的关系颠倒过来。即把情况、情境和情节正确地理解作现实世界的普遍性矛盾、特殊性矛盾和个别性矛盾。二、黑格尔美学的思辨结构采取强制手段，把这三个环节硬性规定作由情况到情境再到情节的刻板定程。但是，事实上作家进行创作并不一定依循这种先后次序。作家在酝酿构思的时候，可能以表现时代社会普遍矛盾的情况为起点，也可能以表现某一事件特殊矛盾的情境为起点，或者也可能以表现某种性格个别矛盾的情节（人物动作）为起点。恐怕后一种情形反而更符合大多数作家的创作经历。这一点，如果说像黑格尔这样思想严密的哲学家竟然未能察觉，显然是令人难以置信的。他所以没有顾到这样简单的事实，只能归咎于他固执地为了构成自己的体系的缘故。三、我们应该承认，黑格尔提出的三个环节的辩证关系是艺术创作的一条重要原理。作家酝酿构思时以哪一个环节为起点，这要根据每个作家的具体情况来决定。但是有一点必须明确，作家无论以哪一个环节为起点，都必须以这个环节作为中介，来沟通其他两个环节。例如，倘他以表现时代社会普遍矛盾的情况为起点，那么他就必须以情况作为表现某一事件特殊矛盾的情境和表现某种性格个别矛盾的情节的中介，使三个环节融为有机的整体。如果以情境作为构思的起点，或者以情节作为构思的起点，也都同样必须以这个起点作为中介，来沟通其他两个环节，把三者融为有机的整体，从而使人物性格及其在特定生活环节中的遭遇，反映出整个时代精神和社会面貌。这样，作家在文学创作中才不致使人物和环境脱节，形成只是空泛地去表现时代的重大事件而把人物变成丧失个性的模糊影子，或者相反，只是孤立地从事性格分析而不能通过人物去表现社会的宏伟背景。

一九八八年七月修订

生气灌注

　　我国的文论和画论、乐论一样，都有一个相同的特点，它并不强调摹拟自然，而是强调神韵。自然这并不是说我国传统画论只求神似，全不讲形似。比如，顾恺之曾强调阿堵传神的神似观点，但他也提出过颊上妙于添毫而不忽视细节上的形似。刘勰在《文心雕龙》中也有类似的议论，他曾说："谨发而易貌"，要求传神；可是同时他也提出"体物密附"不废形似的主张。汤用彤称："汉代相人以筋骨，魏晋识见在神明。"可谓笃论。但是，他认为这是得意忘形或重神遗形的玄学理论在艺术上的反映，则不免失之偏颇。重神韵是要求艺术作品有一种生气灌注的内在精神。谢赫的《古画品录》标示六法，其中之一就是"气韵生动"。《文心雕龙》所提出的"以情志为神明"亦同此旨。照这种观点看来，艺术作品的内容意蕴和表现它的外在形象必须显现为完满的通体融贯。就如在有生命的机体内，脉管把血液输送到全身，或灵魂把生命灌注在躯体的各部分内一样。《文心雕龙》中所提到的"外文绮交，内义脉注"，"义脉不流，则遍枯文体"，即申明此义。后来，黑格尔《美学》也有"生气灌注"之论，似与我国古代文论、画论谐合。"生气灌注"是建筑在把艺术比喻为有生命的机体的理论基础上，在我国则更是由于把"气"的概念引进艺术理论的结果。过去，有人将气译作 quintessence（原质），似不妥切。拙著《文心雕龙若干范畴》英文稿，则从后来的译法，作 vital energies（活力、生命）。"气"不是物质性的，也不是精神性的，而是近似 field（场）。"气"在中国文化史、科技史上均占有重要地位。美学中"生气灌注"的理论，黑格尔多有阐发，而我们的文艺理论迄今未作深入探讨，这不能不说是件憾事。

一九八八年

附记：

关于黑格尔所用"生气灌注"一语，最近曾请友人张汝伦教授代为检查黑氏《美学》第一卷原文。他回信将《美学》第一卷《美的理念》（丙下）中有关原文抄录如下：

In gleicher Weise ist der Begriff，indem er innerhalb seines realen Daseins dasselbe beseelt，dadurch in der Objektuvität frei bei sich selber.

汝伦认为朱译用灌注生气来译 beseelt 这个动词形式是基本准确的，因为 beseelen 这个词的意思就是"使有生命，使有生气"。

二〇〇六年八月二十七日补记

反思读黑格尔后的影响

　　五十年代中期，我在隔离审查的最后一年开始阅读黑格尔。隔离结束，我把十几本读《小逻辑》的笔记簿带回家中。此后，我又写了读黑格尔《哲学史演讲录》、《美学》的笔记。这三部书比黑格尔的其他著作给我更大的影响。几年中，我把《小逻辑》读了四遍，作过三次笔记。黑格尔的《美学》，我也作过十分详细的笔记。后来，我所发表的有关黑格尔美学思想的论文，包括《文心雕龙创作论》中的那几篇附录，都是从这些笔记中抄录出来的，几乎没有作过什么修改。当时关于德国古典哲学的局限性，谈得较多的是那批迂腐学究喜欢建构无所不包的庞大体系的特殊癖好。我也持同样看法。但是黑格尔哲学那强大而犀利的逻辑力量，却使我为之倾倒。我觉得它似乎具有一种无坚不摧、可以扫荡现象界一切迷雾而揭示其内在必然性的魔力。黑格尔哲学蕴含着一股清明刚毅的精神。一八一八年，黑格尔荣膺柏林大学讲席，他在开讲辞中说："精神的伟大和力量是不可以低估和小视的。那隐闭着的宇宙本质自身并没有力量足以抵抗求知的勇气。对于勇毅的求知者它只能揭开它的秘密，将它的财富和奥妙公开给他，让他享受。"这几句话充分显示了对理性和知识力量的信心。上述种种都加强了我认为文学规律可以被揭示出来的信念。

六十年代过去了。"十年浩劫"之后，当我可以重新阅读、思考、写作的时候，我对黑格尔哲学进行了再认识、再估价。近年来，海外一些学人经过把黑格尔哲学抛在一边的冷漠时期以后，又重新对他的"市民社会"学说发生了兴趣。黑格尔是不能被当作一匹"死狗"而简单地予以否定的。他的哲学充满着复杂的矛盾。黑格尔哲学严格地恪守他为自己体系所建构的自在—自为—自在自为的理念深化运动的三段式。他的著作明显地流露了对这种刻板的、整齐划一的体系的追求和用人工强制手段迫使内容纳入它的模式的努力。七十年代末，我开始感到黑格尔哲学中的这一缺陷，并将自己的某些看法写进文章里。我对黑格尔哲学的清理，实际上正是对自己进行反思。今天这项工作仍在我的思想中进行着。这里我不能离题旁涉过远。我只想简括地说一下，我认为自己需要对黑格尔哲学认真清理的，除了他那带有专制倾向的国家学说外，就是我深受影响的规律观念了。六十年代初开始写作《文心雕龙创作论》时，我对机械论是深有感受并抱着警惕态度的，因为我曾亲领个中甘苦并为之付出代价。我知道艺术规律的探讨不是一个容易对付的领域，不小心就会使艺术陷入僵化模式。我曾在书中援引了章实斋"文成法立而无定格，无定之中有一定焉"的说法为借鉴。但是，这种戒心未能完全遏制探索规律的更强烈的兴趣与愿望。

摘自一九九一年撰《文心雕龙讲疏·序》

黑格尔批评康德的百圆之喻

　　《小逻辑》第五十二节称："康德对于本体论证明的批评之所以如此无条件地受欢迎被接受，无疑地大半由于当他说明思与有的区别时，所举的一百圆钱的例子。一百圆钱就其在思想中言，无论是真实的，或仅是可能的，都同是抽象的概念。但就我的实际的经济状况言，真正一百圆钱在钱袋中与可能的一百圆钱在思想中，却有重大的区别。没有比类似这事更显明的，即我心中所想的或所表象的事物，绝不能因其被思想被表象便认为事实；思想、表象，甚或总念绝不能供给我以'有'或存在。姑且不说称类似一百圆钱的东西为总念，难免贻用语粗野之讥；但凡彼不断地反复抨击那哲学的理念，认思与有不同的人，总应承认哲学家们绝不会完全不知道一百圆现款与一百圆钱的思想不相同这一回事，事实上还有比这种知识更粗浅的吗？"黑格尔在这段话下面举"上帝"这一概念，作为与一百圆根本不同的对象，从而对康德进行了批评。这里不想涉及玄学的讨论，不再引述原文了。不管黑格尔与康德有什么差异，但二人均承认思想中的一百圆与实有的一百圆是两回事。但近年谈诠释学者，有某些人竟将客观存在与主观思维的界线抹去。

　　友人某海外学者以创造性诠释学去阐释老子，不承认老子一书有其客观内容，而以为它是随读者而异，与时代俱新。论者标榜超越，创建诠释过程中所谓"当谓"（即将原著应说而未说的话说出来），"必谓"（即将原著在今天此时此地必须说出而当时未能说出的话说出来）两层次。且自称不如此即不能将古代思想著作"讲活"、"救活"。此类诠释，不尊重原著内容的客观性，而以主观意识加以比附，使原著面目全非，变成诠释者改造过的漫画。这可以套用前人的说法：诠释古书而古书亡。其思想根柢即在于不承认事物的客观性。正如把思想中的一百圆当作实有的一百圆了。

一九九一年

卢梭公意说与黑格尔三范畴论

卢梭的公意是我们十分熟悉的。我们都能够明白，公意是被宣布为更充分更全面地代表全体社会成员的根本利益与要求的。它被解释作比每个社会成员本身更准确无误地体现了他们应有却并未认识到的权利，公意需要化身，需要权威，需要造就出一个在政治道德上完满无缺的奇里斯玛式的人物。不幸的事实是，这种比人民更懂得人民自己需求的公意，只是一个假象，一场虚幻。其实质只不过是悍然剥夺了个体性与特殊性的抽象普遍性。以公意这一堂皇名义出现的国家机器，可以肆意扩大自己的职权范围，对每个社会成员进行无孔不入的干预。一旦泯灭了个体性，抽象了有血有肉的社会，每个社会成员就得为它付出自己的全部自由作为代价。民间社会没有了独立的空间，一切生命活力也就被窒息了。只有在国家干预有所限制的条件下，方能容纳各种需求，使多元性、自发性、独立性的公民意志得以沟通，达成真正的契约关系。这样才可以使原先淹没于抽象普遍性之中的个体性与特殊性，取得真实意义上的存在。

黑格尔幻想有一种不同于抽象普遍性的具体普遍性，可以将个体性与特殊性统摄并涵盖自身之内。但这种具体普遍性只存在于黑格尔的逻辑中。不承认独立存在于普遍性之外的个体性与特殊性，实际上也就是用普遍性去消融个体性与特殊性。不管把这个普遍性叫作抽象的，还是具体的，情况并不会有什么两样。黑格尔的同一哲学，使他非常方便地作出上述逻辑推理，得出消融在普遍性中的个体性和特殊性，竟能保持其自身的独立价值。过去我曾十分迷恋黑氏关于普遍性、特殊性、个体性三范畴的哲学，认为这是他的辩证法所创造的一大奇迹。现在应该从这种逻辑迷雾中清醒过来了。

摘自一九九二撰《与友人谈公意书》

说反思

我不知道是不是可以把反思说成是出于一种忧患意识，以一个知识分子的责任感，对过去的信念加以反省，以寻求真知。这种反省之所以发生是鉴于自己曾经那么真诚相信的信念，在历史的实践中已露出明显的破绽。我很喜欢车尔尼雪夫斯基论述黑格尔哲学的一段话："真理——是思维的最高目的，寻觅真理去，因为幸福就在真理里面；不管它是什么样的真理，它是比一切不真实的东西更好的；思想家的第一个责任就是：不要在随便什么结果之前让步；他应当为了真理而牺牲他最心爱的意见。迷妄是一切毁灭的来源；真理是最高的幸福，也是一切其他幸福的来源。"这一段话是我长期以来深深服膺的。今天车尔尼雪夫斯基似乎已成为一个过时的人物，他的许多观念也不再能够使人信服，但是这并不等于他的书再也不值得一读，他的话再也没有一句可信。思想上固然也有新旧更迭，但这种更迭不像生活用品例如电灯代替油盏或汽车代替独轮车那样，旧的遭到淘汰就一去不复返了。有些古老的思想在今天仍有生命，有些已成过去的著作在今天仍不乏值得我们去玩味的吉光片羽。车尔尼雪夫斯基上面那段话，实际上正是对于自康德以来的德国古典哲学批判精神的写照。康德有三批判书，他的哲学本身就被人称为批判哲学（贺麟在早年迻译的《小逻辑》中译为"批导哲学"）。可是现在批判也成了一个贬义词了。我想这是出于对令人憎恶的"文革"大批判的联想。但德国古典哲学的批判精神和大批判除了名词相似之外，还有什么相同之处呢？奇怪的是研究德国古典哲学的学者中，居然也有人把批判一股脑儿地当作已成定论的坏字眼而加以唾弃了。

一九九四年

学术研究与环境

　　我生活在一个动荡的时代，青少年时期是在战争烽火中度过的，接踵而来的则是运动频仍的严酷岁月。从事研究工作，需要摆脱世事的困扰，无拘无束地进行潜心思考。黑格尔于一八一八年荣膺柏林大学的讲席，他一登上讲台就在开讲词中说：世界精神太忙碌于现实，太驰骛于外界，而不遑回到内心，转回自身，以徜徉自怡于自己原有的家园中。现在现实潮流的重负已渐减轻，使得几乎已经很消沉的哲学也许可以重新发出它的呼声。（大意）黑格尔说的使精神返回自身那种内心的宁静，固然是不能缺少的，但是从另一方面说，艰难岁月也使人有可能将环境施加在自己身上的痛楚，转化为平时所不容易获得的洞察力。没有经受这种痛苦，没有经受环境施加给人的无从逃避的刺激，就不可能产生这种深沉的思考。这是在远离尘寰的书斋中通过苦思冥想所不能得到的。大概神秘主义者雅科布·伯麦（Jakob Böhme）把"苦闷"（Qual）作为能动的本原就含有这种意思吧。为什么有不少人一旦离开养育他的土地，在尚不熟悉的新生活中过着很少变化的宁静日子，思想反而逐渐枯窘起来呢？恐怕那些曾经使他感到不安的刺激因素的全然消失，也是其中一个重要的原因。我们应该把环境施加给我们的影响，作为我们丧失宁静生活的某种补偿，虽然这并不是我们所追求、所愿意的。相反，我们却要为命运所作的这种安排付出重大的代价。在我国学术领域中，忧患意识长期以来促成了中国知识分子的思想升华。太史公所谓"西伯拘而演《周易》，孔子厄而著《春秋》，屈原放逐乃赋《离骚》，左丘失明厥有《国语》……"是对中国思想史所作的钩玄提要的说明。这些话正可以作为艰难困苦往往是学术能动本原的佐证。

摘自一九九四年撰《清园自述》

别林斯基与黑格尔

　　别林斯基对十九世纪俄罗斯文学曾发生过举足轻重的作用。他依靠友人的转述去理解黑格尔，从黑格尔那里吸取了许多东西。这里可以举一个例子，黑格尔门人及后继者对于黑氏美学中的情志 $\pi\acute{\alpha}\theta_?\varsigma$ 这一被阐述得十分精辟的概念，似乎并没有予以应有的注意和回应，别林斯基却认识到它的意义，懂得它是黑格尔美学中重要的思想之一。在他所写的一系列有关普希金的论文中，对这一概念作了引申和阐发，显出了真知灼见。但是他并不墨守前辈大师的规矩方圆。黑格尔对古希腊艺术推重备至，却十分鄙视滥觞于他同时代并在他以后蔚为大观的近代文学，认为后者对前者来说，只是一种退化。别林斯基并不受这种偏颇观点的影响，他用自然派来命名果戈理时期的文学现象。这方面他所作的精辟论述，实际上是对十九世纪以人道主义为内容的俄罗斯文学的系统阐发。在这一点上，他是前无古人的。他比黑格尔生得晚，活在一个俄罗斯文学巨星光芒四射、人才辈出的时代。这些大师的乳汁哺育了他的审美趣味，他把从他们那里吸取的文学养料化为自己的血肉，又反转来成为影响和推动十九世纪俄罗斯文学前进的动力。普希金、莱蒙托夫、果戈理以后，风起云涌一个紧跟着一个出现的俄罗斯文学巨匠，很少不受这股思潮的扶持或推动，陀思妥耶夫斯基、屠格涅夫、涅克拉索夫、托尔斯泰⋯⋯都受到它的影响。契诃夫，虽然生得较晚，但也是在这种文学气氛中成长起来的。在开拓这片文学大地的艰苦工作中，使别林斯基获得成功的一个关键，就是他的艺术鉴赏力。他逝世多年以后，车尔尼雪夫斯基重谈果戈理时期文学概观的时候，曾说了一句语重心长的话，他说，他在艺术鉴赏方面，不能提出比别林斯基更多一些意见，只能按照他所开拓的方向走下去。尽管车尔尼雪夫斯基比别林斯基受到的正规教育要多得多，但艺术鉴赏力，除了需要学识之外，更需要思维活动中源于禀赋的领悟能力。

一九九七年

再谈公意

　　我认为公意说是《社会契约论》全书的核心。我曾在《谈公意》一文中，将卢梭的公意、众意、私意和黑格尔的普遍、特殊、个体作了比较研究，现在再补充一点看法。卢梭在第三卷第二章《论各种不同政府形式的建制原则》中有一段话对这三个概念解释得非常清楚。他说："在行政官个人的身上，我们可以区别三种本质上不同的意志：首先是个人固有的意志，它仅只倾向于个人的特殊利益（即私利）；其次是全体行政官的共同意志，唯有它关系到君主的利益，我们可以称之为团体的意志，这一团体的意志就其对政府的关系而言则是公共的，就其对国家——政府构成国家一部分（国家指执政者和人民全体）——的关系而言则是个别的（即众意）；第三是人民的意志或主权者的意志，这一意志无论对被看作是全体的国家而言，还是对被看作是一部分的政府而言，都是公意。"这里所说的私意、众意、公意一目了然。卢梭说的公意永远应该是主导并且是一切其他意志的规范，也容易理解。困难的是如何来确认公意？这实在是一个非常棘手的问题。张奚若《社约论考》试图以算式来表明。他说："公意是以公利公益为怀，乃人人同共之意。如甲之意 = a + b + c，乙之意 = a + d + e，丙之意 = a + x + y。所以公意 = a。而众意则是以私利私益为怀，为彼此不同之意。因此众意 = a + b + c + d + e + x + y。所以公意是私意之差，而众意是私意之合。"张氏算式将公意表述为完全排除私意，仅以剩下的纯粹为公利公益的共同意志为内容，这是接近卢梭的原旨的。卢梭的公意正如黑格尔的"总念的普遍性"一样，这个普遍性将特殊性与个体性统摄于自身之内，从而消融了特殊性与个体性的存在，变成了纯粹抽象。曹意强《"包罗万象史"和西方艺术史的兴起》一文，引用了德国哲学家德罗伊申（Droysen）的一段话："德罗伊申告诉我们，有一位令他尊敬的思想家扬言，如果我把个人所具备的一切和所做的一切称为 A，那么这个 A 产生于 a + x。其中小 a 包括这个人所受到的外界影响，即国家、人民和时代对他的影响，小 x 则代表他自己的特征，他的自由意志的产物。在 a 的影响下，小 x 消失了。这样，个人不过是国家和时代精神中一个微不足道的零件而已。他不具备个性，但能反映这种集体精神。"德罗伊申强烈反对这种说法，坚持认为"不论消失的 x 多么微小，它具有无限的价值，从道德和人性上考虑，它本身就是价值"。这可以借用来作为对特殊性、个别性消融在普遍性中的公意说的一种批判。

一九九八年

附　　录

韦卓民先生关于《小逻辑》的通信

通信之一

元化世兄：

《小逻辑》的第一篇是有论［有译为存在论者，是不确切的，因"存在"是第二篇本质论的一个较高的范畴，而"有"（原德文的 Sein 直译为"是"）是黑格尔逻辑学中最初而最没发展，因而以内容论是最贫乏的，故以贺译之"有"为正确。］所谓"有"者，有如点名时，唱名的对象，应声曰："有"之有，即"在这里"的意思，不涉及此人的其他性质或情况。

从"有"发展到"本质"，再从"本质"发展到"总念"的这个过程是长期而复杂的，所以总念论的发展之 C 大段，"推论"是概念，黑氏辩证逻辑的主观概念，亦即认识论的几乎最高阶段了。

在研究黑氏的《逻辑学》又称（《大逻辑》）或他的逻辑讲授《大纲》（又称《小逻辑》）时必须知道：(1) 贺译的"概念"与"总念"

同是原德文的 der Begriff 之两种用法：作为"概念"讲，是知性的片面思想，而作为"总念"讲，是理性的全面掌握，（2）黑氏的"推论"是 der Schluß 的中译，而黑格尔在《小逻辑》里（在《大逻辑》里亦然）是作为"推论"或"推理"，又作为"结论"，又作为形式逻辑（即传统的亚里士多德逻辑）中的"三段论式"（即原德文的 der Syllogismus）用的。

在《小逻辑》里，"推论"这一大段计占一三节，即第一八一——一九三节。

黑氏的"质的推论"是以"质"（参看"有论"的"质" die Qualität）为其中介的。（贺译原德文的 das Vermitteln 为"调解"，英译为 mediation，是错误而且是引致思想的模糊的，虽然"调解"是此词的原文，但在逻辑里应用其转义，即"中介"方妥。中介就是推论的，尤其是"三段论式"中词，一般用 M 作为符号。）

《小逻辑》第一八三节（贺译本 P. 363）说"质"的推论，其形式为 E—B—A。这就是说，一个个体的主词（E）凭借一种特性（B）与另一种普遍性（A）相结合。

以符号表达，则为

大前提：M（中介，即特殊 B）——P（结论的谓词即大项 A）

小前提：S（个体，即结论的主词 E）——M（如上）

∴推论的结论为 S—P

此所谓："遍有遍无"的公式，即凡类所有或无，亦种（属）所有或无。

今既 M 是 P

而 S 是 M

∴S是P

(即《小逻辑》的第一式 E—B—A)

此为三段论式的第一格，直接由上公式所得结论

这段的附释（P. 363—364）说："这里……是从主词（S）里挑出任何一特殊方面（M），一种特性（M），即根据这种特性而证明这个体（S）是普遍（P）的。……从前大家认这种推论为一切知识的绝对规律。……现今三段论法（式）各种形式，除了在逻辑教科书外已不易遇见……被认作空疏的学院智慧。"

实际上诚然是如此，但黑格尔不知道这只是亚氏的探讨形式逻辑的在当时希腊语中之一种发现，并未给以普遍化。后世通过欧洲中世纪之给以普遍化，是一种对亚氏的歪曲，因而是错误的。

在第一八四节里（贺译本 P. 365—366）黑氏指出三段论各项。即 S、M、P 的偶然性。因为未考虑到总念的性质，所以空疏无用。这里黑格尔当然是从总念这个观念看三段论式，不免失之于未了解亚氏的三段论式所依据的关系，这里关系是蕴含的关系。依现代关系逻辑的分析，蕴含（英文的 implication）这个关系是可传递的，但不是对称的。譬如 A 蕴含着 B，B 不一定是蕴含着 A，然而不排斥 B 之蕴含着 A，因此，从蕴含关系说来，便有上述亚氏之"遍有遍无"公式。有人不完全理解这公式，乃以"火柴在盒里，而盒在提包里，∴火柴在提包里"作为这公式的一例，其实非是，盖"包含"不等于"蕴含"，因在关系的性质言，包含是传递的，但不能是对称的，如 A 包含 B，则大于 B，故 B 就不能包含 A。关系逻辑认为，且正确地认为亚氏以蕴含关系为依据的逻辑系统的极小一部分，但黑格尔在十九世纪初叶，未能见及此，故有上述第一八四节对亚氏逻辑的批评。

第一八五节只说明三段论式所选的中项（M）的重要性，结果是所谓连锁的三段论式，兹不赘述。

第一八六节说明推论项在其自身矛盾中发现其进展的途径，但由于黑氏不理解亚氏逻辑，尤其是三段论式是依据蕴含关系的，故说其第二格（A—E—B），即 $\dfrac{\text{P—M}}{\text{S—M}}$ 与第 187 里的第三格（B—A—E），即 $\dfrac{\text{M—P}}{\text{M—S}}$ 的谬误是由其所选的中介（M）（即贺译之"调解"）是偶然性的，而不知这两格却是第一格的转化，即"遍有遍无"公式之间接使用。他指出第四格是多余的，为后人所附加的，这是正确的。

第一八八节阐明质的推论如何过渡到数学推论，即量的推论。

贺译本 P. 226 上把量定义为"只是中立于（即不管）任何确定性的'有'"，并且说明（P. 227）"虽然量的方面有变化，变成更大或更小，但此物仍然保持其原有的存在"，譬如屋的由小变为大，依然还是屋。

所以量的推论"最初就以［相等］，或外在的知性同一［即只看其同而不管其异的同一］作为它的联系"（P. 369），"如两物与第三者相等，则这两物相等"。

在这第一八八节的附释里，说到"量的推论是完全没有形式的推论"（P. 369）。这里黑格尔只想到三段论式的论式之三个格作为推论的形式，而忘记了量的推论形式还有"大于"或"小于"的形式，这两种形式是和"相等"的形式不相同的，因后者的关系是传递性的而又是对称的，但前面两者是传递的而不能是对称的，如 A 大于 B，则 B

不能大于 A。

第一八九节只是黑氏的繁琐论述，可略过。

英国近代逻辑学家 Sir W. Hamilton 说："如果我们反映一外界对象，那就是说我们首先已经看到那对象而那对象已成为我们智力内容之一重要部分。"意思是说，我们已掌握了那对象，掌握了那对象的全部，所以是具体的理解。据此，则反映的推论之从全称（一切这样的具体的全类）大前提出发，其所得出的结论就是预先假定在大前提之内的，在形式逻辑来说便是拉丁文之所谓 Petitio Principii 英语 bectoe question 以假定为根据。这是形式逻辑演绎推理的关键问题。当知，演绎在其本质上是不能孤立的，必须和归纳相结合，其大前提须来自反复的实践，来自科学的归纳，枚举归纳法是不足以成为正确演绎的根据的，因为枚举（即黑格尔在贺译《小逻辑》370 页上所说的归纳）是永远不能完成的。黑格尔未能见及此点，没能把简单枚举法与科学归纳法区分开来，遂陷入可笑的说法，说什么"于是归纳推论又建筑在类推上面"！（同上引页）

殊不知科学归纳法，即现代自然科学与社会科学所依赖的找出事物发生中为其发生的正确因果的关系的这种方法是大别于类推法的。所谓类推，即从具体事物推论到另一类似的具体事物，如果其所依据的事物之某一定方面或属性确是本质的方面或属性，则其结论是大概正确的，否则是一种不可靠的类推结论，所以类推最多不过是归纳推理的一种途径的暗示，而不是别的。黑氏所见不足，因有第一九〇节的谬误，应注意黑格尔原是研究历史的而在自然科学上根底薄弱，所以不知什么是科学，他的辩证法的合理部分只是"猜测"的，"臆中"的，即他所谓"预感"（P. 372）。在科学研究中，预感是可贵的，但不足以其自身建立什么。

在第一九一节中，黑格尔的"必然推论"的"必然"只是形式上而非实质上的"必然"。

他说的是必然取直言三段论式时，如说 A 是 B，则结论是通过从属（种与类）的关系而取得的；如取假言三段论式时，譬如说如果 a 是 B，则 C 是 d，则其结论是通过因果关系取得的；如取选言三段论式时，比如说 A 或是 a 或是 b，如 A 是 a，则必不是 b。

在读第一九一节的中译文时，记住"调解"均应改为"中介"。最后一行的"两项"之"项"字，应改成"支"，如 A 或是 a，其 a 与 d 便是由 A 所分出互相排斥的两支，而且所分出的两支必是穷尽无余的，在分出多支时亦然，否则结论就错。

愚　卓民手上

73. 12. 24 于华中村

通信之二

元化世兄：

六月三日手书早于六月八日得读，迟迟未报，深为歉仄。原因是，近几个月来，在辅导翻译联合国历年积累文件。于此项工作外，我仍然坚持黑格尔《小逻辑》评注的编写，而到此为止，时已大半载，只编了全译本的五分之二弱，初稿已有 30 万字（连贺译抄上），是即还须再写 45 万字，需时大约十一个月，因不时遇有干扰，不能整日编写，而且参考工作费时亦多，旧译错误不少，亦须细读原德文予以纠正，否则于心有所不安。

六月来书，翻出重读，提出问题，略有三道：其一乃是关于亚氏逻辑含蕴关系的一表。该表只试以两种性质为例，从而显出含蕴这个关系只是不胜枚举的关系之一，可见亚氏形式逻辑是可能发展出来的逻辑种类之九牛一毛。

所用的关系之两种性质乃是"通过性"和"对称性"。所谓"通过性"者，乃是 a 大于 b，b 大于 c……则 a 必大于 c，其"大于"这性是"及他的"，而 a 是 b 之父，b 是 c 之父，则 a 必不能是 c 之父。然而 a 是 b 之友，b 是 c 之友，则不能就此肯定 a 是 c 之友，这是可能而不是必能的。从此可见关于"通过性"则有三种关系，即（1）通过，（2）可能通过，（3）不通过。关于"对称性"亦然。于是有：

通　过　性		
对	① ✓✓	④ ✕✓	⑦ ? ✓
称	② ✓✕	⑤ ✕✕	⑧ ? ✕
性	③ ✓✕	⑥ ✕?	⑨ ??

例如"含蕴"是通过性的，但只是可能对称的，故属第三格，"朋友"属第七格，"父子"属第五格，余类推。每格可能有不胜枚举之例，而此九格只以二性质之结合为准，但亦可有三性质、四性质之结合，虽结合的性质越多则情况越复杂，然而当前的问题不过是说明亚氏逻辑所以为基础的含蕴关系不过是不可胜数的关系之一，则其在关系逻辑中以数量为标准，的确是九牛一毛，然而由于历史与习惯的关系，其重要性不可小视，但是不能如不谙数理逻辑的人，包括培根、康德、黑格尔，且可说大都十九世纪末叶前的谈逻辑者在内，之如此只见逻辑森林之一叶而无视其森林也。

黑格尔逻辑的缺点：第一，黑格尔对于过去的逻辑及可能的逻辑只知"形式逻辑"即亚氏逻辑的被歪曲者，而不知例如我国之有多种思想过程的形式而尚未予以整理成系统化的（这方面的工作者切忌张冠李戴，如把墨家逻辑套上亚氏的形式，因为所据的关系可能不相同）。第二，黑格尔自己的逻辑牵强之处亦是一缺点。凡属"绝对派"的思想家、哲学家都不可免有概念模糊、原则不定、结合笼统的毛病。

黑格尔的判断分类，其可取的很多，但不可与形式逻辑之判断分类同日语，因为后者仅以主谓判断（a 是 P）为准而未如亚氏在其"六篇"中所涉及的其他判断形式，虽然由于"六篇"是未定稿，其中许多观点尚未受到应有的发挥。以主谓作为标准判断而且只有主语的量，其分类之局限自如传统形式逻辑的那种。英国苏格兰十八—十九世纪哲学家 Sir William Hamilton（1788—1856）曾提出此点，并拟予宾语以量化，然不大适用，未被逻辑界所采纳。另一方面，黑格尔的判断形式是有下面的各种形式的（见下页图表）：

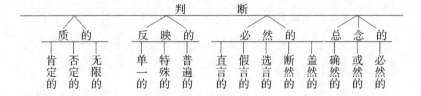

此中四大类不会重叠、复合，以致模糊不清，违反分类的基本原则，于是结论笼统，当知亚氏形式逻辑虽甚简单朴素，然其创始人筚路蓝缕，在当代的希腊语文中，寻找思维的具体形式，并非黑格尔之闭门造车，但从主观之想象，以拼凑其所谓总念所应有的模式的，故说，不可与亚氏逻辑同日语，盖唯物观点与唯心观点，大都是名同实异，

上所云之判断分类，是其一例，世兄云何？此是来信中所提问题之二，约略如上述。

其三是关于布拉德莱、鲍桑葵等的逻辑。这种逻辑在英美二十世纪初极其风靡一时，一般称为"心理逻辑"，其实是康德与黑格尔逻辑学的变种。世兄如于暇时略读布拉德莱的《逻辑原理》中译本便足矣。无须深究。

粗躯犹昔，但恨不能畅谈一切耳！

临书不尽欲言，即颂

合家愉快！

愚　卓民手启

74. 10. 2 晚于武昌华中村

通信之三

元化世兄：

今日得空，细读来信，分析之下，见提出不下十道问题，而且提得十分中肯尖锐，表现一种认真钻研的哲学头脑，不胜钦佩！兹谨按来书的顺序，作答如次：

1. 公元三世纪魏晋间何晏与王弼相继注解《老子》一书，根据"有生于无"的说法，以"无"为万有之本，裴頠非之。在《崇有论》中提出"有"的学说，引起后世对于《老子》（鄙见半个世纪以来，只谈《老子》一书，而认为作者时代地域迄未确定，而书盖为长江地域的作品，与黄河流域文化隔绝。故孟轲诸儒未曾涉及）唯心唯物之争，鄙意一向是主张《老子》是唯心的，而"人法地，地法天，天法道，道法自然"的"自然"与今日自然哲学的"自然"毫不相涉，指的无非是不加"人为"而已，亦即《论语》的"无为而治"的"自然"，所以王弼、裴颜"有无"之辩，确是本体论的问题，而与黑格尔范畴之"是"、"无"又当有别。

2. 恩格斯在《自然辩证法》这一遗稿中是赞成黑格尔的"判断分类"之由低级到高级的。但在恩格斯和黑格尔的著述译本中，每每将"一切"、"任何"与"凡是"未能区分开来，导致认真读书的读者发生一些不必有的思想混乱。

通常惯用的"一切"和"所有"，指的是经验中的所有种种事物，并不能说是普遍的称谓而是限于到当下为止的范围的，例如《自然辩证法》中译本页 185 第一段第三、第四行里的"这一切方法"和"一切科学研究手段"便是有局限性的，不是概括无余。但同页最后一句的"一切人是会死的"的"一切"则和上面的"一切"有意义上的不同。在这里则应译为"凡是"，其含义是和页 186 第六行的假言判断式的"如果……便是"同义的。因此，"凡是"或"任何"都含有"如果……便是"的意思。"凡人皆有死"，其含义是说："如果这是人，他就会死的。"若说"一切人皆有死"那就只是："在我的经验范围中，所有的人都是要死的"，并涉及实际经验范围以外，那就不能据以建立一项原则或规律。所以我们说，科学是从经验出发，但不是匆忙经验的总结，而是经验之从感性阶段提高到理性更高阶段。且看《自然辩证法》中译本 187 页第一段中恩格斯所写的，"在对每一场合的特定条件下（即"如果"），任何一种运动形态都能够而且不得不直接或间接地转变成其他任何运动形态。"（这里的着重点是我加的，请注意"每一"，"任何"[即"凡是"]的用法，其含义是和"一切"有别的）这才是必然的判断，是基于经验的理论［亦即理性的］认识的发展。（恩格斯中译本页187第二段的话）这是正确的。

《小逻辑》第一八七节里第二句中译本错译了，原因是原德文的 Schluβ 是"推理"又是"推断"即"结论"。"个体特殊化"就是 S—M，而"普遍性发挥成特殊性"是 P—M，这两者作为前提而结合起来，便有 $\dfrac{P—W}{S—W}$，在传统的亚氏形式逻辑里列为第二式，而黑格尔却为第三式，这是错误的，所以说是缺陷，而且这只是黑氏运用亚氏逻辑的缺陷之一例。

3. 但黑氏指出"红是一种颜色，这玫瑰花是红的，∴这玫瑰花是有颜色的"这三段论式是空疏无用的，因为"红"也就是有颜色的。而且这一种三段论式所选择的假如颜色这一性质不一定是一种本质属性，即主体之为这个主体不一定是由于这种性质的，因之就不一定符合总念的推论。

4. 蕴含关系——蕴含关系是关系逻辑中的一种关系，可是在形式逻辑中，几乎是唯一的关系。

研究关系逻辑的人，首先要分析关系的性质，从而分辨关系的异同。这是形式逻辑所不管的，因而由于不管，或不知道去管，就引起不少难解的问题。譬如说，"甲大于乙，乙大于丙，∴甲大于丙。"如何证明？因为"大于"这个关系是有传递性的，那就甲大于乙的"大于"，可传递到乙所大于丙的"丙"，并且一直传递下去，此其一种性质。其二，"大于"这个关系是不"对称的"。所谓"对称"者，即是如果甲对乙有某种关系，则乙对甲也有同样的关系，比如甲等于乙，则乙等于甲。但，如果甲大于乙，则乙不能大于甲，这是不对称的关系，如上述。关系之有传递性，也有不传递性，有同等性，也有不同等性。可是关系既有传递性，不传递性，但还有不必传递性，即可传递亦可不传递，然而一个关系有"大于"，"不大于"，但不能同时亦有"不定大于"。据此，则以两种关系而论的最简单分析可以下表说明：

	第 一 性 质		
第二性质	✓✓	✕✓	？✓
	✓✕	✕✕	？✕
	✓？	✕？	？？

✓表示"是"
✕表示"不是"
？表示"不定"

而且每格中如✓✓或✕✓等，可能有多种同类的关系。于是关系就有不可胜数的种类了。

蕴含关系是可传递的，但是不一定对称的。如以"可传递"为第一性质，而以"对称"为第二性质，则"蕴含"是属于上表的✓？这一类，因为如果 S—P 是蕴含的，则 S_1—P_1，S_2—P_2，S_3—P_3 是能得出 S_1—P_3 的结论，但蕴含不是一定"对称"的，因 S_1—P_1 蕴含 S_2—P_2，但 S_1—P_1，不一定 P_1—S_1，然而"同等"既是"传递的"而又是"对称的"；∴蕴含就在"传递"与"对称"两性质结合上不同于"同等"。

在一般欧洲语言上，多半是用蕴含的质的关系来推论，而在数学上，多半用"等同"，"大于"，"小于"等量的关系。

三段论法在亚氏形式逻辑里全是用蕴含关系，因而亚氏在逻辑研究的尝试中，所得出的思维与判断，推理等形式是以"蕴含"关系为基础的，没涉及其他关系。因之，他就规定了一个段论式只能有三个概念，三个判断，不能更多。可是，这种规定是不适于数学的。比如甲大于乙，乙大于丙，丙大于丁，则当然甲大于丁，然而这并不是一种三段论式，因其中有多于三个判断，即甲大于乙等，而且有了甲，大于乙；乙，大于丙；丙，大于丁，丁，这八个概念，因为"大于乙"不是等于"乙"。"甲大于乙"详说当是："甲"是"大于乙"（这判断的 S 是甲，宾词是"大于乙"，而"是"是系词）。

关系逻辑是数理逻辑的一部分，而数理逻辑虽滥觞于欧洲十七至十八世纪的莱布尼兹，但须到了十九世纪末叶才成立，二十世纪初才盛行，黑格尔怎能知道？因之从数理逻辑的较新且较正确的观点看，黑氏关于形式逻辑不能深入看的地方是难免的；他尤其不知道什么是蕴含关系，亚氏形式逻辑何以全是基于蕴含这一个关系的。

5. 遍有遍无律：关于这点，不必看拙著《亚里士多德逻辑》，这书是为形式逻辑教师或研究生作补充参考用的。

所谓遍有遍无律是亚氏形式逻辑的三段论式的基本公式。"凡普遍所有或无的，则特殊必所有或无。" S 是 P，而 M 是 P，所以当然 S 就是 P。因而黑氏认为这种推理是"空疏无用的"，即并没有得出新的知识来。既知普遍，何必谈其特殊？

6. 继续谈读"判断分类"：上面约略提到恩格斯基本上是赞成黑氏判断分类的，因这分类是由低级到高级的，因而是辩证的。可是恩格斯关于这种辩证的发展，在《自然辩证法》尚未详述。

黑格尔在《小逻辑》里，把判断划分为四类，即质的判断，反映判断，必然判断和总念判断（见贺氏中译本第342—359页）。

质言之，质的判断就是只凭感性（经验）所作出的判断。反映判断是知性（俗称"悟性"是错译）判断。何以如此说？黑格尔是根据康德用这词的。康德在他的《纯粹理性批判》一书里，关于"反映"这词这样写道："Reflection（反映）即古拉丁语的 reflexio 这个动词

（即如光线反射的意思）所涉及的不是有关对象的自身，从而直接得出某种概念，而是一种心理情态，在这种心理情态中，我们首先是要找出我们自己的一定条件，而只在这些条件下我们才能得到某些概念的。这是一种意识，是当下所予的表象（representations）对于我们知识的各种来源的关系的意识。在我们进一步处理当下所予的表象之前，必须就问到：'当下的表象之联系起来是在我们中的哪一种认识的机能里面进行的？其得到结合或比较是在知性中，还是在感官中的？'"康德认为这就是所谓反映，或译反思（详见康德《纯粹理性批判》斯密英译版第 226 页，蓝公武中译本，第 223 页起。上面引文是临时拙译，因蓝译有不妥处）。［关于这点参看《小逻辑》贺译本第 98 页第一行，谈反思方法。但按英译（比较更正确）在"用"字下应加上"条件与受条件限制的"等字样；"表明"应译为"下真理的定义"。并读完这段。又参看《小逻辑》关于反思与辩证法之不同。］反思（反映）是知性的活动，恩格斯判定为特殊性的判断，而把黑格尔的"必然判断"和"总念判断"统属为第三的普遍判断，从而得出规律。由此见得恩格斯只谈"个别性"，"特殊性"和"普遍"作为"全部的"概念论（贺译"总念论"较妥），而略过"总念判断"，原因是黑氏是以总念为其概念辩证法的归结，但恩格斯是从自然科学着想，而自然科学尚在发展过程中，故不能有什么归结。鄙意认为恩格斯是正确的，而黑格尔是独断的，因为他是唯心的，主观的，其哲学体系和他的辩证法是矛盾的，有待于马、恩把它倒过来，吸取其合理部分的。即黑格尔在谈到推论时也只有三分法，即质的推理，反映推理和必然推理这三种。

7. 关于归纳法：

（1）亚里士多德谈到归纳法时，曾首先写道："归纳法是通过尽数枚举而进行的。"（见亚氏《逻辑六篇》。这标题是后人加上的，亚氏并未用过"逻辑"这词，而只用"分析法"。标准页 686 第 15—29 行）"尽数枚举法"又称"完全归纳法"以别于"简单枚举法"。黑氏忽略了这区别，所以就说"每一种归纳总是不完备的"。（参看《小逻辑》贺译本第一九〇节"附译"，特别是第 372 页上半页）他在这页上（中译本）写道："我们总无法观看到所有的事例，所有的个体。"这是黑氏把"简单枚举法"和亚氏的"完全归纳法"混淆起来的一种缺陷。

因此，他便提议，由"类推来弥补归纳"，这是极其荒谬的（见上引页）。

（2）黑氏关于"类推"的估计（见上引页）：（a）他说什么"类推可说是理性的本能……植基于一个对象的内在性质或类里，即根据这种预感而作进一步的推论。"我们要问："他怎能说类推是理性的本能？""怎能说类推是植基于一个对象的内在性质呢？"跟着的下一段文字是黑氏自相矛盾！（补说在后文）

（3）黑氏在《小逻辑》第 191 页里说明必然推论是怎样取三种形式的：（a）取直言三段论式。通过从属关系（种与类），即"遍有遍无的关系"而得出结论：M 是 P，而 S 是 M；∴S 是 P。（b）取假言的形式，通过因果关系：如 S 是 M。则 S 是 P；今 S 是 M；∴S 是 P。但何以知 S 是 M，又何以知如 S 是 M，则 S 是 P？这是循环不已的无限，无法解决的。那就要求援于亚里士多德的"四因学说"。亚氏提出四种因：物因、式因、动因、极因。（参看亚氏《形而上学》章三）自然科学所求的只是物因，而亚氏要求达到的是极因，即最后的"为什么"，这便是纯哲学的问题，康德在他的第三部《批判》，即《判断力批判》里是研讨这个问题的，恩格斯从自然科学与其他实践科学出发，当然是批判这种极理的追求是捕风捉影无聊的白耗气力。(c) 取选言的形式，通过全与分的关系，而得出结论：A 是 P，或 Q，或 R……；如 A 是 P，则不能是其他任何一种。这里假定 P、Q、R……是概括无余的，而且各项都是相互排斥的，但是在实践科学中这是达不到的，除非亚氏那样认定物是有一定的种属的。若果不这样认定（现代科学是不能这样认定的），那就不能有这种必然推论之可能。

这样一来，必然的推论，根据黑格尔的论证，就是不可能的了。

这个难题，恩格斯从自然科学的实践立场上用"造成现象间的一定顺序"这种"人的主观能动性"的原则，是能解决得很好的。（参看《自然辩证法》中译本页 191）应细读。可是从哲学的观点来看，这仍是没彻底解决问题。近代哲学家和逻辑家大都采取所谓"始终一致的理论"(theory of constancy) 作为接近必然性的根据，那就是说，如果所有经验性的事实和哲学界新主张的理论，大致都不能推翻某一种哲学的主张，便可能是接近正确的了，有人称这为"真理的盖然性"，但这词易滋误会，不如还用"始终一致的理论"这个词。这个理论的详细解释，比较复杂而且抽象，兹不赘述，只说黑格尔的"总念"与之颇接近。

8. 类推与归纳——黑格尔在《小逻辑》第一九〇节的"附释"里有一句话是说："归纳推论的这种缺点便引导我们到类推。"如果说类推能消除那缺点，这句话的后文便与之相矛盾，所以是荒谬的。如果他的原意不是这样，则这句又似毫无意思。我想查对原德文，但我手边的《小逻辑》德文本是旧版，附释缺此，莫从查对，而查英文 Wallace 氏的较正确的英译本也是这样，因之不得其解。按形式逻辑的对于类推的说法，也就是类推的说法，也就是这第一九〇节"附释"

后段所说，即类推是绝不能弥补归纳法的缺陷的。

9．"归纳法的全部混乱是英国人惠威尔所（造成的）"——我手边没有惠威尔的著作，只有惠威尔的《培根〈新工具〉新释》，细读，并不能说明惠威尔曾说过什么使归纳法造成混乱。诚然在亚里士多德和欧洲中世纪的逻辑家以后，关于归纳法有其重要著作的逻辑家，多半是英国人，以培根为首，继之而有牛顿、约翰·穆勒、惠威尔、耶方斯等。这些人的逻辑著作，我大都曾涉猎过，而手边的残书中尚有，但目前不能看（大约指被封存——化注），不但惠威尔，即其他各家，确曾有造成归纳法的混乱的现象，而都是归纳与演绎结合着谈逻辑的，故不知恩格斯所说是何所指而云然。

10．（略）

啰啰唆唆在三日内空闲时草出各题的答复如上，不到之处，还希谅察！

　　顺颂

新年愉快！

卓民手上

74. 2. 6 上午于武昌华中村

《关于黑格尔〈小逻辑〉一书的通信》跋

　　卓民先生逝世已有四年多了。他是我父亲的同窗好友。少年时父亲曾以卓民先生手不释卷的好学精神勉励我勤奋读书。他说卓民先生每逢假期都定下阅读计划，读书之多令他惊佩。三十年代初，卓民先生在武昌华中大学主校政，那时我刚进中学，适值长城抗战，北平谣诼纷传，局势日紧，我们举家南下暂避。整整一个暑假就寄居在武昌华中大学校舍中，这时我第一次见到卓民先生。当时他曾利用余暇授我们几个孩子《大学》和《中庸》。暑假后，北方局势暂告缓和，我们全家回到北平。从此一别，就是三十多年。六十年代初期，卓民先生利用暑假来沪探访亲友，重新见面时我已进入中年。那时我对黑格尔哲学兴趣正浓，提出要向他请教，他慨然应允，并约定通信讨论。他回武汉不久就按约定开始实行了。我们十天左右就通一次信，书札来往颇为频繁，十年浩劫曾一度中断，并将那些信件全部销毁。直到一九七三年才又继续通信，这次我把信设法保存下来。以上刊载的三封信就是从中挑选出来的。

　　我现在把它们发表出来，固然是表示我对卓民先生的悼念，但也还有下面几点意思。

上面选刊的三封信，主要是涉及黑格尔《小逻辑》的。卓民先生素重康德。新中国成立后，他的近三百万字的译著，其中有关康德的研究占据了绝大的比重。不过，他不是那种偏执一隅之解的学者，把自己的研究拘囿在狭窄的范围内。他学贯中西，深知融汇古今、触类旁通的重要。他生前和我谈话中，说起他留学英国时，曾打算钻研佛学，曾向一位年老的英国女专家请教。当他得知欲通佛学，需懂巴利文，而学会这门古文字又非三五年不可，才废然而止。尽管如此，他还是读了不少汉译梵典，并与我国佛学专家结交。我认识熊十力先生并向之请教，就是经卓民先生介绍的。卓民先生也精于黑格尔哲学，晚年撰《黑格尔〈小逻辑〉评注》，此书包括部分重译、注释、评论，约七十五万言。逝世前大约已至少完成三十余万字，恐怕未能完稿。他逝世后，我曾向翰伯同志呼吁，收集遗稿付印出版，以嘉惠后学，深望此事得以实现。我和他通信中，曾就《小逻辑》中的一些领会和疑难，有时也提出一些不同看法请他指正。他的复信不仅对此书的体系、用语、体例以及读法和参阅有关资料提出了有益的指导，而且也时或评论其中利弊，耐人寻思。因此，我觉得发表这些信对于和我一样喜读《小逻辑》的读者可能不无帮助。

从这些信中，可以使我们看到老一辈研究工作者那种一丝不苟的治学态度。卓民先生在答复我的信时，为了一段话，甚或一个术语，往往要查阅各种版本。倘手边无书，没有查到，即在信中言明，而不肯含糊敷衍过去。他对黑格尔的用语大多几经推敲，决不望文生解，真可说是"一名之立，旬日踟蹰"。这种功夫是今天有些人不屑一顾，并轻视地加以死抠字眼的恶谥的。因此，在一些理论性文章中遂造成不求甚解、以讹传讹、概念混乱的种种弊端。由于这些通信是我们之间的私人信札，卓民先生对黑格尔以及国内某些哲学家的评语，未遑斟酌用字的轻重，也许未免有欠妥之词（后者已于发表时删去。在一封未发表的信中，他曾谈到我国思想史方面的贫乏，勉励我说"世兄其与我努力共勉之"的话至今仍时时促我勤奋，使我对自己的怠惰荒疏感到了内心的疚责）。他在信中提出的亚里士多德的三段论式的产生背景，以及中世纪将其普遍化，以致黑格尔对它进行批判时，由于没有究明原委，终未切中肯綮，这些意见颇值得注意，加以进一步探讨。卓民先生不是孤立地去评价某一观点，而是追源溯流，以明其脉络，殚其统系。这种方法，尤足珍视。例如他对黑格尔《小逻辑》中的推理论，就是上溯亚里士多德以来的传统形式逻辑，下及以后发展起来的关系逻辑，从推理理论的流变及其史的发展，把黑格尔的观点放在适当的地位，进行评价。这也是值得注意并可资借鉴的。

　　说来惭愧，卓民先生屡次来信嘱我钻研关系逻辑，但由于当时疏懒和多病，未能抓紧学习，终未入门。如今事冗体衰，更谈不到存此奢想了。辜负了先生生前的殷切期望，这使我深感歉疚。卓民先生指导后学是不辞劳苦、不怕厌烦的。他给我的复信往往多至十纸以上，且正反两面书写，字体端正，笔画清晰，几乎从无圈改涂抹之处。当时他已年近九十高龄，除了学校交托的任务，始终在从事写、读、译、著工作，从不中辍。他把工作安排得井井有条，可以说没有虚掷寸阴。有一次，接读他的复信较迟，读了他的信，才知道他有好几天发高热，卧床疗养多日。这封信是他起床不久，就连忙作复的。我一边读信，一边感动不已。对照前辈，我愧然觉得自己不能严于律己，以致虚度了许多本可利用来学习的大好光阴。如今愧恨无及，谨书以自劝，以勉来者。

我以上面简短的话附于卓民先生的通信后，一方面作为对他的纪念，另方面也把他那严肃认真一丝不苟的治学态度和诲人不倦、勉励后学的精神记录下来，作为我们这一代的学习榜样。我所接触到的老一辈研究者大都具有为我辈所不及的这种长处。他们身上的这些优点是应该一代代传下去的。让我们黾勉以赴，奋发自强，把这种研究工作者应有的可贵品质发扬光大吧。

一九八一年二月二十五日王元化记于上海

下　编

《小逻辑》摘抄

反　思

反思 nachdenken（后思）："反思以思想本身为内容，力求思想自觉其为思想。"在宗教、法律和道德"……这些领域里，思想化身为情绪、信仰或观念，亦未尝不在那里活动，思想的活动，思想成果，可以说都表现在里面，都包含在里面，但须知有为思想所决定所浸透的情绪和观念是一事，而对于这些情绪和观念加以思想又是一事。由于对于这些意识形态加以'后思'或'反思'所产生的思想，就包含在反省的思想，抽象的理之内，亦包括在哲学之内。"〈51〉

"我们所意识着的情绪、直观、愿望、意志诸形态概括地讲来，便被称为表象（亦可认作观念）。大体上我们可以说，哲学是以思想、范畴，或更正确点说，总念去代替表象。像这样的表象，一般地讲来可认作思想和总念的譬喻。但一个人具有表象，却未必能理解这些表象在思想方面的意义，亦未必能深一层理解这些表象所表现的思想和总念。反之，具有思想和总念是一事，知道符合这些思想和总念的表象、

直观、情绪又是一事。"〈52〉

"在平常意识状态里，思想每每穿上当时感觉的和精神的材料的外衣，混合在这些材料里面难于分辨。在后思、反思和理论里，我们往往把思想掺杂在情绪、直观和表象里（比如在一个纯系感觉材料的命题里：'这片叶子是绿的'，已经掺杂有'存在'和'客体性'的范畴在里面）。但将思想本身单纯不杂的作为思考的对象，却又是另一回事。"〈51〉

（反思英语作 Reflection）

判　断

"判断对总念的各环节予以区别，由区别而予以联系。在判断里，总念的各成分被建立为独立的并同时与自身同一，而不与别的成分同一。"〈343〉

"判断与命题有别；命题对主词有所说，而这所说的与主词无普遍关系，只不过表示一特殊状态，一个别行动等类似无关轻重之点。比如恺撒某年生于罗马，在古法国地区作了十年战争，曾渡过了鲁比刚河等只能算是命题……"〈345〉

甲、实在判断（直接判断，质的判断）

A，〈一七二节〉"直接判断（质的判断——肯定的实在判断）之所以不真即由于它的形式与内容彼此不相符合。说'这玫瑰花是红的'……但玫瑰花是一个具体的东西，因此不仅是红的；它复具有香味，特别形状和其他别的性质而未包含在谓词'红'之内。就另一方面说，谓词乃是一抽象的共相，亦不仅单独适用于这一主词。此外，还有许多别的花，别的东西亦复是红的。所以在直接判断里主词与谓词彼此间仅有一点相接触，而它们彼此并不包含。总念的判断情形须与此不同。当我们说这个行为是善的，我们便须下一总念的判断。我们立即可以看出，在这里主词与谓词的关系便不是松懈的外在，像直接判断那样。因为在直接判断里，谓词乃是一种抽象的质，这质可以隶属于主词，亦可不隶属于主词。反之，在总念的判断里，谓词真好像是主词的灵魂，主词作为这灵魂的肉体，是彻始彻终地为这灵魂（谓词）所决定的。"〈351〉

B，[否定的实在判断]〈一七三节〉"某种特殊性质的否定——作为初次的否定，仍保持着主词与谓词的关系。谓词因此便具有相对的普遍性，只是它的某一性质被否定了。说，玫瑰花不是红的，即包含它仍是有颜色的，不过是具有另一种颜色罢了（这不啻另是一种肯定的判断）。但个体的事物并不是有普遍性的。因此……判断便分裂成两个形式（a）成为一种空的同一关系，说，个体就是个体。——这就是同一的判断。或（b）——

C，[无限的判断]成为主词与谓词完全不相干的判断[试举例：玫瑰花不是骆驼]，这就是无限的判断。……一般讲来（无限的判断）并不是判断，仅会发生在可以执着任何一个不真的抽象概念之主观思想里。——客观看来，这些判断表示存在或感官事物的性质，不过它们一方面陷于分裂，而成为空的同一性。另一方面有了充分的关系，但这种关系乃相关的双方之质的背反，因而陷于完全不相干。"〈352〉……"无限判断乃是前面的直接判断（肯定的和简单否定的直接判断）之最切近的矛盾发展的结果。因此，直接判断的有限性和不真实性便明朗地表示出来了。"

乙、反映的判断（反省的判断）〈一七四节〉

在存在界里，这主词不复是一直接的质的东西，而乃是与另一事物或外在世界有了相互的关系和联系。这样一来，谓词的普遍性便得到相对性的意义（例如，有用的或危险的；重量或酸性；又如本能等，均可当作相对谓词的例子）。〈353〉"反映判断与质的判断不同，即由于反映判断的谓词不复是一直接的抽象的质，而在反映判断里，主词透过谓词被表明为与另一事物相联系。比如，当我们说，这玫瑰花是红的，我们仅就主词之直接的个体性来看，而没有注意到与别的东西的关系。反之，如我们下这样的判断：'这一植物是可以疗疾的'，则借谓词，可疗疾的性能与别一事物（须靠此植物疗疾的疾病）联系起来了。……通常抽象的理智最喜欢用这种方式的判断。所考察的对象越是具体，则反映式的思想愈可从更多的观点去观察它。但反映的思想决不能穷尽对象固有的性质或总念。"〈354〉

A，〔单一判断（单称判断）〕"主词，个体之为个体（在单一判断里）乃是一共相。"〈354〉"当主词在单一判断里，被认作共相时，主词便超出其仅为一单纯的个体性地位。当我们说，'这植物是可以疗疾的'，并不只是说，仅仅这一单独的植物是可以疗疾的，而是指一些或几个这样的植物有如此效能。"

B，〔特殊判断（特称判断）〕"于是我们便进而得到特殊判断（有一些植物是可疗疾的，有一些人是有发明能力的）。那直接的个体性透过特殊性便失掉其独立性，进而与别的事物相结合了。人就其为这一个人而言，便不复仅是这一个别的人，而与别人站在一起，因而成为群众中的一分子。即由于这样，他隶属于他的普遍性，他并因此而提高了。——特殊判断既是肯定的亦是否定的。如果只是一些物体是有伸缩性的，这显然表示别的许多物体便是没有伸缩性的。"

C，［全称判断］"这里又包含有进展到第三种形式的反映判断的关键了，这就是全称判断（凡人皆有死，凡金属皆传电）。全体性是反映式的思想首先习于想到的一种普遍性。……在这里普遍性只表现为一外在的联结，凭这种联结作用将独立的不相干的个体事物总括起来。""表面形式的概括性"虽然也叫"普遍性"，但与"类或共相大不相同，事实上这种概括性只代表所有个体事物的属性和共同点"。"有人曾说过，人之所以异于禽兽，由于人共同具有耳珠。很显然，如果这人或那人没有耳珠，将不会影响他别方面的存在。"而共相或类"这种普遍性并不是外在于或外加于人的别的抽象性质或单纯的反映性格。这种普遍性即贯穿于一切特殊性之内，并包括一切特殊性于其中"。〈354—355〉〈一七六节〉"这样说来，主词亦同样有了普遍性，而主词与谓词便显然有了同一性。同时亦显得判断式的分类便无关紧要了。主词谓词的这种内容的统一（内容即是与主词的消极的自身反映相同一的普遍性）使得判断关系成为一必然关系。"

丙、［必然的判断］〈一七七节〉"必然的判断作为内容的异中之同"：

A，［直言判断］"在谓词里部分的包含有主词的实质或性质，包含有具体共相，或类。部分的由于共相里亦包含有特性作为它的否定，于是这谓词便表示纯粹的本质的特性亦即表示'种'。这就是直言判断。"〈356〉"（如黄金是金属；玫瑰花是一植物）是直接的必然判断，约相当于本质范围内的体用关系。一切事物都是一直接判断，亦即一切事物皆有构成其坚定不变的基础之体或实体性。一直要我们从类的观点以观察事物，并认事物必然地为类所决定时所下的判断，才算得真正的判断。如果有人将类似'黄金是昂贵的'，'黄金是金属'两种判断，认作平列于同一阶段，那就显得那人缺乏逻辑训练。黄金是昂贵的，只涉及黄金与我们的嗜好和需要的外在关系，并涉及要购得黄金的费用以及其他情形。黄金仍能保持其为黄金，即使那种关系改变了或取消了。反之，金属却构成黄金的实体性，没有了金属，则黄金以及一切属于黄金的性质，或一切可以描写黄金的词语，将无法自存。"〈357〉

B，［假言判断］但直言判断在某意义下仍是有缺点的：在直言判断里特殊性那一方面便没有得到应有的地位。比如，黄金固是金属，但银钢铁等亦同样是金属。而金属之为金属对于它里面的特殊的一种是从不重视的。为补救这种缺点，便由直言判断进展到假言判断。假言判断可以用这样的方式来表达：如果有甲，则有乙。这里所说的由直言判断进展到假言判断的过程与前面本质范围内所讨论的由体用关系进展到因果关系的过程，其矛盾进展的情形是相同的。在假言判断里，内容的特性表现为间接的，依赖他物的。这恰好就是因果关系。（〈自〉举例：'如果太阳升起，那就是白昼。'）一般讲来，假言判断的意义在于实现普遍性于它的特殊性中。这样便过渡到必然判断的第三种形式——

C，［选言判断］"甲不是乙必是丙或丁。（〈自〉举例：'南美肺鱼，不是鱼类就是两栖类。'）诗的作品不是史诗必是抒情诗或剧诗。颜色不是黄的便是蓝的或红的等等。选言判断的两方面是同一的。类是种的全体，种的全体就是类。这种共相与殊相的统一就是总念。所以总念现在就构成了判断的内容。"

丁、总念的判断

〈一七八节〉"总念判断的总念，以在单纯形式下的全体，作为它的内容，亦即以普遍性和它的全部特性为内容。"

　　A，〔确然判断（实然判断）〕"总念判断的主词（一）最初是一个体事物，而以特殊存在对其普遍性之反映为谓词。换言之，即以普遍性与特殊性之是否一致为谓词，如是否善、真、正当等。（〈自〉举例：'这所房子是坏的'。）这就是确然判断。"〈一七九节〉确然最初只是一主观的殊相，为一具有同样理由，甚或没有理由的另一确说所反对。因此它便立即成为——

　　B，〔或然判断〕（二）一种或然判断。（〈自〉举例：'如果一所房子如此这般地建造起来，它就是好的。'）但当我们把客观的殊相明白地联系在主词上面，而使殊相成为主词存在的构成条件，则——

　　C，〔必然判断〕"（三）这主词便表示客观的殊相与它的共相，亦即与它的'类'的联系，因而亦即表示构成谓词的内容的总念了。"（参看一七八节）〔如：这所（直接的个体性）房子（类或普遍性）系如何如何造成的（特殊性），是好的或坏的。〕"这就是必然判断。——一切事物皆是一类（亦即皆有意义与目的），皆是一具有特殊结构的个体实在。至于它们之所以是有限的，即由于它们所有的殊相，可以符合共相，亦可以不符合共相。"

　　〔附〈自〉："第一类是个别的判断，第二和第三两类是特殊的判断，第四类是普遍的判断。"〈202〉〕

推　论

　　〈一八〇节〉"这样在主词与谓词皆各自代表全判断。主词的直接结构最初显得为实际事物的个体性及其普遍性间之调解的根据，亦即判断的根据。事实上这里所建立起来的，乃是主词与谓词的统一，亦即总念。总念即是空虚的联系字'是'的充实化。当总念被区分为主词与谓词两个方面，而总念乃二者的统一，并为二者之对立关系之调解时，——这就是推论。"

*　　　　*　　　　*

〈一八一节〉推论如总念和判断，常仅被认作吾人主观思维之一形式。因此推论常被称为证明判断的历程……必然的判断即是构成由判断过渡到推论的桥梁。在必然判断里，我们有一个体事物，凭借它的特殊性，使它与它的普遍性或总念联系起来。在这里，特殊性显得为个体性与普遍性间居调解地位的中项。这就是推论的基本形式。这种推论之进一步发展，就形式看，即可见得个体性和普遍性亦可取得这种居中调解的地位。这样一来，便形成了由主观性到客观性的过渡。

甲、质的推论

A，E——B——A

"这就是说一个个体的词凭借一种特性（特殊）与一种普遍性相结合。""不用说主词（小项）除个体性外尚有别的特性，同样，另一极端（结论里的谓词或大项）除了单纯的普遍性外，亦尚有别的特性。但这里所要着重的，乃是它们所借以推论的那些特性或形式。""限有的推论乃是仅仅的理智推论，至少就限有推论之让个体性、特殊性、普遍性各自处于抽象对立的情形下而论，它仅是一种抽象的理智推论。这种推论可说是表示总念的高度的外在化。这里我们有一直接个体性作为主词；从这主词里挑出任何一特殊方面，一种特性，即根据这种特性而证明这个体是普遍的。比如，当我们说：这玫瑰花是红的，红是一种颜色，故这玫瑰花是有颜色的。"〈一八四节〉"第一，这种推论中的各项是完全偶然的。那作为抽象特殊性的中项（红色）只是主词的任何一种特质，但这直接性的主词，亦即具有经验的具体性的主词，当有许多别的特质，所以主词可以透过这同一中项以与别的一些不同的普遍性相联系。""一个对象愈是具体，则它所具有的方面愈多，亦即属于它足以用来作为中项的方面愈多。要在这些方面中去决定哪一方面较另一方面更为重要，又须建筑在这样一种推论上：而这种推论坚持着某一个别特质；且亦同样很容易为这特质寻出某一方面或某一理由，据此以证明它确可算作必然的和重要的。"〈一八五节〉"第二，不仅这种推论中的各项是偶然的，而且它所具有的关联的形式，也同样是偶然的。照推论的总念或本质看来，真理在于凭借中项以联系起两个不同的事物，而这中项就是两者的统一。但用中项以联系两极端（所谓大前提和小前提）在三段论法里不啻一种直接的联系。换言之，它们中间并没有真正的中项予以联系。""三段论法里的这种矛盾表示出一种新的无限进展。因为每一前提均各要求一新的三段论法予以证明……"

B，A——E——B

"透过直接推论 E——B——A，个体性（通过特殊性）与普遍性相结合，并且建立一个有普遍性的结论，所以那个体的主词本身虽是一普遍性，于是便成为两极端的统一者或调解者。这样便过渡到第二式的推论（二）A——E——B。这第二式的推论便表示出第一式的真理：即调解只是在个体性里面发生，因此便是偶然的。"〈一八七节〉第二式将普遍性和特殊性结合起来。这普遍性是自前一式的结论里为个体性所特殊化，而过渡到第二式，于是便取得直接主词的地位。因此这普遍性便透过这结论而明白发挥为特殊性，亦即成为两极端的调解者，而这两极端的地位便为别的两项（特殊性与个体性）所占据。这就是推论的第三式。

C，B——A——E

"所谓推论诸形式……有一很真实的意义，这意义建筑在总念发展的每一环节均有成为全体并且成为调解的基础的必然性上面。""推论的三式之客观意义在于指出任何理性的原则均是一三个步骤的推论。这就是说，推论中的每一成分均既可取得一极端的地位，同样亦可取得一调解的中项的地位。比如，哲学里的三部门：逻辑理念，自然和精神，就是这样。第一，当我们初看起来，自然是中项，是结合别的两成分的成分。自然，直接呈现在我们前面的全体，发挥其自身于逻辑理念与精神这两极端之内。但精神之所以是精神全凭经过自然的调解。所以，第二，精神，亦即我们所知道的那个有个体性主动性的精神，便同样成为中项，而自然与逻辑理念成为两极端。精神能在自然中认识逻辑的理念，并提高自然使达到它的本质。第三，逻辑理念亦可成为中项，它是心灵和自然的绝对本体，普遍地弥漫一切的原则。这三者就是绝对推论的各成分。"〈一八九节〉"这样一来就形式说产生两个结果，第一，每一环节既经取得中项的性格和地位，亦即取得全体的性格和地位，因此便潜在地失掉其抽象的片面性了（第一八二节和一八四节）。第二，调解业经完成了（第一八五节），同样而仅是潜在地完成，换言之，仅是循环式的彼此相互假定的调解。在第一式的推论个体——特殊——普遍里，'个体是特殊'和'特殊是普遍'两个前提，当没有得到调解，前一前提要在第三式，后一前提要在第二式里才可得到调解，但这两式中的每一式，为求它的前提之调解，同样须先假定其他两式。""依此看来，总念的调解的统一不复被认作抽象的特殊性，而乃被认作个体性与普遍性之发展的统一。——也可以说这两个成分之反映的统一，亦即个体性同时可以被理解为普遍性。这种的中项便发展出反映的推断。"

乙、反映的推论

〈一九〇节〉"如果中项不仅是主词之一抽象的特殊的性格，而同时一切个体的具体的主词，与别的一样，也同具有此种性格，于是我们便得到——

A，全称的推论"这种推论的大前提，以特殊性格，中项——即全体性作为主词，却已先假定了结论，殊不知结论本应先假定大前提才对。""有了全称推论，上面第一八四节所指陈的知性推论的基本形式所具有的缺点便可以补救过来了，不过这里又引起一新的缺点。这缺点即在于大前提先假定了结论所应有的内容，而且先假定了结论作为一个直接的命题。凡人皆有死，故伽意斯有死。凡金属皆传电，故比如说铜亦传电。为说明这些大前提（这些大前提里所说的'凡'系指直接的个体，其本质上是应作经验的命题的）起见，首先必须证明这关于伽意斯个人和关于个体事物铜的命题是正确的。——无怪乎每个人对于'凡人皆有死，今伽意斯是人，故伽意斯有死'一类的推论，不仅是感到学究气，甚且感到一种毫无意识的形式主义。"

B，归纳的推论"在这种归纳的推论里，中项就是所有个体完全的罗列，甲乙丙丁……但由于直接经验中的个体性与普遍性有距离，则对于所有个体的罗列永不能完全。"全称的推论会指引到归纳的推论，在归纳的推论里，个体构成联结的中项。当我们说，"凡金属皆传电"，这乃是一经验的命题，系从所有各种个别的金属加以实验后所得到的结论。于是我们便得到下列式的归纳推论：

金是金属，银是金属，同样铜、铅等皆是金属。这是大前提。于是小前提随着产生：所有这些物体皆传电。由此得到一条结论：所有金属皆传电。在这里有联结功用的乃是作为全体性的个体性。……这种推论的中项乃为全部个体所构成。这先假定在某种范围内观察和经验是完备无遗的。但这里所处理的对象乃是个体事物，于是我们又陷入无穷的进展（EEEE……）。因为在归纳法里我们是无法穷尽所有的个体事物的。当我们说，所有金属，所有植物时，我们只是说：直到现在为止我们所知道的所有金属，所有植物而已。因此每一种归纳总是不完备的。我们尽管对这个和那个作了许多观察，但我们总无法观察到所有的事例，所有的个体。归纳推论的这种缺点便引导我们到类推。

C，类推推论　"类推的中项是一个体，但这个体被了解为它的本质的普遍性，它的类或本质的性格。但类推仍同样需要一自身决定的普遍性或作为类的个体性，当个体性与普遍性两个外在关系的形式，都轮流通过了反映推论的各式之后。"在类推的推论里，我们由某类事物具有某种特质，而推论在同类的别的事物亦当具有同样的特质。例如这就是一类推的推论，当我们说：直至现在为止，我们所发现的星球皆遵循运动的规律而运动，因此一个新发现的星球或将遵循同样的定律而运动。类推的方法很充分地在经验科学里占很高的地位，而且科学家也曾依这种推论方式获致很重要的结果。类推可说是理性的本能。这本能使人预感着经验所发现的这个或那个特质，实植基于一个对象的内在性质或类里，即根据这种预感而作进一步的推论。但须知类推可能很肤浅，亦可能很深彻。比如当我们说：伽意斯这人是一学者，梯大斯亦是一人，故梯大斯或将是一学者。这无疑地是一很坏的类推。盖因一个人的学问并不包括在他的类或他的性的概念里。但类似这样肤浅的类推，我们却常可遇到。例如常有人这样推说：地球是一个星球，并且有人居住，月球亦是一个星球，故月球很可能亦有人居住。这一类推较之上面所提及的类推，并不丝毫进步。因为地球之所以有人居住，并不基于它是一星球，而乃建筑在别的条件上，如为空气所围绕，并且有水与空气相配合等等。而这些条件，就我们现在所知，就是月球所没有的。近来我们称为自然哲学的，大部分都是些空疏的外在的类推之无聊的戏弄而已。这种把戏要自诩高深玄妙，其结果适足以使得自然的哲学研究受到贬斥罢了。

丙、必然的推论

〈一九一节〉必然的推论，就它的单纯的特性看来，以共相为中项，犹如反映的推论以个体为中项一样，——后者属于推论的第二式（即 A——E——B），前者属于推论的第三式（即 B——A——E）。在这里共相是明白的假定为本质上有确定性的。

A，直言推论　"就特殊之为确定的类或种而言，则特殊乃是调解两极端的中项。"

B，假言推论　"就个体之指直接的存在而言，则个体既是有调解功用的中项，亦同样是被调解的两极端。"

C，选言推论　"将有调解作用的共相假定为它的特殊分子之全体，并假定为个体的特殊或排他的个体。在选言推论的两项之内的乃是同一的共相。这两项只是表示同一共相之不同的形色罢了。"

重读《小逻辑》

摘录：九节　这种足以达到真正的必然性的反思［亦称玄思］，就其为一种反思而言，与上面所讲的那种抽象的反思有共同点，但同时复有区别。

笔记：共同点指的是二者都是否定当下感性材料的抽象思维，都是在认识过程中由感性认识上升到理性认识。但抽象的反思，即上文所讲的"一般经验科学"，其中所包含的共相或类等，其本身是空泛的，不确定的，且与殊相没有内在的联系。两者间的彼此关系，纯是外在的，偶然的。同样，殊相间彼此相互的关系亦是外在的和偶然的。事实上所谓抽象的反思，即指的是知性所作的形而上学的分析方法。而玄思即与之区别的以总念为基础的辩证法。因此，不能说对事物的现象的、片面的、外在关系的认识，只属于感性认识阶段。需知：知性的理性认识也同样不能看到共相与殊相以及殊相彼此之间的内在联系。它的这种缺陷不能只是由于尚停留在感性阶段的结果；相反，这种缺陷恰恰是在理性阶段上发生的。

摘录：一三节　如果只就形式方面去看共相，将共相与殊相并列起来，则共相自身也就会降为殊相了。

笔记：最明显的例子是战国时代名辩家，如公孙龙。他与惠施相反片面坚执"异"的观点，所谓"离坚白"。在他的"白马非马"这个命题中，就是把共相与殊相并列，并使之坚硬地对立起来。（所谓"鸡三足"也是同样。从类的观点来说，鸡足是一；从数的观点来说，鸡足是二。所以，鸡有三足）这类玩弄概念的诡辩，诚如黑格尔所说，即使应用在日常生活中，亦显属不适宜，不可通。比如，在日常生活里，哪会有人只是愿意要水果，而拒绝樱桃、梨子和葡萄，因为它们只是樱桃、梨子、葡萄，而不是水果呢？"离坚白"的诡辩也可以用来说明一一节的下述观点："当思想在进行它的思想本务时，它不免陷于自身的矛盾，这就是说，思想消失它自身于生硬的'不同一'中，因而不唯未能达到它自身的回复与实现，反而老受它的反面的束缚。"

摘录：二〇节　至于表象便以 a) 感觉的材料为内容，而 b) 以此内容为在我之内，而具有我的特性，c) 并且，一方面表象亦具有普遍性，自我关联性，或单纯性。d) 除了以感觉为材料外，表象又能以出自自我意识的思想为内容，如像关于法律的、道德的、和宗教的表象，甚至有关于思想自身的表象。e) 要划分这些表象与对于这些表象的思想间的区别，却并非易事。因为表象一方面表示思想的内容，一方面又具有普遍性的形式，而普遍性为在我之内的任何内容所必具，亦为任何表象所不可少。但表象的特性，一般讲来，又必须于内容的个别性或孤立性中求之。f) 然而这些表象的个别性与孤立性……不在空间的相间，不在时间的相续，而乃在于一般表象之内在的抽象的概括性上面，致使一些本来具有有机联系的表象，皆个别化，不相干涉了。
g) 在这种个别性的情形下，凡表象都是简单的，不相联属的；例如
说，权利、义务、上帝。在这种情形下的表象，不是表面上执着权利
就是权利、上帝就是上帝等说法，即是稍进而指陈出一些特性，如谓，
上帝是世界的造物主，是全知的、万能的等等。像这样，多种孤立的
简单的属性或宾词勉强连缀在一起，这些宾词虽说是以其主词为联系，
但它们彼此之间仍然是相外而不相涉的。h) 就这点而论，表象与知性
相同，其唯一的区别，在于知性尚能建立普遍与特殊、原因与结果等
关系，藉以使表象中的孤立观念有了必然联系。反之，表象则只能让
这些孤立观念在模糊的意识背景里彼此相间地排列着，仅仅凭一个
"与"字去联系。i) ——表象和思想的区别，具有极大的重要性，因为
概括地讲来，哲学的工作没有别的，即在于把表象转变成思想，——
当然更进一步哲学还要将仅仅抽象的思想转变成总念。

又，参阅二四节。

笔记：对照《政治经济学批判导言》中关于由抽象上升到具体的
方法的一段话："因此，我如果从人口着手，那末这就是一个浑沌的关
于整体的表象，经过更切近的规定后，我就会在分析中达到越来越简
单的概念；从表象中的具体达到越来越稀薄的抽象，直到我达到一些
最简单的规定。于是行程又得从那里回过头来，直到我最后又回到人
口，但是这回人口已不是一个浑沌的关于整体的表象，而是一个具有
许多规定和关系的丰富的总体了。第一条道路是经济学在它产生时期
在历史上走过的道路。例如，十七世纪的经济学家总是从生动的整体，
从人口、民族、国家，若干国家等等开始；但是他们最后总是从分析
中找出一些有决定意义的抽象的一般的关系，如分工、货币、价值等

等。这些个别要素，一旦多少确定下来和抽象出来，从劳动、分工、需要、交换价值等等这些简单的东西上升到国家，国际交换和世界市场的各种经济学体系就开始出现了。后一种显然是科学上正确的方法。具体之所以具体，因为它是许多规定的综合，因而是多样性的统一。因此它在思维中表现为综合的过程，表现为结果，而不是表现为起点，虽然它是现实中的起点，因而也是直观和表象的起点。在第一条道路上，完整的表象蒸发为抽象的规定；在第二条道路上，抽象的规定在思维行程中导致具体的再现。因而黑格尔陷入幻觉，把实在理解为自我综合、自我深化和自我运动的思维的结果，其实，从抽象上升到具体的方法，只是思维用来掌握具体并把它当做一个精神上的具体再现出来的方式。但绝不是具体本身的产生过程。"

摘录：二八节　［论知性］a) 它们认为抽象的孤立的思想概念即本身自足，可以用来表达真理而有效准。b) 旧形而上学的思想是有限的思想，因为此种思想老是活动于其所坚执的限制之内，而不知对它所执着的限制再加以否定或扬弃。c) 这只是对于对象的外在的思考，因为用来称谓对象的概念或名词，乃是我自己的现成的表象，只是外在地加给那对象罢了。反之，要想得到对于一个对象的真知，必须由这对象自己去规定自己，不可自外面采取些名词来加上给它。d) 知性本身是有限的，亦只能认识有限事物的性质。

笔记：知性坚持形式的同一性，形式逻辑的 a＝a，a 不等于非 a，或形而上学的非此即彼，最足以说明它的缺陷。因而三一节说："判断的形式不适宜于表达具体的和玄思的真理（真理必是具体的）。因为判断的形式总是片面的，就其只是片面言，所以便是不真的。"知性总是活动在其所坚持的限制之内，而不知对它所执着的限制，再加以否定或扬弃。它不能认识事物的内在矛盾及其内在联系。例如，有限与无限这对范畴，它不是片面地坚持有限的一方面，就是片面地坚持无限的一方面。但真理往往是二者的辩证关系"亦此亦彼"。知性所坚持的形式同一性只在认识有限事物时，方有效准。如称某种行为为"偷窃"时，则"偷窃"一词足以描述那行为的主要内容，对于一个审判官，这样的知识已算充分。但对于理性事物，如真理是有限的还是无限的问题，坚持形式同一性的知性认识必将陷入谬误。因为知性于两个相反的论断中，必须肯定其一必真，而其他必错。辩证思维则正好没有这种一偏的坚执，理性对象决非片面的范畴所能穷尽。辩证的真理乃包含有这些片面的范畴之联合的全体，而将知性所执着的分别加以克服。即在通常意识里，也随处表现了这种辩证法，我们说事物是变化的，即不啻说它们是"有"，也同时是"非有"。同时，知性用来称谓对象的概念和名言，乃来自我们现成的表象，这种外在的、孤立的、支离散漫的名言，不足以表达理性对象内在的有机联系性。它不让对象自由地、自发地表达其自身，而认对象为现成的、呆板的。又，三五节："最要紧的是我们切不可将知性的范畴坚持为最后的范畴，亦即不可认为对立的一方有其本身的自存性，或认为任何一方在其孤立的状态下有其本质性与真实性。"

摘录：三六节　从知性的观点，所谓证明就是指此一真理依赖另一真理而言。在知性的证明里，有一确定的前提，自此前提推出别的真理，所以须得指出某一真理依赖某一前提。今上帝的存在如用这种方式去证明，那就是说，上帝的存在是依赖另一些真理，这些真理构成上帝存在的根据。我们立即会觉得这显然有些不对，因为上帝乃是一切的一切之绝对的无条件的根据，绝不会依赖别的根据。但理性甚至健康的常识所了解的证明完全两样。理性的证明诚然仍须以一个不是上帝的"他物"作出发点，但在证明的进程里，理性不让这作为出发点的"他物"，仍仅为一直接存在之物，反之，必须指出此出发点，仅是一权假的建立之物，最后归结到须认上帝为自己撇拔权假，包含权假，真正直接原始，自依而不依他的存在。比如说："试向外谛观自然，自然将会领导汝到上帝，汝将会察见绝对天意之所在。"这话并不是说，上帝是从自然里产生出来的，而乃是说，这只是凭借一有限事物以达到上帝的进程，在这进程里，上帝一方面好像是后于有限事物，但同时又是先于有限事物，而为其绝对的根据。因此二者的地位便恰好颠倒。那最初好像是在后的，经揭示出来，成为在先的根据，而那最初好像是在先的根据，经指明而降为在后的结果了。理性证明的进程也就是如此。

　　笔记：这里所说的知性的证明，可以英国的马赫主义者毕尔生为例。"物质不过是感性知觉群"，这是他的前提，这是他的哲学。这就是说，感觉和思想是第一性的，物质是第二性的。但又不是这样，没有物质的意识是不存在的，甚至说没有神经系统的意识也是不存在的！这就是说，意识和感觉是第二性的。"真像是说水在地上，地在鲸上，鲸在水上。"（《唯·批》181—82）至于黑格尔所说的理性的证明，是从本体论出发的。怎样认识本体，证明本体？从本体的显现中来认识、来证明。显现不是本体存在的根据，相反，本体才是显现的根据。本体并不是显现的产物，但没有本体作为根据，显现就不存在了。这种论证虽然似乎有足以折服人的说服力，但正是他的客观唯心主义的结果。马克思把这称为一种"幻觉",即:"把实在理解为自我综合、自我深化和自我运动的思维的结果。"因为照他看来,自然界不过是绝对理念的自我外化。

摘录: 三八节 为形成经验起见,经验主义必须特别应用分析方法。在知觉里,我们具有一复多的具体内容,对于它的种种特性,我们须得一层一层地加以分析出来,有如剥葱一般。这种分解过程的主旨,即在于分解并拆散那些集在一起的特性,只要这被分析的对象所包含的联合在一起的一些特性,分辨明白了,则这些特性便具有普遍性的形式了。但经验主义于分析对象时,便陷于错觉:它自以为它是让对象呈现其本来面目,不增减改变任何成分,但其实,却将对象的具体内容转变成抽象的了。这样一来,那有生命的内容便弄成僵死的了,因为只有具体的、整个的方是有生命的。不用说,要想把握对象,分别作用总是不可少的,而且心灵的自身本来即是一种分别作用。但须知分别仅是认识历程的一方面,主要之点乃在于使分别开了的各分子,复归于联合。至于分析工作之老是滞留在只是分别而不能联合的阶段,下面所引诗人的一段话,颇足表明:

> 化学家所谓自然的化验,
>
> 不过嘲笑自己,而不知其所以然。
>
> 各部分很清楚地摆在他面前,
>
> 可惜的,就只是没有精神的系联。

——歌德:《浮士德》第一部

　　笔记:《自然辩证法》:"以分析为主要研究形式的化学,如果没有它的对极,即综合,就什么也不是了。"又:"归纳和演绎正如分析和综合一样是必然相互联系着的。我们不应当在两者之中牺牲一个而把另一个高高地抬上天去,我们应当力求在其适当的地位来应用它们中间的任何一个,而想做到这点,就只有注意它们的相互联系,它们的相互补充。"十七世纪的经济学家大抵是片面使用分析方法的。《导言》(见前引)指出他们往往从浑沌的关于整体的表象出发,在分析中达到越来越简单的概念,从表象中的具体达到越来越稀薄的抽象。在这条道路上,完整的表象蒸发为抽象的规定。但正确的方法是从抽象上升到具体的方法。具体之所以具体,因为它是许多规定的综合,是多样性的统一。"因此它在思维中表现为综合的过程,表现为结果,而不是表现为起点,虽然它是现实中的起点,因而也是直观和表象的起点。"在这条道路上,抽象的规定在思维行程中导致具体的再现。据此,可以见到,不能把单纯的分析方法充当辩证法。这只是知性应用的方法而必将导致形而上学。它使具体的多样性统一的现实事物,变成简单的概念,片面的规定,稀薄的抽象。(参阅二二七节)

　　摘录:三九节　经验中诚然呈现出很多甚或不可胜数之多的相同的感念,但普遍性与一大堆事实却完全是两回事。同样,经验中呈现许多前后相续的变迁的感念,和地位接近的对象的感念,但这亦没有必然性的联系。

　　笔记:《自然辩证法》:"单凭观察所得的经验,是决不能充分证明必然性的。Post hoc [在这以后],但不是 proptei hoc [由于这] (见《小逻辑》)[案:这是引休谟怀疑论的说法]这是如此正确,以致不能从太阳总是在早晨升起来推断它明天会再升起，而且事实上我们今天已经知道，总会有太阳在早上不升起的一天。但是必然性的证明是在人类活动中，在实验中，在劳动中；如果我能造成 post hoc，那末它便和 proptei hoc 等同了。"

"普遍性与一大堆事实完全是两回事"。共相或典型并不是一大堆事实的平均数，而是在揭示一大堆事实中的内在规律性和必然性。

摘录：五○节　心灵的提高固然是一种过渡和凭借（间接性）的历程，但同时也复是过渡和凭借的扬弃。因为那似乎足资凭借以达到上帝的世界，也由此被宣示为空无了。只有借否定世界的存在，认世界为空无，心灵的提高才有了凭借，于是那只当作凭借的事物消逝了，因此即在凭借的过程中便扬弃了凭借。

笔记：据译者案，凭借，原文作 Vermitllung，英译本或译 means（工具、手段），或译作 mediation（间接性）。黑格尔上述说法是从本体论出发的，他认为唯本体乃绝对真理，世界不过是它的外化，飘忽不定，变幻不常。译者以我国言意之辨去说明，认为用凭借扬弃凭借的说法，以表示得意忘言、得鱼忘筌之意。一方面非凭借言不能表达意，非凭借筌不能获得鱼，而得意得鱼之后，又复扬弃了言筌，故曰，在凭借的历程中扬弃了凭借。案，魏晋时代言不尽意论者，也是从本体论出发的。意是绝对，言是现象或假象，是非真实的存在，只能作为认识绝对的一种凭借。只有超出作为假象的名言之外的绝对的意才是真实的存在。

摘录：五一节　康德对于本体论证明的批评之所以无条件地受欢

迎被接受，无疑地大半由于当他说明思与有的区别时，所举的一百元钱的例子。一百元钱就其在思想中言，无论是真实的或仅是可能的，都同是抽象的概念。但就我的实际的经济状况言，真正一百元钱在钱袋中与可能的一百元钱在思想中，却有重大的区别。没有比类似这事更显明的，即我心中所想的或所表象的事物，绝不能因其被思想被表象便认为真实；思想、表象、甚或总念绝不能供给我们以"有"或存在。姑且不说称类似一百元钱的东西为总念，难免贻用语粗野之讥，但凡彼不断地反复抨击那哲学的理念，认思与有不同的人，总应承认哲学家们绝不会完全不知道一百元现款与一百元的思想不相同这一回事。事实上还有比这种知识更粗浅的吗？但须知一说到上帝，这一对象便与一百元钱的对象根本不同类，且与任何一种特殊概念、表象，或任何其他名称不相同。其实，事物在时空中的存在与其总念之歧异，正是一切有限事物的特征，且系唯一的特征。反之，上帝显然应该，只能"认作存在"，上帝的总念即包含他的存在。这总念与存在的统一构成上帝的本性。

笔记：费尔巴哈反驳黑格尔说："康德在批判本体论的证明时选了一个例子来标明思维与存在的区别，认为意象中的一百元与实际上的一百元是有区别的。这个例子受到黑格尔的讥嘲，但是基本上是正确的。因为前一百元只在我的头脑中，而后一百元则在我的手中，前一百元只对我存在，而后一百元则同时对其他的人存在——是可摸得着，看得见的。只有同时对我又对其他的人存在的，只有在其中我与其他的人一致的，才是真正存在的，这不仅仅是我的，——这是普遍的。"（《未来哲学原理》二五节）但是费尔巴哈的论证方法是错误的。客观存在并不在于它的普遍意义。不仅对我存在，而且对其他的人也存在，因此，它是客观存在的。这样的推理恰恰可以适用于黑格尔所说的上帝的存在，因为上帝对于信仰宗教的人来说，也是具有普遍意义的。客观存在是不依赖"所有的人"而存在的（如没有人类之前的地球的存在）。可参阅《唯·批》第 2 章 4 节列宁对波格丹诺夫所谓"社会地组织起来的经验"的批判。

摘录：六〇节　当一个人意识到或感觉到他的限制或缺陷时，那时他已经超出他的限制或缺陷了。……说一件事物处于有限或受限制的关系，即包含有无限或无限制之真实到临的证据。并且只有无限的观念已经在我们意识里面时，我们才会有对于限制的知识。

笔记：一九七〇年读列宁《大逻辑摘要》时，曾有下面一段笔记：

〈**摘录**〉如果磁石也有意识，它就会认为自己的指向北方是自由的（莱布尼兹）——不，那时磁石会知道空间的一切方面，并且会认为仅仅一个方向乃是自己的自由的界限，乃是对自己自由的限制。

有限自身的本性，就是超越自己，否定自己的否定，养成为无限。

使有限转化为无限的不是外在的力量，而是它的本性（下略关于恶的无限——有限与无限绝对割裂，不能互相转化。——化注）。

有限和无限的统一，不是它们的外在的并列，也不是不适合的与它们的规定相对立的结合，——在这种结合中，联在一起的东西都是分开的和对立的、彼此不相干的，因而也是不相容

的，——相反地，这个统一中每一个自身都是这种统一，每一个
只是自身的扬弃，而且无论哪一个对另外一个而言，没有自在的
存在和肯定的现有的存在的优越性。如前面已经指出的，有限性
只不过是对自身的超出；因此，在有限性中包含着无限性即有限
性自身的他者⋯⋯

〈笔记〉第一段——莱布尼兹的自由论，没有在肯定有限性和
有限性的不自由的基础上，推出有限性向无限性转化，必然向自
由转化。第二段——指出有限所以能够向无限转化，是"有限超
越自己，否定自己的否定"。所谓"自己的否定"，就是认识到自
己的有限性，这种有限性正是自由的限制。如磁石只能指北方而
不能指其他方向，就是它的有限性，它的自由的限制。第三
段——指出有限向无限转化的动因在于有限自身的本性（内在根
据），而不是外在力量。所谓恶的无限即否定有限和无限的内部联
系，否定有限和无限这对矛盾处于同一体中而可以互相转化。有
限永远是有限，无限永远是无限，彼此互不相干，绝对对立（形
而上学）。民间流传的"一个蚂蚁搬一粒米⋯⋯"的"说不完"的
故事，就是对恶的无限的嘲讽。第四段——论述有限与无限的统
一。这是重要的一段。首先，否定了"外在的并列"，把不相干的
东西连在一起的"结合"，指出这种结合是"与它们的规定相对立
的结合"。这是讲离开事物的内在根据，把不是居于同一体的不相
干的东西混合起来。批判了这种外在并列的结合后，提出有限和
无限的同一性是在统一中"每一个只是自身的扬弃，并且哪一个
对另外一个而言，都没有自在的存在和肯定的现有的存在的优越
性。自统一体内，有着同一性，因此，在有限自身之中是可以包

含无限的，这又是一个否定，即否定了前面自己作出的否定"。

摘录： 六六节　许多真理我们深知系由于复杂异常间接思索步骤所得到的结果，却毫不费力地直接呈现其自身于熟习此种知识的人的心灵之前。算学家，或如每一个对于某一科学有训练的人，[对于许多问题] 具有直接当下的解答，然而他之得到这些解答，却是经过很复杂的分析。每一有学问的人，大都具有许多普遍的观点和基本的原则，直接呈现于他的意识里，然而这些直接呈现的观点和原则，亦莫不是反复思索和长时间生活经验的产物。我们在任何一种知识，以及在艺术技巧里所得到的熟练，亦包含有这种知识或动作，直接呈现于意识中，甚或直接发动于肢体中，应可随机应变，因应自如。在一切这些情境中，知识的直接性不惟不排斥间接性，而且两者是这样结合着的：即直接知识实际上乃是间接知识的产物和结果。

依同样的观点，显然直接存在与间接存在也是结合着的。根核和父母，从其所产生的枝叶和后裔看来，只可以说是直接的肇始的存在。不过根核和父母的存在虽说是直接的，但它们仍然是有根源的，是衍生出来的；而枝叶和后裔，其存在尽管是间接性的，但仍然可说是直接的，因为它们存在。

笔记： 这里从直接与间接的关系论述接触到艺术技巧熟练问题。但在《美学》中并没有得到进一步的发挥。《美学》在《想象，天才和灵感》中区别了才能和天才，认为前者是一种熟练的特殊的本领，后者是灌注生气于作品的作用，而二者统一则是创造完美作品的条件。黑氏以为光靠掌握现实及其形象的资禀和敏感还不够，它们必须通过常在注意的听觉和视觉，把现实世界的丰富多采的图形印入心灵里。

想象要依靠牢固的记忆力。仅此，略近于涉及当下直接地呈现是经历了复杂的间接过程的结果，但尚不及《摘录》中所述之简明扼要。刘勰《神思》篇："积学以储宝，酌理以富才，研阅以穷照，驯致以绎辞"即作为当下直接呈现的间接历程——想象的准备。

摘录：六七节　[直接知识]（这里面包括有从别的方面看来叫作本能，天赋观念，或先天观念、常识，和自然的理性等，总之，系指这种自发的原始性而言，不管其表现的形式是什么）这乃是极普通的经验，不论这直接的原始性的内容如何，总需要加以教育，加以发挥，才能使之自觉（亦可以说才能达到柏拉图所谓"回忆"。[附释：]当柏拉图说到观念的回忆时，意思是说观念是潜伏在人心中的，即非如智者派所主张，认观念是从外面灌输到人心中的。但认知识为一种回忆，却并不摒绝将那人心中所固有的成分，加以发展，而发展不是别的，却是一种间接的历程）。

笔记：禀赋、资质、才能、天赋，总之黑格尔所谓的"直接的原始性"，对每个人来说并不是完全相同的，因而，它们是存在的。它们究竟是怎样形成的？这是科学上尚有待解决的问题，是不是可以说其中因素之一来自遗传。《自然辩证法》："现代自然科学已经把全部思维内容起源于经验这一命题加以扩展，以致把它的旧的形而上学的限制和公式完全推翻了。由于它承认了获得性遗传，它便把经验的主体从个体扩大到类；每一个体都必须亲自去经验，这不再是必要的了；它的个体经验，在某种程度上可以由它的历代祖先的经验的结果来代替。如果在我们中间，例如数学公理对每个八岁的小孩都似乎是不言而喻的，都无需用经验来证明，那么这只是'积累起来的遗传'的结果。

要用证明来给布须曼人或澳大利亚黑人把这些公理解说清楚，却未必可能。"获得性遗传承认天赋是先天的，但又不和思维内容起源于经验这一原则相违背。至于柏拉图的回忆说却是先验的唯心主义。

摘录：七一节 从前对于上帝存在的证明常提出"众心一致"的论证，西塞罗最早即曾援引这种论证。"众心一致"诚不失为极有意义的权威，而且要援引这种权威，说某种道理即在人人意识中，因而必系基于意识的本性，出于意识的必然，乃是极自然而且容易的事。但在这众心一致的范畴内却含有一主要的看法，这即那最无教化的人也可以看得到的，就是，个人的意识同时是一特殊的偶然的意识。如果不将意识中特殊偶然的部分排除掉，换言之，如果不借反思的艰苦工作，将意识固有的成分揭示出来，则所谓众心的一致不过仅是大家对于某一个道理之共同赞成，足以建立起一个合乎礼俗的成见，便说这是属于意识本性之必然吧了。所以，如果思想的要求，在于从普通常见的事物中，更进而寻求其必然性，则众心一致的说法决不足以满足其要求。并且即使承认事实上的普遍性可以作为一个充足的证明，但根据这种论证亦不足以证明对于上帝的信仰，因为经验告诉我们，有些个人和民族并没有对上帝的信仰。

笔记： 黑格尔这里强调应从必然性去论证意识的普遍本性。但在这段话中却有不少正确的看法。事实上，众心一致不能证明客观真理。参阅五一节《摘录》和《笔记》。如果用众心一致来证明真理，那末，如何来说明"真理有时仅在少数人那里"和"光荣的孤立"（如伽利略发现地动说）呢？相反，实证主义用几种颜色来测验哪一种是普遍认为美的证明方法，倒是符合众心一致的。在上面摘录的末句话下有原注，其中说："这种讨论的错误在于只问人的意识对于那对象怎样想法，而不问那对象本身所包含的性质。"这确是一语破的。

摘录：八〇节　就思想之为知性［理智］言，坚持着固定的特性和各特性间彼此的区别。知性式的思想将每一有限的抽象概念当作本身自存或存在的东西。

知性的活动，概括言之，可以说是在赋予其内容题材以普遍的形式。不过由知性所建立的普遍性乃是一抽象的普遍性，此普遍性与特殊性坚执地对立着，致使其自身同时亦成为一特殊的事。

笔记：本节再一次阐明知性的特点。（参阅二八节）知性与当下的直观和感觉相反。直观和感觉纯全涉及具体内容，且始终停留在具体性里，而知性对于其对象则持分离和抽象的态度。作为更高一级的总念，是感觉和知性的辩证统一。它包含着具体性，也包括抽象性，因为它所把握的乃是具体的普遍性。不了解黑格尔所说的感性——知性——理性三环节的否定之否定的关系，就不能了解马克思所说的从抽象上升到具体的方法。据此，认识过程不能简单地概括为从感性到理性，而应当像马克思所指出的：从浑沌的关于整体的表象开始——作为分析的理智所作的一些简单的规定——经过许多规定的综合而达到多样性的统一。这整个过程，可以说是从具体的出发又回到了具体。不过这后一个具体，用马克思的话说，"已不是一个浑沌的关于整体的表象，而是一个具有许多规定和关系的丰富的总体了"。

摘录：八〇节　我们必须承认知性式的思想之权利和优点，大概讲来，无论在理论的和实践的范围内，没有理智便不会有坚定性和确

定性。

笔记：这里说明知性在认识过程中是必不可少的一个环节。停滞在知性的认识里是错误的，相反，以为认识可以超越知性，从感性直接到达理性，不经过从抽象上升到具体的阶段也是错误的。因为"知识起始于认识当前的对象而得其确定的区别。例如在自然研究里，我们必须区别质料、力量、类别等，将每一类孤立起来，而确定其形式，在这里思想作为分析的理智而进行，而知性的定律为同一律，为单纯的自我相关。也就是由于根据这种同一律，知识的历程才能够由一个范畴推到另一个范畴。"下面还有一段话谈到艺术问题："即在依通常意见，以为距知性最远的活动范围里，如在艺术、宗教、哲学的领域里，理智亦复不可缺少。如果这些部门愈益缺乏知性，则将愈有缺陷。例如，在艺术里，凡是那些在性质上不同的美的形式，皆得严加区别，且得明白揭示，此皆理智活动之力。即就每一件艺术品而论，理智的活动情形亦复相同。因此一出剧诗之完美，在于对不同的剧中人性格将其纯粹与确定性加以透彻的描写，且在于将支配各人行为之不同的目的和兴趣，加以明白确切的表达。"

摘录：八一节   当辩证法原则被知性加以孤立地独立地应用时，特别是当它这样地被应用来处理哲学上的总念时，它就成为怀疑主义了。在怀疑主义里，运用辩证法的结果乃是纯粹的否定。

笔记：总念（理性）否定了知性，但又把知性作为一个环节包括在自身之中。辩证法承认知性在一定范围对有限事物的认识有其效准，且必不可少。它所反对的只是停滞在知性上。反之，知性却不懂得辩证法。知性应用辩证法就将陷入怀疑主义（一切都是相对的，只有相对才是绝对的)。须知，辩证法把知性作为自身的一个环节，即是对一定范围的有限事物，承认其确定性和坚定性，而不是纯粹的否定。

　　摘录：八六节　在哲学史上逻辑理念的不同阶段，以前后相继的不同的哲学系统之姿态而出现，而其中每一系统皆基于对绝对之一特殊的界说。比如，逻辑理念的发展是由抽象进展到具体。同样在哲学史上那最早的系统每每是最抽象的，因而亦是最贫乏的。故早期的哲学系统与后来哲学系统之关系，大体上约相当于前阶段的逻辑理念与后阶段的逻辑理念的关系。这就是说，早期的为后来的所扬弃并包括于其中。这种看法才表明了哲学史上常被误解的现象——一个哲学系统为另一个哲学系统推翻，或前面的哲学系统为后来的哲学系统推翻的真意义。每当说到推翻一个哲学系统时，总是常被误认为单纯抽象的否定的意义，以为那被推翻的哲学已经毫无效准了，被置诸一旁，或根本完结了。如果真是这样，那末哲学的研究必会被认作异常苦闷的工作了，因为在哲学史所能昭示的将会只是所有一切在时间的过程里所发生的哲学系统如何一个一个地被推翻的情形吧了。虽然我们自当承认，一切哲学系统都曾被推翻了，但我们同时亦须坚持，没有一个哲学是被推翻了的，甚或没有一个哲学是可以推翻的。这有两方面的解释：因为，第一，每一值得享受哲学的名义的哲学，皆仍以理念为内容；第二，每一哲学系统均可表示理念发展之一特殊阶段或一特殊环节。因此所谓推翻一个哲学，意思只是指超出了那一哲学的限制，并将那一哲学的特殊原则降为较完备的系统中之一成分吧了。所以，哲学史的重要内容并不是涉及过去，而乃是涉及永恒及纯属现在的材料。而且哲学史的结果，并不似人类理智活动的错误陈迹的展览，而

只可与众神像的庙堂相比拟。

笔记：《导言》附恩格斯〈评〉："对经济学的批判，即使按照已经得到的方法，也可以采用两种方式：按照历史或者按照逻辑既然在历史上也像在它的文献的反映上一样，整个说来，发展也是从最简单的关系进到比较复杂的关系，那末，政治经济学文献的历史发展就提供了批判所能遵循的自然线索，而且，整个说来，经济范畴出现的顺序同它们在逻辑发展中的顺序也是一样的。这种形式看来有好处，就是比较明确，因为这正是跟随着现实的发展，但是实际上这种形式至多只是比较通俗而已。历史常常是跳跃式地和曲折地前进的，如果必须处处跟随着它，那就势必不仅会注意许多无关紧要的材料，而且也会常常打断思想进程；并且，写经济学史又不能撇开资产阶级社会的历史，这就会使工作漫无止境，因为一切准备工作都还没有做。因此，逻辑的研究方式是唯一适用的方式。但是，实际上这种方式无非是历史的研究方式，不过摆脱了历史的形式以及起扰乱作用的偶然性而已。历史从哪里开始，思想进程也应当从哪里开始，而思想进程的进一步发展不过是历史过程在抽象的、理论上前后一贯的形式上的反映；这种反映是经过修正的，然而是按照现实的历史过程本身的规律修正的，这时，每一个要素可以在它完全成熟而具有典范形式的发展点上加以考察。"

恩格斯致梅林格书："历史思想家（历史一词在这里只是政治、法律、哲学、神学等概念的——总之，不只是有关自然界，而且是有关社会的一切领域的集合术语）在每一科学部门中都握有一定的材料，这些材料是由以前各代人的思维中独立形成的，并且在这些世代相继的人们的头脑中经过了自己独立的发展道路。当然，属于这个或那个领域的外部事实作为伴随的原因也能影响这种发展，但是这种事实依照默契又被认为只是思维过程的果实，于是我们便始终继续停留在纯粹思维的范围之中，这思维仿佛能顺利消化甚至最顽强的事实。……正是国家机构形成、法权体系、任何领域的思想观念的独立历史的这种外表，首先蒙蔽了大多数人。"又，致施米特书："但是，每一时代的哲学作为一个特殊的分工部门，都具有由它那些先驱者传授给它，而它便由已出发的一定思想资料作为前提。由此便有这样一种现象，即经济上落后的国家，在哲学上仍然充当先导：十八世纪法国对英国（而英国哲学曾是法国人引为依据的）说是如此，后来德国对英法两国来说也是如此。但是不论在法国或是在德国，哲学和文学的普遍繁荣在那个时代都是经济高涨的结果。经济发展对这些部门也是终归起着支配作用，这对于我是无疑的，不过这种支配作用是发生于该部门本身所受到的那些限定条件范围内：例如在哲学中，是各种经济影响对于先驱者所提供的现有的哲学资料发生的作用（这些经济影响大都又只是在其政治等等的外衣下起作用）所限定的条件范围内发生的。经济在这里并不重新创造出任何东西，但它却决定着现有思想资料的改变和进一步发展情形，但是它所发生的这一点作用也大都只是间接发生的，而对于哲学发生最重大直接影响的则是政治的、法律的和道德的反映。"

《自然辩证法》："在思维的历史中，某种概念或概念关系（肯定和否定，原因和结果、实体和变体）的发展和它在个别辩证论者头脑中发展的关系，正如某一有机体在古生物学中的发展和它在胚胎学中（或者不如说在历史中和在个别胚胎中）的发展的关系一样（这就是黑格尔首先发现的关于概念的见解）。在历史的发展中，偶然性起着作用，而它在辩证的思维中，就像在胚胎的发展中一样包括在必然性中。"

八六节这段话有许多值得深思的地方，自然首先应看到它把哲学史看作纯粹思维的独立的自发运动这一点是错误的（上引恩格斯第二段话是对这一点说明）。值得注意的几点：（一）逻辑范畴的发展历史和人类思维发展历史的一致。而作为个体的每个人的思维发展历史又重演了人类思维的发展历史。（二）各个部门（社会科会）的发展虽受经济所制约，但却又有其相对独立发展的历史，即经济影响是通过对先驱者所提供的现有资料（该部门）发生的作用所限定的条件范围内发生的。（三）关于否定之否定规律需要仔细研究。否认这一规律大抵是否认扬弃的两个对立方面，即有否定一面而又有保持（加以深化和发展）一面。这样历史不再成为历史，而变成了"人类理智活动的陈迹的展览"了。

摘录：九六节 理想性并不是在实在性之外或在实在性之旁的某种东西，而理想性的本质乃显然地即在于为实在性的真理。这就是说，若将实在性的潜伏性能，加以显明发挥，便可证明实在性本身即是理想性了。因此当我们仅承认，实在性尚不能令人满足，于实在性之外，我们尚须承认理想性时，我们切不可因此便相信以为这样就足以表示对于理想性的尊崇了。像这样的理想性，在实在性之旁，甚或在实在性之外，其实只是一空名。惟有理想性是某物的理想性时，则这种理想性才有内容或意义，但这某物并不仅是一无确定性的此物或彼物，而乃是被确认为具实在性的限有。这种限有，如果孤立起来，并不包含真理。

笔记：质论的三个环节：有——限有——自有。在自有中才渗入了理想性的范畴。这里说的理想性，黑格尔说得很晦涩，大意似乎是说，自有自觉地认识到自身是有限的存在，与其他有限存在的区别，同时又认识到"这种存在的广度缩小到了'自有'的单纯形式"（亦即一），因而自有是"自为存在"，而限有则是永远为他物而存在（亦即自在）。所以限有被指陈为实在性，而自有则可认为是理想性。因为照黑格尔在他处的说法，认识有限即达到了无限。这一点自有可以自觉地认识到，而限有则认识不到。撇开这些晦涩的说法，黑格尔论述现实性与理想性的辩证关系是可采的。（又，不可忽视：黑格尔是从客观唯心主义来论述自然与精神的同一性的。自然可以达到自有，因为"自然不是一个固定的自身完成之物，可以离开精神而独立自存，反之精神惟有扬弃并包括自然于其内，方可成为精神"。）

摘录：一〇〇节　关于空间、时间或物质矛盾理论，所讨论的关于认它们可以无限分割，或认它们为绝不可分割的单位所构成的问题，其实不过是有时持量为连续的，有时持量为分离的看法之不同吧了。如果我们假设空间、时间、物质，仅具有连续之量的性格，则它们便可分割至无穷；如果我们假设它们仅具有分离之量的性格，则它们本身便是已经分割了的单位所构成。两说皆同样偏于一面。

笔记：《自然辩证法》：物质的可分割性。这个问题对于科学实际上是无关紧要的。我们知道：在化学中，可分割性是有一定的界限的，超出了这个界限物体便不能再在化学上起作用了——原子；几个原子总是结合在一起——分子。同样，在物理学中，我们也不得不承认有某种——对物理学的考察来说——最小的粒子；它们的排列制约着物体的形态和内聚力，它们的振动表现为热等等。但物理学上的分子和化学上的分子究竟是相同的还是不同的，我们直到现在还不知道。——黑格尔很容易地就把这个可割性问题对付过去了，因为他说："物质既是可分割的又是连续的，同时又两者都不是；这绝不是什么答案，但现在差不多已被证明了。"科学的进步已说明上引的说法已不再适用了。但黑格尔说的，如果假设空间、时间、物质等仅具有连续之量的性格，则它们便可分割至无穷，仍具有一定意义。《天下篇》所举"一尺之棰，日取其半，万世不竭"这一命题即如此。这是就连续之量的无限可分割性而言。问题在于量的无限连续性的变化是不是一种恶的无限？这样来指陈量的连续性而不承认连续性的中断，即引起质的飞跃是不是正确的？黑格尔所说两种假设皆是一偏之见又是指的什么？

摘录：一二一节 如果说，莱布尼兹对于如此空疏的形式的充足理由律会表示满意，这对他未免太不公平。他认为有效准的思想方式乃正是这种形式主义的反面。因为这种形式主义于寻求充分具体的总念式的知识时，仅满足于抽象的根据。也就是这些理由使得莱布尼兹辨别致动因与目的因的不同，力持勿仅滞留于致动因，须进而达到目的因。如果我们采取这种区别，则光、热、水汽等将为植物生长的致动因，而植物生长的目的因将是植物自身的总念。

还有一点这里须得提及的，即是在法律和道德的范围内，只寻求形式的根据乃是诡辩派的立场和原则。一说到诡辩派一般人总以为只是一种歪曲正义和真理，从一种谬妄的观点以认识事物的思想方式。但这并不是诡辩派原始的正确的趋向。诡辩派原来的立场不是别的，只不过一种"合理化"的观点而已。诡辩派之出现乃在希腊人不复满意于宗教上和道德上的权威和传统的时代，他们感觉得一种需要，即凡他们所承认有效准的事物必须是经过思想证明过的。为适应这一要求，诡辩派教人寻求足以解释事物的各种不同的观点，而这些不同的观点也正是根据。但前面已说过，这种形式的根据并无本身自决的内容，为不道德的违法的行为寻求根据，并不难于为道德的合法的行为寻求根据。要决定哪一根据较优胜，就须得各人自行抉择。要作这种抉择又须视各人的意态与观点。于是人人所公认的本身有效的标准的客观基础便因而摧毁了。由于诡辩派这种破坏性的活动遂充分地引起上面所提及的坏名声。苏格拉底如世所周知，对于诡辩派曾予以全面的攻击，但他不只是回复旧有的权威和传统，以反对他们的合理化或强辩。他乃是用的辩证方法，指出形式的根据站不住，因而将真的善的，普遍的或意志的总念之客观标准或效准重新建立起来了。……因为诡辩者并不深究所须辩覆者之真理的内容，他只求说出根据的形式，凭借这些理由或根据，他可以为一切辩护，但同时也可以反对一切。在我们这富于抽象思想和合理化的论辩时代，假如一个人不能对于任何事物，即使最坏或最无理之事物说出一些好的理由，那末真可说他的教养尚还不够。

笔记：莱布尼兹所说的致动因，据举例，似即今所谓"条件"。他所说的目的因是事物自身的总念（这需要参阅后面总念部分乙、客观中的目的性）。如何找出某一行为的根据或理由的客观标准或效准，这是值得研究的。又，诡辩派所依据的"形式的根据"又指的是什么？

摘录：一二六节　我们当然可以说，这一动物是骨骼筋肉、神经等所构成。但很显然在这里我们用构成一词，与前面所说花岗石是某些成分构成时，其意义大不相同。因为在花岗石里，各种素质的联合完全不相干，即不联在一起，各个素质仍可独立存在。反之一个有机体的各部分各肢节只有在它们联合里方有存在，彼此一经分离便失掉其为有机体的存在。

摘录：一三五节……抽象理智［知性］便常以直接关系为满足。比如，一个有机体的官能和肢体并不能仅视作有机体的各部分，惟有在它们的统一里，它们才是它们那样，它们对于那有机的统一体是互有影响，并非毫不相干的。只有在解剖学者的手里这些官能和肢体才是机械的部分。但解剖学者的工作乃在解剖尸体，并不在于处理一个活的身体。

笔记：《劳动在从猿到人转变过程中的作用》：达尔文所称的生长相关律。依据这一规律，一个有机生物的个别部分的特定形态，总是和其他部分的某些形态相联系的，虽然在表面上和这些形态似乎没有任何关联。例如，一切具有无细胞核的红血球并以两个骨节（颞骨）来联结后脑骨和第一节脊椎骨的动物，无例外地都有乳腺来哺养幼子。同样地，哺乳动物中的偶蹄通常是和那用来反刍的复杂的胃囊相联系的。身体某一部分的形态的改变，总是引起其他部分的形态的改变，虽然我们还不能解释这种联系。

《自然辩证法》：部分和整体已经是在有机界中愈来愈不够的范畴。种子的萌芽——胚胎和生出来的动物，不能看作从"整体"中分出来的"部分"，如果这样看，那便是错误的解释。只是在尸体中才有部分。（《全书》）。

摘录：一三〇节　这些孔道并不是经验的事实，而乃是理智的虚构，吾人理智利用孔道这概念以表示独立的质素的否定方面。这些矛盾的进一步的发挥，便蕴藏在一种一切皆独立，一切皆互相否定的混沌的紊乱里。在心理方面如果同样地把心灵中各种能力和活动皆加以实物化，则心灵中各性能的有机的统一将会同样地被认作各个主动，又各个被动的一团紊乱。

笔记：《自然辩证法》："谬误的多孔性理论（根据这种理论，各种虚假的物质，热素等等，处在它们彼此的许多细孔中，然而却不能互相渗入），被黑格尔描写为纯粹的知性的虚构。"（《全书》，并见《逻辑学》）。

摘录：一三九节　凡现象所表现的没有不在本质内的。凡在本质内的没有不表现于外的。

摘录：一四三节　一般人总常常认为可能的即是"可思"的。但这里所说的"可思"的思，只是指用抽象同一的形式去设想任何内容而言。既然任何内容均可用抽象的形式去设想，于是只消把一内容从它所有的许多关系里分离出来，即可设想一可能的东西了。因此任何内容无论如何荒谬无意识，均可看作是可能的。月亮今晚会落到地球上来，这也是可能的。因为月亮是与地球分离的物体，很可能落到地球上来。一如一块抛在空中的石头之会落在地上一样。又如土耳其的皇帝会成为教皇也是可能的。因为他既是一个人，他可能转而皈依基督教，可能成为一天主教的僧侣等等。像这类的关于可能性的说法，大都由用抽象形式的方式去玩弄那充足理由律。依此可以说：任何事物都是可能的，只要你为它寻得一个理由。一个人愈是缺乏教育，一个人对于客观事物的确定关系愈是缺乏认识，则他于观察事物时，他便愈会驰骛于各式各样的空疏可能性里。

笔记：本节对可能性的界说："可能性就其最初与具体的实在相反而言，只是一种自身同一的形式，故关于可能性一范畴的规律应只是：'凡是不自相矛盾的即是可能的。'照这样讲来，便可说一切皆是可能的；因为抽象思想可以给予这种同一性以任何内容。但也可以说，一切事物皆同样的不可能。因为在每一内容里（内容既是具体的）其特性皆可认作特定的对立，因而亦可认作矛盾的。——实没有比这种关于可能和不可能的说法更空无意义的了。"这里批判了知性的抽象理智从自身的同一来看，一切皆可能；相反的，从自身的矛盾来看，一切皆不可能。它永远达不到对立的统一。所以黑格尔指斥为"这都是由于抽象空疏的理智在玩弄抽象空疏的形式。"正确的观点是："一个事物之可能与不可能完全系于那一事物的内容，这就是说，系于实在之各环节各阶段的全体，而实在在它发展的过程里证明它自身的必然性。"玩弄充足理由律来证明一切皆是可能的。就在于它把某一内容从它所有的许多关系里分离出来，用抽象同一的形式去设想这一内容。

摘录：一四五节　虽说偶然性仅是实在性的一片面，因此不可与实在性相混，但作为理念的形式之一，偶然性在客观的世界里仍有其相当的地位。首先，在自然里，偶然性有其特殊效准。在自然的表面，可以说，偶然性有了自由的施展，而且我们只得予以承认，用不着像以前常时所误作哲学的使命那样，去妄作解人，要想寻求出只能这样，不会那样的原因。同样偶然性在心灵界亦有其相当地位，已如前面所说，意志在任性的形式下，便包含了偶然性，但同时把它作为扬弃了的一时段。但关于心灵及心灵活动，亦如关于自然一样，我们必须提防，不要被寻求理性知识的善意的努力所错引，想要对于具有显著的偶然性的现象界，去指出其必然性，或为一般人所常说的，要想对于现象界予以先验的构造。同样，比如在语言里（虽说语言好像是思想的躯体）偶然性仍然无疑地占很重要的地位，偶然性与艺术及法律制度的关系亦复相同。科学，特别哲学的职责，诚属不错，在于从偶然性的假象里去认知潜蕴着的必然性。但这意思并不是说，那偶然的事物仅属于我们主观的表象，因此，为求得真理起见，只消完全予以排斥就行了。任何科学的研究，如果太片面地采取排斥偶然性单求必然性的趋向，将不免受到空疏的"把戏"和"固执的学究"的正当的讥评。

　　笔记：《自然辩证法》："形而上学所陷入的另一种对立，是偶然性和必然性的对立。还有什么能比这两个范畴更尖锐地相互矛盾呢？这两者是同一的，偶然的东西是必然的，而必然的东西又是偶然的——这怎么可能呢？常识和具有常识的大多数自然科学家，都把必然性和偶然性看作永远互相排斥的两个范畴。一个事物、一个关系、一个过程不是偶然的，就是必然的，但不能既是偶然的，又是必然的。所以二者是并列地存在于自然界中，自然界包括各种各样的对象和过程，其中有些是偶然的，另一些是必然的，而整个问题就只在于不要把这两类互相混淆起来。……于是，必然的东西被说成是唯一在科学上值得注意的东西，而偶然的东西被说成是对科学无足轻重的东西。这就是说，凡是可以纳入规律，因而是我们知道的东西，都是值得注意的；凡是不能纳入规律，因而是我们不知道的东西，都是无足轻重的，都是可以不加理睬的。这样一来一切科学都完结了。因为科学正是要研究我们所不知道的东西。"这是一种倾向，把偶然性和必然性并列起来。这里说的偶然性是一种盲目的必然性，尚待我们去探寻其规律。"与此对立的是决定论，它从法国唯物主义传到自然科学中，并且力图用根本否认偶然性的办法来对付偶然性。按照这种观点，在自然界中占统治地位的，只是简单的直接的必然性。这一个豌豆荚中有五粒豌豆，而不是四粒或六粒；这条狗的尾巴是五英寸长，不长一丝一毫，也不短一丝一毫；这一朵苜蓿花在今年已由蜜蜂授粉，而那一朵却没有，而且这一朵还是由这一只特定的蜜蜂在这一特定的时间内授粉的；这粒特定的被风吹来的蒲公英种子发了芽，而那一粒却没有；今早四点钟一只跳蚤咬了我一口，而不是三点钟或五点钟，而且是咬在右肩上，而不是咬在左腿上，——这一切都是由一种不可更动的因果连锁，由一种坚定不移的必然性所引起的事实，而且产生太阳系的气团早就构造得使这些事情只能这样发生，而不能按另外的方式发生。承认这种必然性，我们也还是没有从神学的自然观中走出来。"这是另一种倾向，否认偶然性的存在。"这样，偶然性在这里并没有从必然性得到说明，而倒是把必然性降低为纯粹偶然性的产物。""确信一切都建立在牢不可破的必然性上面，这是一种可怜的安慰"。"和这两种观点相对立，黑格尔提出了前所未闻的命题：偶然的东西正因为是偶然的，所以有某种根据，而且正因为是偶然的，所以也就没有根据；偶然的东西是必然的，必然性自己规定自己为偶然性，而另一方面，这种偶然性又宁可说是绝对的必然性。"（《逻辑学》）又，恩格斯致亨·施塔尔肯堡："他们（人类）的意向是错综交叉着的，因此在所有这样的社会里，都是那以偶然性为其补充和表现形式的必然性占着统治地位。这里透过偶然性来为自己开辟道路的必然性，归根到底仍然是经济的必然性。"

摘录：一四七节　只有未经理解的必然性才是盲目的。

笔记：《反杜林论》："意志自由只是借助于对事物的认识来作出决定的那种能力。因此，人对一定问题的判断愈是自由，这个判断的内容所具有的必然性就愈大；而犹豫不决是以不知为基础的，它看来好像是在许多不同的和相互矛盾的可能的决定中任意进行选择，但恰好由此证明它的不自由，证明它被正好应该由它支配的对象所支配。"

摘录：一四八节　必然性的三个环节为：条件、实质和活动。

笔记：本节的叙述是比较晦涩而费解的。就可读懂的意思，包括下述几点：（一）条件是"一种偶然的外在环境"，"这些条件是被动的，被利用作为实质的材料，因而便进入了实质的内容。"据此，把条件作为必然性的一个环节，就使事物发展的必然性与偶然性结合起来。比如，种子是一实质（事物生长的内在根据），土壤、水汽、阳光等是它的条件，这些条件便是偶然的外在环境，决定了它何以这样生长而不那样生长。因此，成了必然性的一个环节。但这些条件一旦成为事物发展的条件，它们亦就作为实质（种子）的材料，进入了实质的内容。（二）实质"乃是一独立自为的内容"（即内在根据），"由于利用各种条件，实质得到它的外在存在，它的内容中的各项特性得到实现，这些特性与那些条件恰好相互符合，所以它可表明为系出于这些条件的实质，同样亦可说是由它内容的特性产生出来的。"（三）活动亦同样是"独立自为的存在（如一个人，一个性格），同时活动之所以可能仅由于有了条件并有了实质"。"活动仅是一种从条件里建立起实质（实质本来潜伏在条件里）的运动，并且是由扬弃那具有条件的存在，而给予实物以存在的运动。"

摘录：一六一节　总念的运动就是发展，在发展中惟有潜伏在其本身中的成分才得到发挥与实现。在自然界中，惟有有机的生命才相当于总念的阶段。比如，一个植物便是从它的种子发展出来的。种子已包含整个植物在内，不过只是在理想的潜在的情形下。但我们却不可因此便认为植物不同的部分，如根干枝叶等好像业已在极细微的形式下真实地存在于种子中。这就是所谓"原形先蕴"的假设，其错误在将最初只是理想方式内的东西认作业已真实存在。

笔记："有"范围内的矛盾进展历程是过渡到他物。"本质"范围内的矛盾进展历程是映现他物。"总念"的运动是发展。

文艺创作的主题应是总念，而不能是知性的概念。作品的细节应潜在主题中，正如植物潜在种子中一样。细节是主题具体发展的成果。它对主题的关系，不应是外在的关系，而是由内向外实现自己的关系。

摘录：一六三节　一说到概念（总念）我们总想到只是一抽象的概括性，于是概念（总念）便常被界说为一个普遍的观念。因此我们说颜色的概念，植物动物的概念等。而概念之形成便认为系由于排除足以区别各种颜色、植物动物等的特殊部分，而坚持其共同点。这就是知性所了解的概念。我们情感上觉得这种概念是空疏的，只认之为抽象的格式和幻影，可以说是对的。但总念的普遍性并不仅是代表一与独立自存的特殊事物相对立的共同性，而乃是自身特殊化，在它的对方里仍然明朗地保持它自身。无论为知识或为实际行为起见，不要把真正的普遍性或共相与仅仅的共同之点混为一谈，实至关重要。举凡尊重情感的人对于思想，特别对于哲学思想所加的抨击，以及他们一再地宣说思想太遥远太空疏的危险性，皆由这种混淆而起。

笔记：总念（具体的共相或多样性的统一）和知性（抽象的共相或共同点）之区别。典型性应是总念的而不能是知性的共同点。后者，如人皆是有耳珠的这一判断的空疏，即在于错把共同点（耳珠）当作了人的普遍性。本节最足以证明高尔基典型论的错误。注意，单纯的共同点与真正共相的区别。黑格尔举出了卢梭《民约论》："公意无须是全体人民的意志。""公意即是意志的总念。"任性妄诞不真的意志，即不能说是意志的总念。

摘录：一六四节　普遍性、特殊性、个体性，抽象地看来，也就相同于同、异和根据。但普遍性乃是自我同一的，不过须明白了解为在普遍性里同时复包含有特殊的和个体的在内。再则，特殊的即是相异的，或有特殊性格的，不过须了解为，它自身是普遍的并且具有个体性。同样，个体性亦须了解为主体或基本，包含有种和类于其自身，并具有实质的存在。这就表明了总念的各环节有其异中之同，有其区别中的不可分离性（一六〇节）。——这也可叫作总念的明晰性，里面有了区别，但又不造成脱节或模糊，而仍是同样透明的。

笔记：典型是一推论。包含着普遍性、特殊性、个体性三环节。

摘录：二〇五节　一说到目的，一般人心目中总以为仅是指外在的目的性而言。依这种看法，事物不具有自身的使命，只是被使用或被利用拿来作为工具，或实现在自身以外的目的。这就是一般的实用的观点。这种观点前些时候即在科学范围内也曾占很重要的地位，但后来都得到应得的轻视，因为大家看出了实用的观点不能达到对于事物的性质之真切的识见。无疑地有限的事物正当地应被认作非究竟的，趋向于超出自身以外的。但同时须知有限事物之否定性乃是它们自身的矛盾，要想确知事物的内在矛盾，我们首先必须注意到它们的积极的内容。目的论的看法常基于一种善意的神学兴趣，欲揭出上帝的智慧之后示于自然中。但须得指出的，即这种寻求目的的方式，将事物作达到目的的工具的看法，不能使我们超出有限界，且容易陷于干燥的反映或循环。比如，我们不仅从葡萄树对于人们的显著的用处的观点以研究葡萄树，乃进而去考量一种其皮可制软木塞的橡树，并研究这树皮如何可以剥下来作为木塞以作封酒瓶之用。过去曾有不少的书是根据这样的作风写成的。

笔记：神学目的论达到了实用主义。仅仅实用的观点是一种极坏的学风。科学的认识论的更高目的在于追求真理。

摘录：二一六节　身体上各个分子或官肢之所以是它们那样，只由于它们的有机统一，或由于有了有机统一的关系。比如一双手，如果从身体上割下来，名虽仍可叫作手，实已不是手了。这点亚里士多德早已说过。

摘录：二二七节　人们常说到分析方法和综合方法，就好像这全凭我们的高兴，随便要用这个或那个方法均可以似的。但事实上却并不如此。这全视我们要认识的对象的性质，方可决定那两种由有限认识的总念产生出来的方法中，哪一种较为适用。认识过程最初是分析的。对象总是取它的孤立化的形态，故分析方法的活动即着重于从当前个体事物求出其普遍性。在这里思想仅是一抽象的作用和求形式同一的作用。这就是洛克及所有经验论者所采取的立场。许多人说，认识作用除了将当前给予的具体对象析碎成许多抽象的成分，并将这些成分孤立起来观察外，没有别的工作可作。但立即可以明白见得，这未免颠倒了事物的真实性，而使得那要认取事物的本来面目的认识作用陷于自相矛盾之境。比如，一个化学家取一块肉放在他的蒸馏器上，加以多方的割裂分解，于是告诉人说，这块肉是氧气氮气氢气等元素所构成。但这些抽象的元素已经不复是肉了。同样当一个经验派的心理学家将人的一个行为分析成许多不同的方面，而予以观察，并坚持其分离状态时，亦一样地不能认识行为的真相。用分析方法来研究对象就好像剥葱一样，将葱皮一层又一层地剥掉，但原葱已不在了。

　　笔记：（参阅三八节）。本节正文：分析方法"的活动的形式为形式的同一或抽象的共相。故而它的活动即在于分解那当前给予的具体内容，孤立化其中的区别，而赋予以抽象共相的形式。或者以具体的内容作为根据，而将那显得不重要的特殊性质抛开，揭示出一具体的共相、类，或力量和定律。"显然这就是知性的方法。二二八节附释："综合方法的运用恰好与分析方法相反。分析方法从个体出发以进展至普遍。反之，综合方法以普遍性（作为界说）为出发点，经过特殊化（分类）而达到个体（定理）。于是综合方法便表示其自身为总念各'时段'在对象内的发展。"

　　摘录：二二五节　认识过程的本身直接便染有这一阶段所不免的

有限性，而分化为理性的本能之两面的不同的运动。认识的过程一方面由于接受了存在的世界于自身内，于主观的观念和思想内，而扬弃了理念之片面的主观性，并将那当作真实有效的客观性当作充实它自身的抽象的确定性之内容。另一方面它又扬弃了客观世界的片面性，反过来，将客观世界仅当作一假象，仅当作一堆偶然的事实虚幻的形状之聚集而已。并凭借主观的内在本性（这本性现在被当作真正的客观性）以决定并整理这聚集体。前者就是认知真理的本能，亦即认识活动本身——理念的理论活动。后者就是实现善的价值的本能，即是意志或理念的实践活动。

笔记：提出了认识活动中的主观能动性（即意志或理念的实践活动）。《费尔巴哈论纲》："从前一切唯物主义——连费尔巴哈的也包括在内——所含有的主要的缺点，就在于把事物、现实、感性只是从客观方面或从直观方面加以理解，而不是理解为人的感性的活动，不是理解为实践，不是从主观方面去理解。所以结果竟是这样：能动的方面竟是跟唯物主义相反地被唯心主义发展了，但只是被它抽象地发展了，因为唯心主义当然不知道有真正现实的活动，真正感性的活动。"

补充八六节笔记 龚育之《认识曲折发展的一种形式》（《文汇》63.1.11）人们的认识，会产生各式各样的错误。有些错误，如观察错误、计算错误和其他一些明显的错误，简简单单，除了错误以外，就什么也没有了。但是还有一些错误，它们不是除了错误以外就什么也没有了的简单错误。燃素说、热质说之类的学说，作为认识发展过程的一个曲折阶段，是属于后一类错误。在这类学说中除了基本观念是错误的以外，还包含着或多或少的合理的内核：（一）事实材料。这些学说占统治地位的时候，并且往往是在这些学说的指导下，完成的发现，搜集的事实。它们为正确理论的产生，提供了材料的基础。恩格斯《自然辩证法》："在任何一门科学中，不正确的观念（如果抛开观察的错误不讲），归根到底都是关于正确事实的不正确的观念。事实终归是事实，尽管关于它的现有观念是错误的。"虽然我们要抛弃错误的理论，"但这种理论所判明的并且企图加以解释的全部事实仍然继续存在。"（二）这些学说中包含的某些局部的正确原理、方法、公式、定律等等。这些学说的基本观念是错误的，但是并不是其中一切原理、公式等等都是错误的。它们之中包含的局部的正确的原理，要为尔后的正确的理论所继承，以它们原来的形态包括到正确的理论中去。成为后者的组成部分（如：在托勒玫学说中，地球是宇宙的不动的中心这个基本观念是错误的，但大地是球形的这个原理却是正确的）。（三）这些学说中包含的某些基本公式、基本定律。这些公式、定律是用错误的基本观念来解释或阐述了的，是对事物的真实关系的歪曲的反映。它们不能以原来的形态包括到新的、正确的理论中去。但是，把它们加以改造，把倒置的公式顺转过来，则继续保持着它们的有效性（即成为正确理论中的组成部分）。

新旧认识之间肯定否定关系，可以区分为若干基本类型，首先可以区分为两种基本类型。（甲）新认识推翻（否定）旧认识的基础，代之以新的基础，同时又继承（肯定）旧认识中个别的、局部的正确原理。（乙）新认识保存（肯定）旧认识的基础，同时抛弃（否定）其中局部的错误的原理，代之以新的正确的原理；或者克服（否定）旧认识的片面性、表面性、局限性，使之发展到更为全面、深入和普遍的新阶段。分析太阳系学说的一段历史，认为哥白尼学说对托勒玫学说的关系，是第一种类型的肯定否定关系；而哥白尼到开普勒，从开普勒到牛顿，则是第二种类型的肯定否定关系。

读《美学》（第一卷）

摘录：自然美和艺术美

心灵和它的艺术美"高于"自然，这里的"高于"却不仅是相对的或量的分别。只有心灵才是真实的，只有心灵才涵盖一切，所以一切美只有在涉及这较高境界而且由这较高境界产生出来时，才真正是美的。就这个意义来说，自然美只是属于心灵的那种美的反映，它所反映的只是一种完全不完善的那种形态，而按照它的实体，这种形态原已包含在心灵里。

评注：自然美是艺术美的反映，黑格尔的唯心主义。菲希尔的"移情说"的根源。车尔尼雪夫斯基认为自然美在于引起人对生活的联想，是从他的人本主义哲学原理出发的，不能和"移情说"混为一谈。朱光潜《西方美学史》关于这一点说得很含糊，似乎把它们混淆起来了。

摘录：对一些反对美学言论的批驳

a. 人们都承认科学按照它的形式来说，只能就无数个别事例进行抽象思考，因此，从一方面看，想象及其偶然性和任意性，——这就是艺术活动和艺术欣赏的功能——是不能归入科学领域的；从另一方面看，艺术既灌注生气于阴暗枯燥的概念，弥补概念对现实所进行的抽象和分裂，使概念和现实再成为一体了。这时纯粹思考性的研究如果闯入，它就会把使概念再和现实成为一体的那个手段本身取消了，毁灭了，又把概念引回到它原有的不结合现实的简单状态和阴影似的抽象状态了。

b. 思想所穷探其深度的世界是个超感性的世界，这个世界首先就被看作一种彼岸，一种和直接意识和现前感觉相对立的世界；正是由于思考认识是自由的，它才能由"此岸"，即感性现实和有限世界，解脱出来。但是心灵在前进途程中所造成的它自己和"此岸"的分裂，是有办法弥补的；心灵从它本身产生出美的艺术品，艺术作品就是第一个弥补分裂的媒介，使纯然外在的、感性的、可消逝的东西，与纯粹思想归于调和，也就是说，使自然和有限现实与理解事物的思想所具有的无限自由归于调和。

c. 只有超越了感觉和外在事物的直接性，才可以找到真正实在的东西。因为真正实在的只有自在自为的东西，那就是自然和心灵中的有实体性的东西，这种有实体性的东西虽是现前的客观存在，而在这种存在中仍然是自在自为的东西，所以只有它才是真正实在的。艺术所挑出来表现的正是这些普遍力量的统治。日常的外在和内在世界固然也现出这种存在的本质，但它所现出的形状是一大堆乱杂的偶然的东西，被感性事物的直接性以及情况事态性格等等的偶然性所歪曲了。艺术的功用就在使现象的真实意蕴从这种虚幻世界的外形和幻想中解脱出来，使现象具有更高的由心灵产生的实在。因此，艺术不仅不是空洞的显现（外形），而且比起日常现实世界反而是更高的实在，更真实的客观存在。

d. 艺术的显现通过它本身的指引到它本身以外，指引到它所要表现的某种心灵性的东西。至于直接的现象虽不是看作虚幻而是看作真实的，不过这真实却被直接的感性因素所污损了，隐蔽了。

e. 但是艺术兴趣和艺术创作通常所更需要的却是一种生气，在这种生气之中，普遍的东西不是作为规则和规范而存在，而是与心境和情感契合为一体而发生效用，正如在想象中，普遍的和理性的东西也须和一种具体的感性现象融成一体才行。

f. 人们至少要承认，心灵能观照自己，能具有意识，而且所具有的是一种能思考的意识，能意识到心灵本身，也能意识到由心灵产生出来的东西。构成心灵的最内在本质的东西正是思考。在这种意识到自身又意识自身的产品的能思考的意识里，心灵就是按照它自己的本性在活动，尽管这些产品总不免有很大的自由性和任意性，只要它们里面真正有心灵存在，情形就是如此。艺术和艺术作品既然是由心灵产生的，也就具有心灵的性格，尽管它们的表现也容纳感性的外形，把心灵渗透到感性事物里去。照这样看法，艺术比外在的无心灵的自然就较接近于心灵和它的思想；在艺术作品里心灵只是在做它本身的事。艺术作品虽然不是抽象思想和概念，而是概念从它自身出发的发展，是概念到感性事物的异化，但是这里面还是显示能思考的心灵的威力，不仅以它所特有的思考认识它自己，而且从它到情感和感性事物的异化中再认识到自己，即在自己的另一面（或异体）中再认识到自己，因为它把异化了的东西转化为思想，这就是使这异化了的东西还原到心灵本身。能思考的心灵这样忙于思索它自己的另一面，并非不忠于自己，忘去自己或是抛开自己，它也并非那样无能，认识不到和它自己相异的东西，而是认识到自己，又认识到自己的对立面。因为概念就是普遍性，这种普遍性就包含在它自己的特殊事例里，统摄了它自己和自己的另一面，所以它有能力活动，去取消它所转入的异化。艺术作品是由思想异化来的，所以也属于领悟的思考领域，而心灵在对艺术作品进行科学研究时，其实只是满足自己的最基本的本质的需要。

评注：黑格尔从他的基本命题出发，来论证思维与存在的同一性。他的基本命题，即：艺术是理念在感性事物中的显现。在艺术作品中，概念和现象是协调一致的。因此，艺术可以进入用思考进行分析的科学研究的领域。所谓"艺术的功用就在使现象的真实意蕴从虚幻世界的外形和幻相中（即现实世界）解脱出来"，显然是援引了歌德的"意蕴说"。这一点倘加以明确的发挥，可以达到正确的结论。因为艺术的功能确实在于揭示现实世界的内在真实性（意蕴）。这种真实性是现实世界所固有的，而不是由心灵外加上去的。但是，黑格尔没有牢牢地掌握这一点，他的论述有时不免流露了唯心主义的痕迹，比如在(f)中，他说："艺术作品是概念从它自身出发的发展，是概念到感性事物的异化。"这就给概念化的理论留下了可乘之机：艺术不是从现实出发，而是从概念出发；艺术不是表现现实中的真实，相反，艺术作品中的形象只是心灵的异化。别林斯基的现实主义理论，由于受到了黑格尔美学的束缚，就留有这种瑕疵。例如，他分析莎士比亚创造奥瑟罗这个形象来论述创作过程的奥秘的时刻，就是这样。别林斯基说艺术创作是从概念出发，然后又回到概念上去。这是他所建立的辉煌的现实主义理论体系中的一个缺陷。

摘录：把经验作为研究的出发点

a. 希尔特的"特性说"：

希尔特是现代一位最大的艺术鉴赏家，他在《论艺术美》一文里，在讨论了各种艺术美之后，作总结说，正确地评判艺术美和培养艺术鉴赏力的基础，就在于特性的概念。他替美下的定义是："美就是'完善'，可以作为，或是实在作为眼、耳，或想象力的一个对象。"再进一步，他又替"完善"下了这样的定义："完善就是符合目的，符合自然或艺术在按照一个事物的种类去造成那个事物时所悬的目的。"因此，要下美的判断，我们必须把一切注意力都投到组成本质的那些个别的标志上去。因为正是这些标志组成那个别事物的特性。所以他把作为艺术原则的特性了解为"形式、运动、姿态、仪容、表现、地方色彩，光和影、浓淡对照，以及体态所由分辨的那种确定的个性，这种分辨当然要按照所选事物的具体条件"。如果我们追问这种特性究竟是什么，我们就会看到它首先包含一种内容，例如某种情感、境界、事件、行动、个别人物；其次它包含表现内容的那种方式。"特性"这个艺术原则所涉及的正是这种表现的方式，因为它要求表现方式中一切个别因素都要有助于明确地显示内容，成为这表现中的一个组成部分。所以希尔特对于特性所下的抽象的定义所指的就是：艺术形象中个别细节把所要表现的内容突出地表现出来的那种妥帖性。

迈约以为这种看法已完全消逝了，并且以为它的消逝对艺术只有好处，因为这种看法很可能导致漫画作风。不错，希尔特的定义确实包括漫画作风在内，因为漫画作风也可以是具有特性的；但是另一方面我们必须反驳这种批评：在漫画里所写的特性是被夸张了的，简直可以说是特性的泛滥。但是这种泛滥却不是为着表现特性所正当要求的，它成了一种累赘的重复，使特性本身受到歪曲。关于在艺术作品中什么才应该受到特性化，什么不应该，这就是说，关于美的内容，希尔特的定义没有明确地解释，他在这方面只提出一种形式的定义，里面也有些真理，不过是用抽象方式表达出来的。

注：希尔特 Hirt（1759—1839）德国人，古代艺术研究者。迈约 Hans Heinrich Meyer（1760—1832）瑞士艺术家，歌德之友，著有《希腊造型艺术史》，1824 年出版。

b. 歌德说：古人的最高原则是意蕴，而成功的艺术处理的最高成就就是美。（化案：根据 Osmaston 英译本："the highest priniciple of the anciente was the significance；the highest resalt of successful artistic handling is the beautiful."）如果我们细看一下这句话的意义，就会看到这里也有两方面，即内容或题材和表现的方式。遇到一件艺术作品，我们首先看到的是它直接呈现给我们的东西，然后再追究它的意蕴或内容。前一个因素，即外在的因素，对于我们之所以有价值，并非由于它所直接呈现的；我们假定它里面还有一种内在的东西，即一种意蕴，一种灌注生气于外在形状的意蕴。那外在形状的用处就在指引到这意蕴。因为可以指引到某一意蕴的现象并不只是代表它自己，不只是代表那外在形状，而是代表另一种东西，就像符号那样，或者说得更清楚一点，就像寓言那样，其中所含的教训就是意蕴。

摘录：艺术作品作为人的活动的产品

（甲）［好像］一般人只要知道了艺术创作的规则，他们都可以随意依样画葫芦，制造出艺术作品来。……凡是按照这种指示作出来的东西只能是拘泥形式的，机械的……规则只包括一些含糊的空泛的话。……不消用什么心灵活动，只要完全按照这些规则所规定的办法去办就行了……艺术创作并不是按照这些规定而进行的形式活动，作为心灵的活动，它就必须由它本身生发，把抽象规则所无法支配的那些更丰富的内容和范围更广的个别艺术形象拿到心眼前观照。

（乙）另一极端。艺术作品不是看作一种尽人皆有的活动的产品，而是看作完全是资禀特异的心灵创作。这种心灵只消听任它的特殊天赋力量的特质，不但完全无须服从普遍规律，无须让有意识的思考渗入它的本能的创作过程，而且还应该防备这些，因为这种意识对它的创作只能发生染污和歪曲作用。……强调才能和天才的自然方面。这个看法也有一部分真理，因为才能是某个别方面的能力，天才是普遍的能力，都不是人单靠自觉的活动所能得到的。……艺术家的才能和天才虽然确实包含有自然的因素。这种才能和天才却要靠思考，靠创作的方式进行思索，靠实际创作中的练习和熟练技巧来培养……还不仅如此，……［艺术创作所表现的］心情和灵魂的深度却不是一望而知的，而是要靠艺术家沉浸到外在和内在世界里去深入探索，才能认识到。所以还是要通过学习，艺术家才能认识到这种内容，才能获得他运思所凭借的材料和内容。……诗歌要靠内容，要靠对于人，人的深心愿望，以及鼓动人的种种力量，作出内容充实意义丰富的表现，所以理智和情绪本身都必须经过生活经验和思考的锻炼，经过丰富化和深湛化，然后天才才可以创造出成熟的、内容丰富的、完善的作品。

（丁）是什么需要使得人要创造艺术作品呢？……人以两种方式获得这种对自己的意识：第一是以认识的方式，他必须在内心里意识到他自己，意识到人心中有什么在活动，有什么在动荡和起作用，观照自己，形成对于自己的观念，把思考发现为本质的东西凝定下来，而且从他本身召唤出来的东西和从外在世界接受过来的东西中，都只认出他自己。其次，人还通过实践的活动来达到为自己（认识自己），因为人有一种冲动，要在直接呈现于他面前的外在事物之中实现他自己。人通过改变外在事物来达到这个目的，在这些外在事物上刻下他自己内心生活的烙印，而且发现他自己的性格在这些外在事物中复现了。人这样做，目的在于要以自由人的身份，去消除外在世界的那种顽强的疏远性，在事物的形状中他欣赏的只是他自己的外在现实。

艺术表现的普遍需要所以也是理性的需要，人要把内在世界和外在世界作为对象，提升到心灵的意识面前，以便从这些对象中认识他自己。当他一方面把凡是存在的东西在内心里化成"为他自己的"（自己可以认识的），另一方面也把这"自为的存在"实现于外在世界，因而就在这种自我复现中，把存在于自己内心世界里的东西，为自己也为旁人，化成观照和认识的对象时，他就满足了那种心灵自由的需要，这就是人的自由的理性，它就是艺术以及一切行为和知识的根本和必然的起源。

评注：（甲）批判依照规则进行艺术创作。（乙）批判凭天才和才能进行艺术创作。（丁）论艺术的起源。虽然黑格尔用唯心的说法把艺术的起源说成是"心灵的自由的需要"是不足取的，但他把认识和实践结合起来的观点却是很深刻的。仅仅说艺术起源于劳动还不能阐明为什么会产生艺术的需要问题。艺术的需要在于人要求认识内在和外在的世界，并在外在世界中实现自己。或更正确地说，即在改造世界中改造自己。

摘录：艺术作品作为诉之于人的感官的，从感性世界汲取源泉的

（丁 1c）在艺术里，感性的东西是经过心灵化了，而心灵的东西也借感性化而显现出来。

（丁 2）[艺术创造] 它必须是一种心灵活动，而这种心灵活动又必须同时具有感性和直接性的因素。它一方面既不是单纯的机械的工作……或是照学来的规矩所达到的那种熟练动作，另一方面它也不是从感性事物转到抽象观念和思想，完全运用纯思考的那种科学创造。在艺术创造里，心灵的方面和感性的方面必须统一起来。拿诗的创作为例来说，人们可以把所要表现的材料先按散文的方式想好，然后在这上面附加一些意象和韵脚，结果这些意象就好像是挂在抽象思想上的一些装饰品。这种办法只能产生很坏的诗，因为本来只有统一起来才可以在艺术创造中发生效用的两种活动，在这里却拆散为两种分立的活动了。真正的创造就是艺术想象的活动。这种活动就是理性的因素，就其为心灵的活动而言，它只有在积极企图涌现于意识时才算存在，但是要把它所含的意蕴呈现给意识，却非取感性形式不可。……这种想象，从一方面看，当然要靠天生资禀，要靠才能，因为它的创造方式要用感性的媒介。我们固然也常提到科学的"才能"，但是科学只需要普遍的思考能力，这种思考能力不像想象那样运用天生的本领，而是要抛开一切天生本领的活动，所以我们可以说，天生资禀意义的科学才能并不存在。想象却不然，它有一种本能式的创造力，因为艺术作品的基本特质，即形象鲜明性和感官性，必须与艺术家主观方面的天生气质和天生冲动的形式相适应，这些特质是以无意识的方式起作用的，所以必然要靠人类天生的资禀来掌握。才能和天才当然也并不是全靠天生资禀组成的，实际上艺术创造同时也是运用智力的自觉活动，但是这种智力却必须含有天生的善于创造画境和形象的本领。

摘录：更高的本质性的目的说

（乙2）人们常说艺术的目的在教训……在这方面，贺拉斯的"诗人既求教益又求娱乐"一句言简意赅的箴言到后来经过无穷的推演和冲淡，以至变成一种最俗滥最肤浅的艺术论。

如果把教训的目的看成这样：所表现的内容的普遍性是作为抽象的议论，干燥的感想，普泛的教条直接明说出来的，而不是只是间接地暗寓于具体的艺术形象之中的，那么，由于这种割裂，艺术作品之所以成为艺术作品的感性形象就要变成一种附赘悬瘤，明明白白摆在那里当作单纯的外壳和外形。这样艺术作品的本质就遭到歪曲了。……这样，感性的各别事物和心灵的普遍性相就变成彼此相外了。

还不仅此，如果艺术的目的被狭隘化为教益……这就等于说，艺术没有自己的定性，也没有自己的目的，只作为手段而服务于另一种东西，而它的概念也就要在这另一种东西里去找。在这种情形下，艺术就变成用来达到教训目的的许多手段中的一个手段。这样，我们就走到了这样一种极端：把艺术看成没有自己的目的，使它降为一种仅供娱乐的单纯的游戏，或是一种单纯的教训手段。

（乙3）……哲学就应该指出：矛盾的任何一方面，只要还是抽象的片面的，就还不能算真实，但是矛盾两方面本身就已含有解决矛盾的力量；只有在双方面的和解与调停里才有真实，这种调停并不只是一种假定或要求，而是一种既已自在自为地实现，并且永远在实现的过程中。事实上这个看法是和一般天真的信念和意愿相符合的，因为天真的信念和意愿总是着眼到这种解决了的矛盾，在行动中把它作为目的来实现。哲学所要做的事只是就这种矛盾的本质加以思考的洞察，指出真实只在于矛盾的解决，所谓解决并非说矛盾和它的对立面就不存在了，而是说它们在和解里存在。

　　……从这更高的观点看，我们上文所提到的那个错误的观念就不能成立了；按照那个观念，艺术要作为一种手段，借教训和改善，去达到道德的目的，这样，艺术的本质性的目的就不在它自身而在另一种事物上面。这个观念既然不能成立，我们如果继续谈什么目的，我们首先就必须抛开"目的在哪里？"以及附带的"用处在哪里？"这些问题所包含的谬见。其所以为谬见，是由于它把艺术作品看成追求另一种事物，这另一种事物是作为本质的于理应有的东西而呈现于意识的；这样一来，艺术作品的意义就仅在于它是一个有用的工具，去实现艺术领域以外的一个自有独立意义的目的。与此相反，我们要肯定的是：艺术的使命在于用感性的艺术形象的形式去显现真实，去表现上文所说的那种和解了的矛盾，因此艺术有它自己的目的，这目的就是这里所说的显现和表现。至于其他目的，例如教训，净化，改善，谋利，名位追求之类，对于艺术作品之为艺术作品是毫不相干，是不能决定艺术作品概念的。

　　评注：艺术的使命是用艺术形象去显示真实，这是容易理解的，至于什么是表现所谓"和解了的矛盾"？这是很晦涩的。黑格尔认为，近代伦理学的出发点是意志的两方面的对立：一方面是它的心灵的普遍性，即：依据自由的信心和内在的良心，为着职责的缘故，选择来作为生活准绳而去完成的职责；另方面是它的感性的自然的特殊性，即：感性的冲动，自私的旨趣，情欲以及凡是人们统称之为情感和情绪的东西。而道德并不在于这两方面的完全调和，而在它们的互相斗争，这斗争就产生这样一个要求：各种和职责相冲突的冲动，都应屈服于职责。这种对立，抽象地看，就是普遍性与特殊性的对立。普遍性要保持独立存在，不依存于特殊性；特殊性也要保持独立存在，不依存普遍性。这也就是本身空洞的死的概念和具体的活生生的现实之间的矛盾，即认识与主观思想和客观存在与客观经验之间的矛盾。而近代文化教养把它们推演成为最尖锐最剧烈的矛盾。这种对立，使人成为两栖动物，因为他要同时生活在两种互相矛盾的世界里，所以连意识本身在这种矛盾里也徘徊不定，从一方面被抛掷到另一方面，在任何一方面都找不到满足。从一方面看，人囚禁在寻常现实和尘世的有时间性的生活里，受到需要和穷困的压迫，受到自然的约束，受到自然冲动和情欲的支配和驱遣，纠缠在物质里，在感官欲望和它们的满足里。但从另方面看，人却把自己提升到永恒的理念，提升到思想和自由的领域，把普遍的法则和定准定为自己的意志，把世界的生动繁荣的现实剥下来，分解成一些抽象的观念。然而生活和意识间的这种分裂替近代文化和近代理解带来了一个要求，就是这种矛盾必须解决。如果一般文化都落到这种矛盾里，解决这种矛盾就成为哲学任务了。就艺术的使命来说，矛盾的任一方只要是抽象的片面的就不能算真实，真实是在矛盾双方的和解与调停里。因此，真实也就是美。

摘录：题材的划分

　　艺术的内容本身不应该是抽象的。……因为纯是抽象的普遍性本身就没有办法转化为特殊事物和现象以及普遍性与特殊事物的统一体。

　　一种真实的也就是具体的内容既然应该有符合它的一种感性形式和形象，这种感性形式就必须同时是个别的、本身完全具体的、单一完整的。艺术在内容和表现的两方面都有这种具体性，也正是这种两方面同有的具体性才可以使这两方面结合而且互相符合。拿人体的自然形状为例来说，它就是这样一种感性的具体的东西，可以用来表现本身也是具体的心灵，并且与心灵符合。因此我们就应该抛弃这样一种想法：以为采取外在世界中某一实在的现象来表达某种真实内容，这是完全出于偶然的。艺术之所以抓住这个形式，既不由于它碰巧在那里，也不是由于除它以外就没有别的形式可用，而是由于具体的内容本身就已含有外在的、实在的，也就是感性的表现作为它的一个因素。但是另一方面，在本质上是心灵的内容所借以表现的那种具体的感性事物，在本质上就是诉诸内心生活的，使这种内容可为观照对象的那种外在形状就只是为着情感和思想（heart and mind）而存在的。只有因为这个道理，内容与艺术形象才能互相吻合。

评注： 抽象的内容或抽象的普遍性属于知性范畴，它和特殊的个体坚硬地对立着。具体的普遍性属于总念范畴，它统摄并包括特殊性和个体性于自身之中。知性的普遍性还只是主观的。总念的普遍性则是主观性和客观性的统一，因此，它不仅存在于心灵中，而且是现实世界的本质在心灵中的反映。文艺创作中的概念化，不单纯是表现方法问题，而是直接关涉到内容本身。主观的、空想的、虚构的内容，而不是从现实生活中提炼出来的内容，造成了主题思想的苍白、贫乏。由此出发去创作，就会形成如黑格尔说的一种"很坏的拼凑"。因为"其中内容根本不适合于形象化和外在表现，偏要勉强被纳入这种形式，题材本身就枯燥无味，偏要勉强把一种在本质上和它敌对的形式作为它的表现方式"。

摘录：艺术美的理念或理想

理念和它的表现，即它的具体现实，应该配合得完全符合。按照这样理解，理念就是符合理念本质而表现为具体形象的现实。这种理念就是理想。这种符合首先可能很形式地了解成为这样的意思：理念不拘哪一个都行，只要现实的形象（也不拘哪一个都行）恰好表现这个既定的理念，那就算是符合。如果是这样，理想所要求的真实就会与单纯的正确相混，所指单纯的正确是指用适当的方式把任何意义内容表现出来，一看到形象就可以直接找到它的意义。理想是不能这样来了解的，因为任何内容都可以按照它的本质的标准很适当地表现出来，但不因此就配称理想的艺术美。比起理想美，这种情形就连在表现方面也显得有缺陷。关于这一点，我们先要提到一个到将来才能证明的道理：艺术作品的缺陷并不总是可以单归咎于主观方面的技巧不熟练，形式的缺陷总是起于内容的缺陷。……艺术作品的表现愈优美，它的内容和思想也就具有愈深刻的内在真实。……一种艺术尽管就它的既定范围来说，在技巧等方面是十分完善的，而作为艺术，它仍然可以是不完善的，如果拿艺术概念本身和理想来衡量它，它仍然是有缺陷的。只有在最高的艺术里，理念和表现才是真正互相符合的，这就是说，用来表现理念的形象本身就是绝对真实的形象，因为它所表现的理念内容本身也是真实的内容。……理念必须在它本身而且通过它本身被界定为具体的整体，因而它本身就具有由理念化为特殊个体和确定为外在现象这个过程所依据的原则和标准。……因此，如果理念还是抽象的，它的形象也就还不是由它决定的，而是外来的。本身具体的理念却不如此，它本身就已包含它采取什么显现方式所依据的原则。因此它本身就是使自己显现为自由形象的过程。从此可知，只有真正具体的理念才能产生真正的形象，这两方面的符合就是理想。

评注：黑格尔说的理想绝不是通常所谓的"理想化"，它是具有特定含义的，两者不容混淆。所谓"理想化"是从抽象的概念出发，拔高主题思想，因而是先验的、概念化的。黑格尔所说的理想是指理念的内容本身必须是真实的（即与抽象的普遍性区别开来的具体的普遍性），只有这样，它本身才具有由理念化为特殊个体和确定为外在现象这个过程所依据的原则和标准。这个原则和标准是理念自身所具有的，而不是由外来附加上去的。所以艺术的理想也就是真实。

摘录：理　念

美本身应该理解为理念，而且应该理解为一种确定形式的理念，即理想。一般说来，理念不是别的，就是总念（朱译作"概念"，兹从贺译名），总念所代表的实在，以及这二者的统一。单就它本身来说，总念还不是理念，尽管总念和理念这两个名词往往被人混用了。只有出现在实在里而且与这实在结成统一体的总念才是理念。这种统一不应了解为总念与实在的单纯中和，其中两方面的特性与属性都因而消失了，有如钾与酸化合为盐，这两种元素的对立在盐里因互相冲淡而中和了。与此相反，在总念与实在的统一里，总念仍是统治的因素。因为按照它的本性，总念本身就已经是总念与实在的统一，就从它本身中生发出实在，作为它自己的实在，这实在就是总念的自生发，所以总念在这实在里并不是把自己的什么抛弃了，而是实现了自己。因此，总念在它的客观存在里其实就是和它本身处于统一体。总念与实在的这种统一就是理念的抽象定义。

评注：黑格尔认为不能把理念和不确定的"观念"以及抽象的无

个性的"理想"混淆起来。这些抽象的"观念"和"理想"是与实质上是确定的轮廓鲜明的自然形式相对立的。总念并不是一种抽象的统一，和实在中各差异面相对立，而是本身已包括了各种差异在内的统一，因此它是一种具体的整体。总念包含它的全部定性于观念性的统一体和普遍性内。这里举了一个很好的例子，如金子具有一定重量、颜色，以及对各种酸所起的某些反应关系。这些都是不同的定性，但是都完全化为一体。连极细微的一个金粒也必须把这些定性包含在不可分割的统一体内。对于我们人来说，这些定性是可以分析开来的，但是按照它们的总念，它们本身却处于不可分割的统一体。"凡是真正总念本身所含的各种差异面也是这样不能彼此分立地处于统一体里。"（如总念的三种定性：普遍的、特殊的、单一的）总念的威力就在于它在分散的客观存在里并不抛开或丧失它的普遍性，它就通过实在而且就在实在里，把它的这种统一显示出来。因为总念的本质就在于它能在它的另一体里保持住它与它本身的统一。只有这样，总念才是真正的实在的整体。而这种整体就是理念。理念不仅是总念的观念性的统一和主观性，而同时也是体现总念的客观性，不过这种客观性对于总念并不是对立的，在这客观性里，总念其实是自己对自己发生关系。从主观总念和客观总念两方面看，理念都是一个整体，同时也是这两方面的整体的永远趋于完满的而且永远达到完满的协调一致和经过调和的统一。只有这样，理念才是真实而且是全部的真实。

摘录：理念的客观存在

一切存在的东西只有在作为理念的一种存在时，才有真实性。因为只有理念才是真正实在的东西。

评注：a. 现象之所以真实，并不由于它有内在的或外在的客观存在，并不是由于它一般是实在的东西，而是由于这种实在是符合总念的，只有在符合总念时，客观存在才有现实性和真实性。b. 这真实性当然不是就主观的意义来说，即：不是说只要一种存在符合我的观念，它就是真实的，而是就客观的意义来说，即是说，"我"或是一种外在的对象、行动事迹或情境在它的实在中实现了总念，它才是真实的。c. 如果这种统一不发生，客观的东西就只是一种现象，在这种现象里不是完整的总念而是总念的某一抽象方面得到客观化（对象化）了。这抽象的方面由于脱离了整体与统一而独立分立，就可以退化到与真实的总念对立。

摘录：美 的 理 念

美就是理念，所以从一方面看，美与真是一回事。这就是说，美本身必须是真的。但是从另方面看，说得更严格点，真与美却是有分别的。说理念是真的，就是说它作为理念，是符合它的自在本质与普遍性，而且是作为符合自在的本质与普遍性的东西来思考的。所以作为思考对象的不是理念的感性的外在的存在，而是这种外在存在里面的普遍性的理念。但是这种理念也要在外在界实现自己，得到确定的现前的存在，即自然的或心灵的客观存在。真，就它是真来说，也存在着。当真在它的这种外在存在中是直接呈现于意识，而且它的概念是直接和它的外在现象处于统一体时，理念就不仅是真的，而且是美的了。美因此可下这样的定义：美就是理念的感性显现。感性的客观因素在美里并不保留它的独立自在性，而是要把它的存在的直接性取消掉，因为在美里这种感性存在只是看作概念的客观存在与客观性相，看作这样一种实在：这种实在把这种客观存在里的概念体现为它与它的客观性相处于统一体，所以在它的这种客观存在里只有那使理念本身达到表现的方面才是概念的显现。

评注：美与真的区别在于作为真的思考对象不是理念的感性的外在存在，而是这种外在存在里面的普遍性的理念，即看它是否符合于总念。它所侧重的还是总念（普遍性）这方面，而不是外在存在直接呈现于意识这方面。至于美则是"理念的感性显现"。这里说：感性的客观因素在美里并不保留它的独立自在性，很容易使人产生一种错觉，以为感性的现实世界只不过是体现理念的一种客观性相或为达到这种目的的一种手段。这样，倘加以漫无边际的引申就会导致反现实主义的概念化的理论。自然，黑格尔是反对这一点的，不过，由于他否认现实世界是不依赖观念的客观存在，这就不免违反了他的本意，为概念化的理论留下了可乘之机。在这方面，费尔巴哈的美的定义："艺术表现感性事物的真理"，就显出它的优越性了。

摘录：美的理念（甲）

知性不能掌握美，因为知性不能了解上述的统一，总是要把这统一里面的各差异面看成是独立自在分裂开来的东西，因为把实在的东西与观念性的东西，感性的东西与概念，客观的与主观的东西，都完全看成两回事，而这些对立面就无从统一起来了。所以知性总是困在有限的、片面的、不真实的事物里。美本身却是无限的，自由的。……美通体是这样的概念：这概念并不超越它的客观存在和它处于片面的有限的抽象的对立，而是与它的客观存在融合成一体，由于这种本身固有的统一和完整，它本身就是无限的。此外，概念既然灌注生气于它的客观存在，它在这种客观存在里就是自由的，像在自己家里一样。因为概念不容许在美的领域里的外在存在独立地服从外在存在所特有的规律，而是要由它自己确定它所赖以显现的组织和形状。正是概念在它客观存在里与它本身的这种协调一致才组成美的本质。但是把一切结合成一体的绳索以及结合的力量却在于主观性，统一，灵魂，个性。（概念当作总念）

评注：知性 understanding 朱译为理解力，还有人译作悟性，兹从贺译，译作知性为妥。知性的特点乃在于"抽象"和"分离"。就知性作为一种理解力来说，即认识的区别作用，在认识过程中分辨这一事物与那一事物的不同特点，从而使认识具有一种确定性。但倘使不从知性上升到理性，即无法认识事物的内在联系。停滞于知性并坚执知性的观点，就是反辩证法的形而上学。所谓知性不可能掌握美，就是说形而上学的观点是不可能掌握美的。用知性去掌握美就会造成内容仅仅是一抽象的普遍性，它本身不能生发成特殊性的个体，因此作为艺术的感性形象只是拼凑起来的，从外面附加在内容上去的附赘悬瘤，这就破坏了艺术作品的内在和谐和统一，使内容和形式，部分与全体，以至部分与部分之间形成分裂和对立，因此，也就破坏了美的理念。黑格尔在反对知性——形而上学观点时，处处都显示了辩证法的光辉，这是他的美学中的最精辟的部分。（李泽厚在《略论艺术种类》中说文学的"词义所提供的一切都受着确定知性理解的规范"，"其内容具有知性的确凿性"，《文汇》62.11.16。这种说法是值得研究的）

摘录：美的理念（乙）

所以如果从美对主观心灵的关系上来看，美既不是因在有限里的不自由的智力的对象，也不是有限意志的对象。

用有限的智力我们去感觉内在的或外在的对象，观察它们，从感性方面认识它们是真实的，让它们进入我们的知觉和观念，成为我们的能思考的理解力（知性）的抽象概念，因而具有形式的普遍性。这种活动是有限的，不自由的，因为它把看到的事物都假定为独立自在的。因为根据这种假定，我们就去适应这些事物，让它们自由活动，或是让它们影响我们的观念等等，相信这些事物都是实在的，只要我们被动地接受，把全部活动限于形式的注意和消极地避免幻想和成见的作用，就可以正确地了解这些事物。在这里，对象的这种片面的自由是与主观了解方面的不自由密切联系着的。因为按照这个看法，对于主观了解，内容是既定的，主观的自确定便不起作用，只是按照存于客观世界的原状去接受和吸取眼前的事物。这就好像是说，只有克服主观作用，我们才能获得真理。

有限的意志也有这情形，不过方式是颠倒过来的。这里旨趣、目的、意图都属于主体，主体要使这些旨趣、目的、意图等发生效力，就要牺牲事物的存在和特性。主体要实现它的决定，就只有把对象消灭掉，或是更动它们，改造它们……这样，事物的独立自在性就被剥夺掉了，因为主体要利用它们来为自己服务，把它们作为有用的工具看待，这就是说，对象的本质和目的并不在它本身而要依靠主体，它们的本质就在于对主体的目的有用。主体和对象交换了地位，对象不自由而主体变成自由了。

实际上有限智力与有限意志的两种关系在主体与对象两方面都是有限的，片面的，而它们的自由也只是假想的。

主体在认识的关系上是有限的，不自由的，由于先已假定了事物的独立自在性。在实践的关系上也是有限的，不自由的，由于目的和自外激发的冲动与情欲既有片面性，冲突和内在矛盾，而对象的抵抗也没有完全消除。因为对象与主体两方面的分裂和对立就是这种关系的假定条件，而且被看成这种关系的真实的概念。

对象在上述两种关系上也是有限的，不自由的。在认识的关系上，它的先已假定的独立自在性只是一种表面的自由。因为客观存在就它本身而言，只是存在着，它的概念（即主观的统一和普遍性）对于它并不是内在而是外在的。因此，每个对象在这种概念外在于客观存在的情况下，只是作为单纯的特殊事物而存在，本着它的丰富复杂性转向外界与许多其他事物发生千丝万缕的关系，显示它受许多其他事物的影响而生长，改变，壮大和毁灭。在实践的关系上，对象的这种依存性是已明白假定了的，事物对意志的抵抗也只是相对的，本身没有能力维持彻底的独立自在性。

评注：以上摘录了（乙）的全文，主要论述主体对客体的两种倾向：第一种是客观主义倾向。即有限的智力对待对象的态度，或称为主体在认识的关系。这种倾向可归纳以下几点：（一）知性只能认识到抽象形式的普遍性。（二）假定客观事物是独立自在的，都是实在的，而我们的认识只是被动地接受。（三）表面上看，这好像克服了主观的幻想和成见，按照存在于客观世界的原状去吸取现前的事物。但主体在这种认识的关系上是有限的、不自由的，因为这是先已假定了客观事物的独立自在性，从而取消了主观的自确定作用。第二种是主观主义倾向。即有限的意志对待对象的态度，或称为主体在实践的关系。这种倾向，也可以归纳如下几点：（一）主体在对象上力图实现自己的旨趣、目的、意图，即自己的意志，以至牺牲事物的存在和特性。

（二）主体把对象作为服务自己的有用的工具，这样，事物的独立自在性就被剥夺了，这就是说，对象的本质和目的并不在它本身，而要依靠主体，它的本质就在于主体的目的有用，从对象的不自由而主体却变成自由了。（三）但主体的自由只是一种假象，在实践的关系上，它仍是有限的、不自由的。由于有限意志的片面性，对象的抵抗就不能消除。因为对象与主体两方面的分裂和对立就是这种关系的假定条件。

主体与客体的关系问题是美学上的一个基本问题。黑格尔反对主观主义和客观主义两种倾向，是为了把认识和实践结合起来，以达到物我交流的境界。（刘勰《物色》篇："随物宛转，与心徘徊"，"情往似赠，兴来如答"颇近此旨）他在反对客观主义时，指出主体取消了主观的自确定作用，这是正确的。所谓主观的自确定作用即主观能动性。他在《小逻辑》中曾批判了洛克认识论上的机械唯物论观点。照洛克看来："人心就像一张白纸，上面没有任何字迹，也就是说没有任何观念"（见《人类悟性论：单纯观念的性质》）。《小逻辑》第二二六节《附释》："认识的有限性在于事先假定了一个业已先在的世界，于是将这认识的主体当作一张白纸"，就是针对洛克的上述观点而发的。但是黑格尔在反对机械唯物论的同时，也显露了他的客观唯心主义。他认为机械唯物论的错误是在于它先已假定了客观现实世界的独立自在性。他说，对象的这种自由是一种假象，"因为客观存在就它本身而言，只是存在着，它的概念（即主观的统一和普遍性）对于它并不是内在而是外在的。"这里黑格尔叙述得很晦涩。在这里，为什么概念对于客观存在不是内在的而是外在的呢？推想起来，依照黑格尔的看法，大约是要说明认识历程只是总念（朱译作概念）的自身活动。他认为自然是理念的外化。由此推断，客观存在的概念（总念）应该是内在的，但要认识客观存在的内在概念，就要依靠主观的自确定作用，使总念回复到自身，达到主客体的统一。客观主义由于取消了主观的自确定，因此不能认识客观存在的内在概念，对于它概念因而是外在于对象的。这里，我们只要扬弃黑格尔的客观唯心主义的观点，把他提出的主观能动性加以正确地理解，我们就可以说，人不是以一张白纸进入认识历程的，人是以他在此以前的多次实践中所获得的认识成果作为指导的，继续向着尚未把握的各种事物进行研究。所以认识不仅是由个别——普遍，而且还应该以由普遍——个别作为补充。个别——普遍和普遍——个别，两者互相交叉，错综进行，才是认识过程的真正途径。不过，这里说的普遍必须是从现实世界提炼出来，再经实践检验的。它决不能是脱离现实和实践的主观上的幻想，或所谓的"理想化"。

摘录：美的理念（丙上）

　　但是如果把对象作为美的对象来看待，就要把上述两种观点统一起来，就要把主体和对象两方面的片面性取消掉，因而也就是把它们的有限性和不自由性取消掉。

　　因为从认识的关系方面看，美的对象不是只看作这样的存在着的个别事物：这个各别事物的主观概念外在于它的客观存在，因在它的特殊实在之中，它朝无数不同的方面分散破裂为千丝万缕的外在关系。美的对象却不如此，它让它所特有的概念作为实现了的概念显现于它的客观存在，而且就在它本身中显示主观的统一和生动性。因此，美的对象从向外在界的方向转回到它本身，消除了它对其他事物的依存性，对于观照，就把它的不自由和有限变为自由和无限了。

自我在对对象的关系上也不只是注意，感觉，观察以及用抽象思考去分解个别知觉和观察的那些活动的抽象作用了。自我在这对象里本身变成具体的了，因为它为自己成就了概念与实在的统一，以及原来分裂为我与对象两个抽象方面的统一。

关于实践关系，我们前已详论，在审美中欲念也隐退了；主体把它对对象的目的抛开，把对象看成独立自在，本身自有目的。因此，原来在一般对象的纯然有限的关系中，对象用作有用的实现手段，所以只有外在目的，而在实现这种目的的过程中，对象或是不自由地抵抗，或是被迫服从外在的目的；现在在美的对象中这种一般对象的纯然有限的关系就消失了。同时，实践主体的不自由的关系也消失了，因为主体不再把主观意图等等和实现这种主观意图的材料和手段分开，而在实现主观意图之中也不再处于只是服从"应该"原则的那种有限关系，而是面临着完满的实现了概念的目的。

评注：克服了客观主义和主观主义，也就克服了主体和对象，认识和实践两方面的片面性。从认识方面看，各别事物的总念并不外在于它的客观存在，而是作为实现了的总念显现于它的客观存在，从而克服了客观世界的片面性。从实践方面看，主体把它对对象的目的抛开，把对象看成独立自在，在实现主观意图时不再处于只是服从"应该"的原则，而是把客观世界看作是实现了自身的总念的目的，从而克服了理念之片面的主观性。（所谓"应该"即"绝对命令"是理想化、概念化的根源之一）

摘录：美的理念（丙下）

因此，审美带有令人解放的性质，它让对象保持它的自由和无限，也不把它作为有利于有限需要和意图的工具而起占有欲和加以利用。所以美的对象既不显得受我们人的压抑和逼迫，又不显得受其他外在事物的侵袭和征服。

因为按照美的本质，在美的对象里，无论是它的概念以及它的目的和灵魂，还是它的外在定性，丰富复杂性和实在性，都显得是从它本身生发出来的，而不是由外力造成的，其所以如此，是因为像我们已经说过了的，美的对象之所以是真实的，只是由于它的确定形式的客观存在与它的真正本质和概念之间见出固有的统一与协调。还不仅此，概念本身既然是具体的，体现它的实在也就完全显现为一种完善的形象，其中个别部分也显出观念性的统一和生气灌注作用。因为概念与现象的协调就是完满的通体融贯。因此，外在的形式和形状不是和外在的材料分裂开来，或是强使材料机械地迁就本来不是它所能实现的目的，而按其本质，它是实在本身固有的形式，而现在从实在里表现出来。最后，美的对象里各个部分虽协调成为观念性的统一体，而且把这统一体显现出来，这种和谐一致却必须显现成这样：在它们的相互关系之中，各部分还保留独立自由的形状，这就是说，它们不像一般的概念的各部分，只有观念性的统一，还必须显出另一方面，即独立自在的实在面貌。美的对象必须同时显出两方面：一方面是由概念所假定的各部分协调一致的必然性，另一方面是这些部分的自由性的显现是为它们本身的，不只是为它们的统一体。单就它本身来说，必然性是各部分按照它们的本质即必须紧密联系在一起，有这一部分就必有那一部分的那种关系。这种必然性在美的对象里固不可少，但是它也不应该就以必然性本身出现在美的对象里，应该隐藏在不经意的偶然性后面。否则各个实在的部分就会失去它们的地位和特有的作用，显得只是服务于它们的观念性的统一，而且对这观念性的统一也只是抽象地服从。

无论就美的客观存在，还是就主观欣赏来说，美的概念都带有这种自由和无限；正是由于这种自由和无限，美的领域才解脱了有限事物的相对性，上升到理念和真实的绝对境界。

评注：这一部分很精辟，论述了概念与实在，内容与形式，全体与部分，部分与部分之间的关系。

文艺创作的细节必须浸透着主题思想，各细节之间不是拼凑起来的，而是形成一种有机关系，这一细节的改变必然影响到其余，牵一发而动全身，这是它的必然性。在自然形态的生活现象中，各个现象是分散的，看不出这种观念性的统一。因此，人们时常说，艺术的真实不同于生活的真实。但是，另一方面艺术创作的必然性又必须是隐藏在不经意的偶然性后面，这就是说，各个细节还必须保持它们自身的独立自在的实在面貌，它们的存在不只是为了统一体，而且也是为了自身。因此，艺术的真实虽然不同于生活的真实，但是，这并不是说作品的细节排斥或取消了生活现象的自然形态，而变成了主题思想的象征、符号或是影射式的抽象东西。相反，艺术创作必须保持着生活现象的自然形态，它只是为主题思想所浸透，从而克服了原来的分散性。艺术真实与生活真实的不同，可以用这样一个公式来表达：具体—抽象—具体。头一个具体是自然形态的生活现象。抽象表示艺术家的创造性的想象活动，使彼此相外，前后相继和并列而缺乏内在联系的自然形态的生活现象，达到观念性的统一。然后，再由抽象上升到具体。这后面一个具体就是艺术作品的感性现象。它较之头一个具体是更高一级的具体。在这里，自然形态的生活现象的形式是保持下来了，但它们彼此相外的片面性被克服了。主题思想的浸透使它们形成具有内部联系的有机体。盲目的偶然性被排除了，在这里，必然性通过偶然性为自己开辟了道路。

摘录：理念作为生命

（丙1）理念一般只应了解为这样一种概念：它一方面作为概念，自为地存在于它的实在里，一方面却又现出概念和体现概念的实在这两方面的差异和统一，生命也应了解为灵魂与它的身体的统一。灵魂在身体本身以内既见出主观的统一，又见出有实体性的统一，这在感觉里就可以看出。生物的感觉并不只是独立地起于身体上某一部分，它就是全身的这种单纯的观念性的统一。感觉弥漫全身各部分，在无数处同时感到，但是在同一身体上并没有成千上万的感觉者，却只有一个感觉者，一个主体。因为有机自然的生命既包括实在存在的各部分的差异面，和在这些部分中单纯地自为地存在着的灵魂，同时却又包括这些差异面作为经过调和的统一，所以生命比起无机自然要高一层。只有生命的东西才是理念，只有理念才是真实。

（丙2）我们说过，灵魂是概念的整体，即在本身是主观的观念性的统一体，而分成各部分的身体虽然也是这同一整体，却显得是各个别部分的并列和现于感官的互相外在；我们还说过，灵魂与身体两方面在生命里是统一的。这番话里确实有一个矛盾。因为观念性的统一不仅不是现于感官的互相外在（［在这种现于感官的互相外在］中，每一特殊方面都具有独立的存在和完备的特性），而且还是这种外在实在的直接对立面。说它们既对立而又统一，这就是矛盾。但是谁如果要求一切事物都不带有对立面统一的那种矛盾，谁就是要求一切有生命的东西都不应存在。因为生命的力量，尤其是心灵的威力，就在它本身设立矛盾，克服矛盾。在各部分的观念性的统一和在实在界的互相外在的部分之间建立矛盾而又解决矛盾，这就形成了连续不断的生命过程，而生命就只是过程。这种生命过程包含着双重活动：一方面继续不断地使有机体的各部分和各种定性的实在差异面得到感性存在，而另一方面如果这些差异面僵化为独立的特殊部分，变成彼此对立，排外自禁的固定的差异面，就又要使这些差异面见出它们的普遍的观念性，即它们的生命源泉。这就是生命的唯心主义。因为不仅哲学是唯心主义的，凡是唯心哲学在心灵领域里所要做的事，自然在作为生命时就已经在做。只有这双重活动合而为一，只有一方面有机体的各种定性的继续不断地实现，以及另一方面在观念中替现实事物设立主观的统一这两件事的合而为一，才是完满的生命过程。……由于这种双重活动的统一，有机体的一切部分才能不断地维持，而且不断地重新获得灌注生气给它们的观念性。有机体的各部分还在另一点上现出这种观念性：它们的经过生气灌注的统一对于它们不是无足轻重的，而是它们的实体，只有在实体以内而且通过这种实体，它们才能维持它们的特殊个性。一般整体的部分和有机体的部分之间的分别就在于此。举例来说，房屋的个别部分，如个别的石头、窗户之类，不管它们是否结合起来造成一座房屋，都还保持它们原来的性格；彼此结合在一起对它们是无足轻重的，而概念对于它们还只是一种外在的形式，这种形式并不在各实在部分里活着，以便把这些实在部分提升到一种主观统一的观念性。有机体的各部分却不然，它们固然也有外在的实在，但是概念是它们所特有的内在本质，对于它们不是从外面附加上去的起粘合作用的外在形式，而是有了这概念，才有它们所特有的那种地位。因此，有机体的各部分所获得的实在并不像建筑物中的石头或是行星系统中的各行星、月球、彗星所有的那种实在；而是不管它们实在与否（?），它们获得一种在观念中在有机体以内设立的存在。例如割下来的手就失去了它的独立的存在，就不像原来长在身上时那样，它的灵活性，运动，形状，颜色等等都改变了，而且它就腐烂起来了，丧失它的整个存在了。只有作为有机体的一部分，手才获得它的地位，只有经常还原到观念性的统一，它才具有实在。

评注：以上摘自《自然美》中的 I.1.。黑格尔把自然美放在理念之后，因为按照他的体系来说，自然是理念的异化或外化，这种唯心主义，使他不得不在结构方面使用了强制的手段。只要细读原文，就可以看出，美的理念其实正是从自然美——作为生命的有机体中概括、提炼出来的。

黑格尔说的"灌注生气"很容易使人联想到我国古代画论中的"气韵生动"。

摘录：自然生命作为美（乙）

（乙）形象是在空间绵延的，有界限的，现出形体的，见出形式，颜色；运动等等多方面的差异性的。但是一个有机体如果要见出生气灌注，它就必须显示它并不是从这种多方面的差异性得到它的真正的存在。要见出生气灌注，它就必须是这样：我们用感官所接触到的现象的各个差异的部分和方式都融化成为一个整体，因而显现为一个个体，一个把这些特殊部分既作为差异的，又作为协调一致的，而包括在一起的统一体。

（乙1）第一，这种统一体都必须显得是没有意图的统一体，所以不应现出抽象的目的性。各部分既不应以达到某固定目的的手段为那目的而服务的身份而成为观照的对象，也不应在结构和形状中失去它们彼此之间的差异。

（乙2）其次，相反地，这些部分对于观照（知觉）显得有些偶然性，这就是说，某一部分的定性并不同时是另一部分的定性。任何部分并不因为另一部分具有某种形状，也就具有那种形状，例如像在有规律的安排里那样。在有规律的安排里，各部分形状的大小等等都取决于某一抽象的定性。例如同一建筑物上的窗子大小都是一致的，或至少是并列在一排的。同一军营里的士兵都一律穿一样的制服。制服的各部分、样式、颜色等等彼此之间的关系不是偶然的，这一部分用这个样式，就因为其他部分也用这个样式。……在有机的有生命的个体方面，情形却不如此。每个部分都是不同的，鼻子和额头，嘴和腮，胸膛和颈项，手和脚，彼此都有显然的差异。因为对于观照，每部分的形状都不和另一部分的相同，各有各的特殊样式，这部分的样式并不绝对取决于另一部分的样式，所以各部分就显得本身是独立自在的，因而彼此相望，是自由的，偶然的。因为就物质材料说，它们虽是联贯在一起，但是这并不能影响到它们的形式。

（乙3）第三，对于观照（知觉），这种独立自在性里还应有一种可以看得见的内在联系，虽然这种统一应该不是抽象的，外在的，像在有规律的安排里那样，而是不但不消除各个别方面的特性，而且反要把这些特性表现出来，把它们保持住。这种统一不是像各部分的差异那样可以直接用感官知觉到，而是一种隐秘的、内在的必然性和协调性。既然只是内在的而不是从外表可以看得出的，这种统一性就只能通过思考来掌握，完全不是可以由感官见出的。既然不是感觉的对象，它就还不能现为美，我们的观照就还没有在生命的东西里见到理念显现于实在。因此，这种统一作为用理念灌注生气于各部分的统一，尽管不应该只是感性的，在空中绵延的东西，它却还必须在外在事物里现出来。在个体里这种统一显现为它的各部分的普遍观念性，形成了维系它们的基础，即生命主体的主体本质（?）。这种主观的统一在有机的生物身上表现为情感。在情感和情感表现里，灵魂显出自己是灵魂。因为对于灵魂，身体各部分的单纯的并存见不出真实，而对于灵魂的主观的观念性，杂多的占空间的形式也是不存在的。灵魂当然要假定身体各部分的这种杂多性，特有的构造以及有机的组织，但是在发生情感的灵魂及其情感的表现流露于这些部分时，无处不在的内在的统一就显现为对各部分的只是实在的独立自主性的否定，这些独立自在的部分现在就不再只是表现它们自己，而是表现灌注生气给它们的发生情感的灵魂。

评注：这里论述有机体的各差异面如何达到统一的问题。（乙1）关于艺术作品必须显得是没有意图的统一体，不应现出抽象的目的性。（主题的思想性和倾向性，不能由作者直接说出来或从外面附加到作品上去，而必须由作品的艺术形象本身自然而然地流露出来。这样才能使作品感人于无形，起着潜移默化作用）（乙2）关于"有规律的安排"。（把艺术作品的统一体庸俗地理解作形式上的整齐划一，如法国的古典主义所歪曲成的所谓三一律。需知：艺术家与工匠的区别就在于前者为庖丁解牛莫不合乎自然，而后者则处处露出斧凿痕迹）黑格尔的这些论述至今还有着针砭时弊的重要意义。只要形而上学存在一天，黑格尔的话就决不会过时。

摘录：自然生命作为美（丙）

（丙3）……在审美时对象对于我们既不能看作思想，也不能作为激发思考的兴趣，成为和知觉不同甚至相对立的东西。所以剩下来的就只有一种可能：对象一般呈现于敏感，在自然界我们要借一种对自然形象的充满敏感的观照，来维持真正的审美态度。"敏感"这个词是很奇妙的，它用作两种相反的意义。第一，它指直接感受的器官；第二，它也指意义，思想，事物的普遍性。所以"敏感"一方面涉及存在的直接的外在的方面，另一方面也涉及存在的内在本质。充满敏感的观照并不很把这两方面分别开来，而是把对立的方面包括在一个方面里，在感性直接观照里同时了解到本质和概念。……歌德对于自然和自然现象的内在理性的观察和阐明可以为证。他以卓越的智力，用朴素的方式对自然事物进行了感性的观察，而同时却预感它们的符合概念的联系。在了解历史和叙述历史时，我们也可以通过个别的事件和人物，暗地里就把它们的实在意义和必然联系显示出来。

评注： 据译者注，"敏感"一词原文作 sinn，英译本作 sense（感觉），俄译本作"对外形的感觉"。又说，敏感是感觉与思考的统一，或是介乎感觉与思考之间的一种心理功能。敏感究竟作如何的妥切解释，尚待查考。

概念和概念显现的实在的内部统一对于感性观照怎样可以成为感觉到的？分两方面来论述。一方面，从审美对象来看，这就是本节上述（乙）的内容。另方面，从审美态度来看，这就是这里摘录的内容。

这里有一点是可以肯定的，审美的态度不是思考。一涉及思想或思考就越出了感性观照的领域。自然这不是说艺术不包含思想，甚至完全排斥思想。概念或理念就属于思想范畴，但是这思想必须是直接在感性中的显现。因此，就审美的对象来说，理念在实在中的显现是可以直接感觉到的。就审美的态度来说，它是凭借感性的心理功能去接受。黑格尔在这里提出敏感作为审美的心理功能。那么，思考在审美态度中处于怎样的地位呢？思考只能发生在在先的敏感接受的后一阶段。对于艺术作品的审美态度开头只能是敏感的接受，但又不始终停留在敏感的接受上，这样，对艺术作品的理念就会停留在一种朦胧感受的混沌状态。在潜移默化的过程中，在咀嚼消化艺术作品的过程中，思考一定要出现，它只是发生在在先的敏感接受之后罢了。（艺术构思也是如此）如果一开头，思考马上就闯入代替了敏感的接受，用理智的条分缕析去思考审美对象，而不是从审美对象引起自己的情感或情感的激发，那这就不是一种审美的态度，我们可以说这个人是缺乏审美感的。

摘录：自然美的缺陷

柏拉图是第一个人把理念看作唯一真实的普遍的东西，而且认为它是本身具体的普遍的东西。但是柏拉图的理念还不是真正具体的，因为单就它的概念和普遍性来了解，柏拉图就已把理念看作真实的。但是单就这种普遍性来了解，理念就还没有实现，但不是在它的现实存在里自为地真实，它还只是停留在"自在状态"。但是正如概念如果脱离它的客观存在，就不是真实的概念，理念如果没有现实而外在于现实存在，也就不是真实的理念。因此，理念必须进一步变成现实，而它之变成现实，只有通过本身符合概念的现实的主观性及其观念性的自为存在才行。例如种族只有作为自由具体的个体才是现实的；生命只有作为个别的有生命的东西才能存在，善要借个别的人才能实现；

一切真理只有作为能知识的意识，作为自为存在的心灵才能存在。因为只有具体的个别事物才是真实的和现实的，抽象的普遍性和特殊性都不是真实的和现实的。所以我们所要紧紧掌握的要点就是这种自为存在，这种主观性。但是这主观性在于否定的统一，由于这否定的统一，各差异面在它们的实际存在中才显得是在观念中设立的。

这里要区别个别事物的两种形式，即直接的自然的形式和心灵的形式。在这两种形式里，实体性的内容都是理念，而在我们讨论的范围里，都是美的理念。就这个观点看，还应该说，自然美和理想（艺术美）具有同样的内容。但是从另一方面看，也应该说，上面所说的理念达到现实的那双重形式，即自然界个别事物与心灵界个别事物之间的差异，也对内容本身（表现为自然的形式或心灵的形式）带来一种本质上的差异。因此就产生了这样一个问题：哪一种形式才真正符合理念呢？只有在真正符合它的形式里，理念才能把它的内容的真实整体全都表现出来。

评注：黑格尔的体系总是按照：自在——自为——自在自为这三个环节进展的。在他的美学里，美的理念是自在阶段，因为它还没有在个别事物中实现自己。自然美是美的理念在实在（现实的个别事物中）的显现，即美的理念在自然界中的外化或异化，因之是自为阶段。但自然美是有缺陷的。理念表现为自然的形式和表现为心灵的形式是有差别的。因为有缺陷的自然美并不真正符合美的理念的形式，只有艺术美（理想）才能把美的理念的真实整体全都表现出来。所以，艺术美高于自然美，是美的理念的自在自为阶段。归纳如下：美的理念（自在）——自然美（自为）——艺术美（自在自为）。

黑格尔论自然美的缺陷有如下三点：

a. 在直接现实中的内在因素仍然只是内在的。

大意是说，例如：从一个人来说，他的性格只是零碎地显现于生活、行动、不行动、愿望和冲动中，这些生活、行动等等，就其单独来说，并不全都可以直接显示它的性格，纵使可以显现，也不是完整的，而是带有片面性的，因此，在直接现实中的内在因素仍然只是内在的。这就是生活的真实。艺术的真实乃在于从人的一系列的行动和经验中把他的性格提炼出来变成感性观照的对象。用黑格尔的话说，就是"使无数的个别性相由分裂状态还原到统一，以便集中成为一个表现和一个形象"。这里包含着典型论的萌芽。

b. 直接个别客观存在的依存性。

开头一段论述是晦涩而繁琐的。要点大意如下：首先，就人来说，他的"单纯的身体方面的生活目的和心灵方面的较高的生活目的是相反的，它们可以互相阻碍，互相搅扰，互相消灭，这就已是这种散文的例证。"其次"个别的人为了要保持他的个别存在，不得不让自己在多方面成为旁人的手段替旁人的狭隘的目的服务，同时为了要满足他自己的利益，也不得不把旁人变成他自己的单纯的手段。因此就个人在日常的散文世界里所表现的来看，他不是以他的整体去活动，单从他本身不能了解他，要从他和旁人的关系才能了解他。因为个人依存于他所碰到的外在的影响，如国家的法律，公民的关系之类……从这一切方面看，个人在这个领域里都不能使人见出独立完整的生命和自由，而这种生命和自由的印象却正是美的概念的基础。"照黑格尔看来，只有古希腊才是艺术的理想时代，而现代社会则是散文的世界，因为人丧失了独立完整的生命和自由，屈从国家的法律和公民的关系等等，从而产生了一种依存性。但是古希腊时代，难道人不是也在一定的社会组织和社会关系中生活么？这一点且置而不论。人是无法摆脱黑格尔所说的依存性的，因为人的本质就是社会关系的总和，要求人不受社会关系的约束，而具有一种独立完整的生命和自由，这仅仅是不可实现的幻想。显然这是以绝对理念的先验观念为基础来进行推断的。黑格尔把他所谓的"依存性"作为自然美的缺陷之一是站不住脚的。

c. 直接个别存在的局限性。

这一节也是说得很含糊的。大意说：直接个别事物没有独立自在性，而是有局限性的，因为它本身是个别化了的。"无论在身体方面还是在心灵方面，直接存在的这种缺陷在本质上都应了解为一种有限，说得更精确一点，这种有限和它的概念不符合，而它的有限性也就由这种不符合里看出。因为概念，说得更具体一点，理念，在它本身以内是无限的，自由的。动物生命就其为生命来说，固然已是理念，却还不能表现出无限与自由；只有在概念完全贯注到符合它的实在里，因而在这实在里就只有概念本身而不让其他与概念无关的东西掺入时，无限与自由才能显现出来。只有在这种情况之下，概念才成为真正自由无限的个别存在。但是自然生命不能越出在它本身以内的情感，不能贯注到全部实在里去，此外，它还发现自身是直接受条件限制的，有局限性的，依存的，因为它的自由不是由自己决定而是受其他事物决定的。"总之，一句话，黑格尔认为美的理念是无限的，自由的，而自然界的任何个别事物都是局限的，依存的，也就是说不是无限的，自由的，因而这是自然美的一种缺陷。在这里，黑格尔完全陷入了先验论的绝对主义。费尔巴哈在《黑格尔哲学批判》（1839年）中，首先驳倒了黑格尔的这种绝对主义，他说："认为'类'在一个个体中得到绝对的实现，这乃是一件绝对的奇迹，乃是现实界一切规律和原则的勉强取消，……因此也就别无他望，只有等待世界的真正终结。"这恰好说明了黑格尔提出在个别事物中表现无限的自由的美的理念的要求是多么迂腐和冬烘。所谓"概念完全贯注到符合它的实在里"，正是要求"'类'在一个个体中得到绝对的实现"。这种绝对主义的要求一旦实现，那么，就会把自然里的人变成艺术里的神。因为人总是局限的依存的，只有神才是无限的自由的，但是这种在艺术作品中神化了的人物是绝对的虚妄，他并不存在现实的世间，不过是理想化或概念化的产物罢了。车尔尼雪夫斯基对黑格尔美学的批判，也着重在这一点上，显然很可能是受到费尔巴哈的影响。

摘录：美 的 个 性

如果很形式地谈艺术的理想，我们就可以得到这样一个最普泛的结论：从一方面看，真实的东西固然展开为外在存在时，才得到它的客观存在和真实性，而从另一方面看，这真实的东西所含的并立的部分是结合为统一体而且都包含在这统一体里的，所以这展开为外在现实的每一部分都显现出这灵魂，这整体。……灵魂集中在眼睛里，灵魂不仅要通过眼睛去看事物而且也要通过眼睛才被人看见。正如人体所不同于动物体的在于它的外表上无论哪一部分都可以显出跳动的脉搏，艺术也可以说是把每一个形象的看得见的外表上的每一点都化成眼睛或灵魂的住所，使它把心灵显现出来。……艺术把它的每一个形象都化成千眼的阿顾斯。

（甲）只有通过真正的本身有实体性的内容，有局限的变化无常的个别事物才能得到独立性与实体性，因而使它的定性本身坚纯性，以及有局限的自禁排外的而却有实体性的内容（意蕴）都能在同一客观存在里变成现实，而这种客观存在（事物）也就因而有可能在它所特有的有局限的内容上同时表现出普遍性，表现出圆满自足的灵魂。

（乙）因为艺术要把被偶然性和外在形状玷污的事物还原到它与它的真正概念的和谐，它就要把现象中凡是不符合这概念的东西一齐抛开，只有通过这种清洗，它才能把理想表现出来。……（画家）他必须抛开形状、面容、形式、颜色、线条等方面的一切外在细节，必须抛开有限事物的只关自然方面的东西如头发、毛孔、瘢点之类，然后把主体的普遍性格和常驻特征掌握住，并且再现出来。

（丙）艺术理想的本质就在于这样使外在的事物还原到具有心灵性的事物，因而使外在的现象符合心灵，成为心灵的揭露。但是这种到内在生活的还原却不是回到抽象形式的普遍性，不是回到抽象思考的极端，而是停留在中途一个点上，在这个点上，纯然外在的因素与纯然内在的因素能互相调和。因此理想就是从一大堆个别偶然的东西中所拣回来的现实，因为内在因素在这种与抽象普遍性相对立的外在形象里显现为活的个性。因为个别的主观性既含有一种实体性的内容（意蕴），同时又使这内容显现为外在的，它所处的就是一种中途点，在这个点上，内容的实体性不是按照它的普遍性而单独地抽象地表现出来，而是仍然融会在这个个性里，因而显现为融会到一种具有定性的事物里去——就这方面来说，它也解脱了单纯的有限性和条件制约性，而与灵魂的内在生活结合为一种自由的和谐的整体。

评注：以上摘自第三章《艺术美或理想》I.1.部分。这里阐述了特殊的个体在怎样的情况下才能显示它的普遍性。黑格尔所说的作为艺术美（理想）的"中途点"，是指从感性上升到理性的认识过程的中途点。艺术美不是纯然的感性认识，因为它已扬弃了自然形态的现象，而显现着具有普遍性的意蕴。但它也不是纯然的理性认识，因为这普遍性还不是抽象的思考，而是借感性形式显现出来。由于黑格尔把艺术作为由感性上升到理性认识过程的中途点，因此他认为艺术低于哲学，作为抽象思考的哲学才是人类认识发展过程的高级阶段。

这里，黑格尔提出艺术创作中的"清洗"理论，即"把现象中凡是不符合概念的东西一齐抛开"，并举画家为例，认为画家"必须抛开有限事物的只关自然方面的一切外在细节如头发等等"（我国文论中也有类似的说法，如刘勰的"谨发而易貌"，章实斋的"阿堵传神"等）。这种清洗理论是以扫除偶然性揭示必然性为依据的，是有道理的，但也不可趋于极端，把话说得太过头。否则就会和黑格尔自己的说法发生矛盾。他在《小逻辑》中曾说过偶然性在艺术创作中是不可少的。事实上，艺术作品必须保持现实生活的自然形态，这样就不能把现实生活中"有关自然方面的东西如头发等"一概清洗掉（章实斋也说过顾恺之作画"妙于颊上添毫"）。

摘录：理想对自然的关系

（甲3）因此，艺术用这种观念性（它是介乎单纯的有限客观存在和单纯的内在观念之间）把本来没有价值的事物提高了，它不管这些事物的内容有没有意义，只为着它们本身而把这些事物凝定起来，成为目的，使我们对本来过而不问的东西发生兴趣。艺术对于时间也产生了同样效果，在这方面它也还是观念性的。在自然界本来是消逝无常的东西，艺术却使它有永久性；……就这个意义说，艺术也是征服了自然。但是艺术的这种形式的观念性特别引人入胜的并不是它的内容，而是心灵创造的快慰。艺术表现必须显得很自然，但是形式意义的诗或观念性的因素，不能是生糙的自然，而是取消（扬弃）感性物质与外在情况的那种制作或创造。一种使人感到快乐的表现必须显得是由自然产生的，而同时却又像是心灵的产品，产生时无须通过自然物产生时所须通过的手段。这种对象之所以使我们欢喜，不是因为它很自然，而是因为它制作得很自然。

（乙）凡是自然地存在着的东西都只是一种个别体，无论从哪一点或哪一方面去看，都是个别分立的。观念却不然，它本身含有普遍性，所以凡是出于观念的东西就因而具有普遍性，不同于自然事物的个别分立。……艺术作品固然不只是一般性的观念，而是这种观念的某一定形式的体现，但是作为来自心灵及其观念性成分的东西，不管它如何像实物，艺术作品仍然必须浑身显出这种普遍性。就是因为这个缘故，诗的观念性比起上述单纯制作的那种形式的观念性（见甲3）要高一层。在这里艺术作品的任务就在于抓住事物的普遍性，而把这普遍性表现为外在现象中，把对于内容的表现完全是外在的无关重要的东西一齐抛开。因此，艺术家所取来纳入形式和表现方式的东西并不是凡是他在外在世界所发见到的，或是因为他在外在世界发见到的那些东西；如果他想作出真正的诗，他就只能抓住那些正确的符合主题概念的特征。如果他用自然及其产品，即一般现实，作为模范，这并不是因为自然把它随便造成某一种样式，而是因为自然把它造得很正确，但是这种"正确"是一种比现实本身更高的东西。

（丙）更进一层，既然只有心灵才能把它自在自为地充满兴趣的内容（意蕴）的内在世界实现于外在现象的形式，我们就得追问：从这方面看，理想与自然性的对立究竟含有怎样意义呢？严格地说，在这个领域里用"自然的"字眼，并不符合自然的本义，因为作为心灵的外在形状，自然的东西之所以是自然的，并不仅因为它是直接存在，像动物生命，自然风景等等那样，而是因为只有心灵才能把自己体现于身体，自然的东西在这里按照它的定性就只显现为心灵的表现——因而也就是显现为经过观念化的东西，因为这样纳入心灵，这样由心灵创造图景和形象，正是所谓观念化。（举例：人的面貌特征和整个形象的表情都是由内在生活决定的，可是人到死时这些特征就全都消逝了）外在的东西既然是受到心灵渗透和影响的，它就是观念化过的，与生糙的自然不同了。自然与理想对立问题的真正意义就在这里。

　　……这种平凡的自然也可以用作艺术题材，而且实际上也这样用过，但是这就发生两种情形：一种是像上文已经说过的（甲3），真正的兴趣只在表现本身，即在创作的艺术性，在这种情形下，就很难希望一个有教养的人能同情于这种作品的全体，这就是说，也同情于这样的内容；另一种情形就是艺术家通过他自己的理解，使这内容变得更深广。

　　……［除掉描绘平凡的题材外，］艺术当然还有更高的更理想的题材。因为人还有更严肃的旨趣和目的，来自心灵的广化和深化，只有这种旨趣和目的才符合人之所以为人。以表现这种较高内容为任务的才是较高的艺术……

　　具有心灵意蕴的现实自然形式在事实上应该了解为具有一般意义的象征性，这就是说，这些自然形式并不因为它们本身而有意义，而只是它们所表现的那种内在心灵因素的一种外现。就是这种心灵因素使这些自然形式还在现实状态而尚未进入艺术领域之前就已具有观念性，不同于不表现心灵的单纯的自然。在艺术较高的阶段里，心灵的内在的内容就应该得到它的外在形象。这种内容既存在于现实的人类心灵里，它就如一般人类内心生活一样，可以得到足以表现它的那种现实的外在形象。……形式的美一般说来并不是我们所说的理想，因为理想还要有内容方面的个性，因而也就还要有形式方面的个性。例如在形式上是一副完全停匀的美的面孔，而在实际上却可以很干燥无味，没有表现力。希腊诸神所表现的理想却是一些个别体，在普遍典型的范围之内仍各有特性。理想之所以有生气，就在于所要表现的那种心灵性的基本意蕴是通过外在现象的一切个别方面而完全体现出来的，例如仪表、姿势、运动、面貌、四肢形状等等无一不渗透这种意蕴，不剩下丝毫空洞无意义的东西。……这种最高度的生气就是伟大艺术家的标志。

有人可能设想：画家应该在现实中的最好形式中东挑一点，西挑一点，来把它们拼凑在一起……但是艺术的要务并不在于这种搜集和挑选，艺术家必须是创造者，他必须在他的想象里把感发他的那种意蕴，对适当形式的知识，以及他的深刻的感觉和基本的情感都熔于一炉，从这里塑造他所要塑造的形象。

评注：在这一部分里，黑格尔采取一贯方式，从观念自我发展的深化运动来论述艺术创作在不同阶段上的不同等级。他的着眼点是就理想对自然的关系来加以区分的。

第一，内容是自然界中本来没有价值的事物，艺术观念性的旨趣，不在内容，而在于表现它们时的心灵创造的快慰。艺术的观念性使这些自然界中本来是没有价值的消逝无常的东西提高了，不再显示它们的生糙，凝固起来，变成永久性的东西。在这种作品里，引人入胜的不是内容，而是心灵创造的自然的表现。就内容来说，都是自然界的简单事物，它们本身见不出心灵和生命。经过了艺术观念性的表现才把生气灌注在这些简单的事物上。黑格尔把这称为形式的观念性，是属于最低一级。

第二，内容不再是单纯存在着的自然个别体，而是把心灵的普遍性表现为外在的现象之中，在这里艺术的任务就在于抓住事物的普遍性，因此，在外在世界只去摄取那些正确地符合主题概念的特征。就是由于这个缘故，诗的观念就比上述单纯制作的那种形式的观念性要高一层。

第三，作为心灵的外在形状，自然的东西不再是单纯的直接存在，而只能显现为心灵的表现，也就是说，显现为经过观念化的东西。所以心灵的外在形状也就是由心灵创造图景和形象。黑格尔把这称为（外在因素的）观念化。平凡的题材虽然由于作者的心灵理解，也能使内容变得更深广，表现普遍性，但是艺术还有比它更高更理想的题材。以表现这种较高内容为任务的才是较高的艺术。在第一类中，内容仅是单纯的自然。在第二类中，自然形式不因为它们本身而有意义，而只是它们所表现的那种心灵因素的一种外现。但是在第三这更高一级里，心灵的内容（意蕴）就应该得到它的外在形象。这种内容既存在于现实的人类心灵里，它就如一般人类内心生活一样，可以得到足以表现它的那种现实外在形象，通过外在现象的一切个别方面完全体现出来，达到密切的吻合。黑格尔把这称为"理想的生气"，认为这种最高度的生气就是伟大艺术家的标志。

黑格尔始终站在心灵高于自然的立场上。《小逻辑》第九六节："理想性并不是在实在性之外或在实在性之旁的某种东西，而理想性的本质乃显然地即在于为实在性的真理。这就是说，若将实在性的潜伏功能，加以显明发挥，便可证明实在性本身即是理想性了。因此当我们仅承认实在性，尚不能令人满足，于实在性之外，我们当须承认理想性时，我们且不可因此便相信以为这样就足以表示对于理想性的答案了。像这样的理想性，在实在性之旁，甚或在实在性之外，其实只是一空名。惟有理想性是某物的理想性时，则这种理想性方有内容或意义，但这某物并不仅是一无确定性的此物或彼物，而乃是被确认为具有实在性的限有。这种限有，如果孤立起来，并不包含真理。"这里显然包含着这种客观唯心主义观点，即"自然（即'限有'亦即'有限的存在'）不是一个固定的自身完成之物，可以离开精神而独立自存，反之，精神唯有扬弃并包括自然于其内，方可成为精神"。但是，关于实在性和理想性的辩证论述是可采的。然而，在《美学》中，黑格尔更突出了他的唯心观点。他认为：不是自然提供给心灵以无比丰富生动的内容，相反，而是心灵赋予自然以生命。由于他一味追求比自然更高、更理想的艺术美，以至自然得出了贬低现实主义的结论。黑格尔的《美学》编于1817年或在此前不久。就在黑格尔逝世的十九世纪三十年代初，欧洲的文艺思潮发生了剧烈的变化。开始在十八世纪末萌芽于英国的批判现实主义一直稳步前进，经过了不到半世纪的时间，它已发展成为一股势不可当的巨大潮流，席卷了整个欧洲，呈现出一幅波澜壮阔的宏伟图景。在俄国，它是用"自然派"这个名字来命名的。自然派批判了当时盛行于美学中的理想化，即把艺术看作是"装饰了的自然"，揭示了描写平凡的散文生活的意义。虽然黑格尔对平凡题材也给予一定地位，如对伦勃朗的风俗画加以一定的肯定评价，但终究认为理想就是伟大艺术家的标志，从而夸大了观念性或观念化的威力，给反现实主义的理想化理论留下了可乘之机。尽管黑格尔在《小逻辑》中指出：理想性不能是在实在性之外或之旁，它只能是实在性的潜伏功能的明显地发挥或实在性的内在本质的明显揭示；惟有理想性是某物的理想性时，这种理想性方有内容或意义；尽管黑格尔在《美学》中指出：艺术高于自然，并不意味艺术家应该在现实中的最好形式中东挑一点，西挑一点，把它们拼凑在一起；——自然，这都是正确的，而且是重要的提醒，——但是，既然他把"理念在感性中的显现"作为美的基本命题，而且这种显现必须是不含丝毫杂质的观念性，必须是清洗有关自然的一切东西，那么，他也就无法杜绝他担心可能会出现的那种偏向。这种偏向已发展到这样的地步，它已不仅是把艺术的理想曲解作从现实的最好形式中东挑一点西挑一点拼凑成为艺术的形象，而且还把现实中散见于个别人物身上的优秀品质拼凑起来，抛弃处于一定环境中各别人物所不能摆脱的局限性和复杂多样的丰富性格，而把他们表现成纯粹的绝对的理想人物。甚至更进一步，索性抛开现实中存在的人物个性，只去表现可能性的优秀品质，使他们变成观念性的理想化身。由于黑格尔认为美的理念是自由的、无限的，必须清洗自然的依存性和局限性，他就无法杜绝上述的流弊。

（甲3）提到"心灵创造的快慰"和"艺术表现必须显得很自然"。所谓自然的表现，即在创作时，不是经过人工的计算、安排、布置，而显得是一种不经思索，摇笔即来，水到渠成的境界。数学家可以迅速地无须反复思考就能得出一道算题的答案。音乐演奏家可以不去考虑运用怎样的技法而自然而然地奏出一支丰富复杂的乐曲。同样，文学家当他经过构思进入创作的时候也可以不加斟酌地进行写作，这时词句，意境，形象……纷纭杂沓，昭晰互进，自然涌现脑际，作者只要用笔把它们记下来就行了。一切都显得那么自然，那么排斥人工的造作，这就是黑格尔称作"心灵创造的快慰"，有人把这叫作灵感，但我们可以更确切地，用别林斯基的术语，把它称作一种"创作的直接性（或自然性）"。黑格尔在《小逻辑》中曾论述了一般的直接性，认为它是由间接的历程而达到的。比如，数学家是依靠平时不断地演算和背诵各种计算公式。音乐家是依靠平时不断地练习和技法训练。文学家是经过平时培养起来的熟练和进入创作前构思时的深思熟虑。因而创作的直接性并不是什么神秘的东西，它们是经过了间接的历程，是平时大量积累的结果。

（乙）中说，"如果艺术家以自然作为范本，并不是因为自然把它随便造成某一种式样，而是自然把它造得很正确。"乍一看，这似乎很古怪，但现实中确实有的比较典型，有的却典型性较掩蔽，或并非突出地以较完整的形态呈现，而且有的还是变态或假象。在社会中也一样，因为历史往往是跳跃式地曲折地进行的，往往充满具有干扰作用的偶然性。就社会发展史来说，有的国家却往往显得比其他国家更是典型的。例如资本主义的发展，在经济方面，英国是一个典型；在政治方面法国是一个典型。关于前者，马克思在《资本论》初版序中说："物理学者考察自然过程时，要在它表现在最精确的形态且最不受干扰的地方做实验。我要在本书研究的是资本主义生产方法，及与其相应关系和交换关系。直到现在，它的典型处所是英国。"关于后者，列宁在《国家与革命》中引恩格斯《雾月十八日政变》第三版序言中说，法国资产阶级统治"所具有的典型性是欧洲任何其他国家所没有的"。解释如下："现在我们来概括地看一看十九世纪末和二十世纪初各先进国家的历史。我们可以看到，这里更缓慢，更多样，范围更广阔得多地进行着那同一过程。"而法国"是一般资本主义国家现代整个进化过程中的共同特征。在 1848—1851 这三年中，法国迅速地，鲜明地，集中地表明了整个资本主义世界所固有的那种发展过程。"

摘录：理想的定性

到此为止，我们一直在按照理想的普遍概念来研究理想本身。但是因为艺术美，就其为理想而言，不能始终只是普遍概念，它也必须在本身上有定性和特殊性，因此也就必须离开它本身而转化为有定性的现实存在，因而转化为非理想，它用怎样办法还能同时保持住它的理想性呢？反过来说，有限客观存在怎样才能取得艺术美的理想性呢？

一、理想的静穆：在比神低一级的尘世人类的领域里，理想是以这种方式起作用的：任何一种掌握人心的有实体性的内容（意蕴），都有力量统治主观方面纯然个别的东西。因此，情感和行为中的个别性相就脱净偶然性，而具体的个别性相被表现出和它所特有的内在真实更加协调一致。人类心胸中一般所谓高贵、卓越、完善的品质都不过是心灵的实体——即道德性和神圣性——在主体（人心）中显现为有威力的东西，而人因此把他的生命活动、意志力、旨趣、情欲等等都只浸润在这有实体性的东西里面，从而在这里面使他的真实的内在的需要得到满足。

心灵的定性和体现它的外在事物在理想里尽管显得本身是单纯的，但是在客观存在中展现出来的个别性相却仍须直接联系到发展原则，因此在与外在情境发生关系中，须直接联系到差异面的对立和斗争。这就使我们要更仔细地研究见出差异面的在发展中的理想的定性，即我们一般所说"动作"或情节。

评注：《理想的定性》是全书很重要的部分，黑格尔着力来写的。

其中分为三个大问题，而以第二个问题〈动作或情节〉作为这部分中的重点。

以上摘录中所用"人心的有实体性的内容"是指作为艺术美的理想的定性。它不是抽象的普遍性，而是具有特殊的内容具化到人类心灵中的一种普遍力量。它往往指的是支配人的一切心灵活动和行为的伦理观念，但它又不止是一种思想，而是既是理性和自由意志的基本内容，又是化身为一种合理的情绪，渗透于人的心灵深处，使他受到感动的普遍力量。最终黑格尔才把它揭示出来称为：$\pi\acute{\alpha}\theta o\varsigma$（情志）。在此以前，黑格尔有时又称它为"普遍的力量"、"神圣的东西"、"普遍性内容"、"有实体的东西"，或者竟称之为"神"、"神的内容"等等。

为了对〈动作或情节〉有一系统观念，并见出黑格尔的层层深入的推论方法，兹全录其中标题如下：

二、动作或情节

1. 一般的世界情况（或背景）
　　——情节及其性质的前提

a. 个体的独立自足性：英雄时代

b. 散文气味（枯燥）的现代情况

c. 个体独立自足的恢复

2. 情境
　　——实体性的统一发生差异面，成为动作的推动力

a. 无情境（无定性的情境）

b. 有定性的情境处于平板状态

c. 冲突

3. 动作（情节）

——性格对情境的掌握及其发出的反应动作，达到差异
对立面的斗争与消除

a. 引起动作的普通力量

b. 发出动作的个别人物

c. 人物性格

摘录：一般的世界情况

理想的主体性格，作为有生命的主体，既然应完成和实现它本身
所已有的东西，本身就必具有动作及一般运动和活动的定性。要达到
这一点，它就需要一种周围世界作为它达到实现的一般基础（Boden
译背景亦可）。在这里我们谈到情况，所指的是有实体性的东西成为现
实存在的一般性质，这种有实体性的东西作为心灵现实范围之内真正
本质的东西，就把这心灵现实的一切现象都联系在一起。举例来说，
我们说教育、科学、宗教乃至于财政、司法、家庭生活以及其他类似
现象的"情况"，就是采取这个意义。但是所有这些方面事实上都只是
同一心灵和同一内容（意蕴）的不同形式，这同一心灵和内容在这些
不同形式里揭开了，实现了。但是我们所说的世界情况既然是心灵现
实的世界情况，我们就要从意志方面来研究这种世界情况。因为一般
说来，心灵是通过意志才进入客观存在，现实界所借以维系在一起的
直接的有实体性的绳索就在意志的各种定性，道德法律的概念以及一
般可以称为正义的东西所借以实现的一定方式。

（以下复述内容大意）

a. 强调艺术理想的独立自足性。有实体性的自由自在状态，不能

作为抽象的普遍性和个体的特殊性相对立，也不能认为有坚强的主体性格的自由自在的个性是独立自足的，因为它没有以实体性的普遍力量作为内容，后者只是外在于前者。"只有在个性与普遍性的统一和交融中才有真正的独立自足性，因为正如普遍性只有通过个别事物才能获得具体的实在，个别的特殊的事物也只有在普遍性里才能找到它的现实存在的坚固基础和真正内容。""普遍的东西应该作为个体所特有的最本质的东西而在个体中实现，所谓作为个体所特有的东西，并不是指具有思想的主体所特有的东西，而是指主体的性格和心情所特有的东西。换句话说，要达到普遍性与个体的统一，我们所要求的不是思想的推理作用和分辨作用，这种统一应该是直接的统一，我们所主张的独立自足性也要令人从形象上直接见出。但是这种独立自足性就不免和偶然性结合在一起。因为人生中普遍的贯注一切的东西既然只有作为个人的主观情感、情绪和性格资禀，才能在独立自足的个人身上直接存在，它既然不应获得其他形式的存在，它就不得不听命于意志和实践活动的偶然机会。在这种情形之下，这普遍的东西仍只是这种个人的特性和心理特点，而且作为个人的个别特性，单靠它本身它就还没有力量和必要去实现自己，就不能依普遍的由自己决定的方式永远不断地重新实现自己，而是显得纯粹要听命于只依赖自己的主体，听他决定，听他实现，乃至于听他武断地不肯实现，听命于他的情感、资禀、能力、才干、计谋和技巧。我们在上文要求有世界一般情况作为理想的基础和一般显现方式。这里所说的偶然性就是这种情况的特色。"

b. 所谓偶然性是情况的特色，主要是指文明社会的情况。"在这里，道德概念，正义及其符合理性的自由都已建立成为一种法律秩序，而且得到了认可，所以就在外表方面它也已成为一种本身不可动摇的必然规律，不依存于某一个体和主体的情绪和性格"。因此，在现代文明社会中，具有实体性的普遍力量与个体的个性形成了分裂。普遍性不存在于个性之中，而是作为外在力量对个性加以节制和控制。在这种情况中，理想形象的范围是很狭窄的。每个人都隶属于一种固定的社会秩序，"不是这个社会本身的一种独立自足的既完整而又是个别的有生命的形象，而只是这个社会中的一个受局限的成员。所以他只能因在这个社会圈子里行动，这样一种形象以及他的目的与活动的意义所能引起的兴趣都是非常个别的。归根结底，这种兴趣只限于要知道个人的遭遇如何，他是否侥幸地达到了他的目的，他的进程受到什么偶然的或必然的事故阻碍或促进等等。""只有在狭窄范围以内，人作为个别主体才可以自由行动，才可以按照他自己个人的意愿成为他那样的人，做他所做的那样的事。但是这种理想究竟没有深刻的内容，所以只有主观方面的心情才成为真正重要的因素。比较客观的内容是由当前各种既定的关系定出的，所以这种内容主要的兴趣在于它显现于个人生活和他的内在主观性，如道德之类的方式。"

c. 英雄时代（或史诗时代），个体获得了充分的独立自足。在那里"道德的效力或价值完全要依靠个人，这些个人由于他们的特殊的意志，由于他们杰出的伟大的性格及其作用，超然耸立于他们所处的现实界的高峰。就这种人来说，正义的事就是最足以见出他们的本性的决定，如果他们在行为上破坏了自在自为的道德原则，也没有公众的强迫权力可以要求他们申诉理由或惩罚他们；正义对于他们只是一种内在的必然性，这种必然性经过生动的个别化，就成为个别的人物，外在的机缘和环境等等，而且它只有在这种形式里才变成现实的。惩罚和报复的分别就在于此。（现代社会中）合法的惩罚使普遍的规定了的法律对犯法者发生效力，通过公众权力机关，即通过法庭和法官，根据普遍的标准来执行，这种法官是谁是不关重要的。至于报复却要根据报复者的主观性，报复者对发生的事件，感到切身利害关系，根据他自己所了解的正义，向犯罪者的不正义行为进行报复。例如俄瑞斯忒斯的报复是有理由可辩护的，但是他之进行报复，是根据他个人的道德原则，而不是根据法律判决或是法律条文。在我们认为艺术表现所应有的那种情况里，道德的和正义的行为应该完全具有个人的性格，这就是说，它应完全依存于个人，只有在个人身上，而且通过个人，它才获得生命和现实。"英雄时代的个性是比较理想的。因为它不满足形式的自由和无限，而是要和心灵关系中全部有实体性的东西经常结成直接的统一体，就是这些有实体性的东西在这统一体里是直接的个别的，因此，个别的人本身也就是有实体性的。"

评注：艺术的理想不能是普泛的笼统的普遍性，而应该是具体的、有实体性内容的普遍力量，普遍性实现于特殊的个体之中，这就是理想的定性。这种实体性的普遍力量怎样可以成为可供感性观照的艺术作品呢？它必须实现自己，通过动作及一般运动和活动展示出来。这种运动和活动的场所或前提就是"情况"（背景）。其次，怎样的情况才能显示符合理想的个性呢？理想的定性的一个特质就是独立自足性。黑格尔认为，只有史诗时代（或英雄时代）才能显示个体的独立自足性，而现代文明社会的散文生活却不能。因为前者才能达到普遍性与个性的完满的统一；而后者却形成分裂状态，只有局限在狭窄范围内才能显示个性的自由自在。因此，黑格尔在《历史哲学》中称古代希腊是艺术的理想时代。

摘录: 情　境

情况，按照上文的研究，只能形成一般的精神方面的客观存在，因而只能形成个别形象表现的可能性，还不能形成个别形象表现本身。所以我们看到的只是艺术中有生命的个别人物所借以出现的一般背景。这一般背景固然要借个别人物性格而开花结果，要依靠个别人物的独立自足性，但是作为一般的世界情况，它还没有显示出个别人物在现实生活的活动，就像艺术所建筑的庙宇还不是神本身的个别表现，而只是包含神的萌芽。

所以从个别人物方面看，这普遍的世界情况就是他们面前原已存在的场所或背景，但是这种场所必须经过具体化，才见出情况的特殊性相，而在这种具体化过程中，就揭开冲突和纠纷，成为一种机缘，使个别人物现出他们是怎样的人物，现为有定性的形象。

作为这种更切近的机缘，有定性的环境和情况就形成情境。情境就是更特殊的前提，使本来在普遍世界情况中还未发展的东西得到真正的自我外现和表现。一般地说，情境一方面是总的世界情况经过特殊化而具有定性，另方面它既具有这种定性，就是一种刺激，使艺术所要表现的那种内容得到有定性的外现。特别是从后一个观点看来，情境供给我们以广阔的研究范围，因为艺术最重要的一方面从来就是寻找引人入胜的情境，就是寻找可以显现心灵方面的深刻而重要的旨趣和真正意蕴的那种情境。在这方面不同的艺术有不同的要求……

情境是本身未动的普遍的世界情况与本身包含着动作和反应动作的具体动作（情节）这两端的中间阶段。所以情境见出前后两端的性格，把我们从这一端引到另一端。

（以下复述内容大意）

a. 无情境（无定性的情境）："有定性的形象还没有跳出自己范围而同其他事物发生关系，内外都处于自禁闭状态，只是和它本身处于统一体"（如古代庙宇建筑）。

b. 有定性的情境处在平板状态："虽是有定性的情境，却还不是在本质上见出差异和冲突的情境"，"引不起反应动作"（如游戏）。

1. 最初步最简单的定性情境。（一）没有与广泛事物发生关系，（二）没有碰到矛盾对立，（三）处于自禁闭状态，在本身上才有意义（如希腊雕塑神像，休息，坐着，向上静观，维纳斯出浴）。

2. 更进一步的定性。（一）特殊目的在其本身内得到实现，（二）与外界发生了关系，（三）但仍保持和悦无拘束状态，（四）本身的行动是完整的，不能由其引出另一行动的开始（如希腊雕塑：阿波罗射死庇通以胜利者雄赳赳的姿态向前迈步）。

3. 机缘式的情境。得到定性的情境，可看作是一种纯粹外在的原因，成为一种机缘，引起与它多少相关的更较广泛的表现（如品达的颂歌，歌德的抒情诗等）。

c. 冲突："以上所说的一切情境，本身既不就是动作，一般也不是激发真正动作的原因。这些情境的定性仍或多或少地只是纯粹机缘式的情况，或是本身无意义的行为。只有在定性现出本质上的差异面，而且与另一面相对立，因而导致冲突的时候，情境才开始见出严肃性和重要性。冲突要有一种破坏作为它的基础。这种破坏不能始终是破坏，而是要被否定掉。它是对本来谐和的情况的一种改变，而这改变本身也要被改变掉。尽管如此，冲突还不是动作，它只是包含着一种动作的开端和前提，所以它对情境中的人物，只不过是动作的原因，尽管冲突所揭开的矛盾可能是前一个动作的结果。例如古希腊悲剧三部曲的次第就是如此，从头一部剧本的终局产生出第二部的冲突，而这个冲突又要在第三部里要求解决。因为冲突一般都需要解决，作为两对立面斗争的结果，所以充满冲突的情境特别适宜于用作剧艺的对象，剧艺本是可以把美的最完满最深刻的发展表现出来的。"

冲突的最切近的方式：

1. 物理的或自然的情况所产生的冲突。这里所涉及的只是外在的自然，以及自然所带来的疾病、罪孽和灾害。这些东西破坏了原来的生活的和谐，结果造成差异对立。单就它们本身来看，这一类冲突是没有什么意义的，其所以采为艺术的题材，只是因为自然灾害可以发展出心灵的分裂，作为它的结果。

2. 由自然条件产生的心灵冲突。如以自然的家庭出身为基础的冲突。（一）家庭出身的权利，如王位继承权。（二）出身的差别，由于习俗和法律的影响变成了一种不可克服的界限，好像它已是一种习惯成自然的不公平的事，因此成为冲突的原因〔如：(a) 出身不同的恋爱；(b) 出身限制了对正当目的的要求；(c) 出身的特权不能实现，这权利是不正当的。等等〕。（三）天生性情所造成的主观情欲，如奥瑟罗的妒忌等等。

3. 由心灵性的差异而产生的分裂，这才是真正重要的矛盾，因为它起于人所特有的行动。纯自然的冲突的作用只应形成进一步冲突的枢纽，它们只能是一种助因，使精神方面的生命力量在它们的差异中互相对立，互相斗争。精神方面的差异必须从人的行动中得到实现，才能显现于它们所特有的形象。总之，一方面须有一种由人的某种现实行动所引起的困难、障碍和破坏；另方面须有本身合理的旨趣和力量所受到的伤害。只有把这两方面定性结合在一起，才是这最后一种冲突的深刻根源。(一) 不自觉的行动和理性的冲突。人不自觉地无意地做了某一件事，后来他才认识到那件事在本质上破坏了某种应受尊重的道德力量，这种事就还属于"自然"的范畴。后来他对他的行动有了认识，承认他原先没有认识到的那种破坏行为还是出于他自己的，这样，他就被迫进入分裂和矛盾。这种冲突的根源就在于行动发生时的意识与意图和后来对这行动本身的性质的认识之间的矛盾。这种被人损害了的对象必须是他在按照理性行事时所敬重的。如果这种敬重只是由于一种无根据的见解和错误的迷信，那么至少是对于我们来说，有关的冲突就不能引起深刻的兴趣。(二) 意识到的行动和理性的冲突。比较适合的冲突应起于意识到的而且由于这种认识和意图才产生出的破坏。这里的出发点可以是情欲、暴力、愚蠢等等。这种冲突要点在于当事人所争求的对象本身是道德的，真实的，神圣的；如果不是如此，我们对于这种真正道德的和神圣的东西既然有所认识，我们就觉得这种冲突没有什么价值，没有什么真实性，见《摩诃婆罗多》。(三) 不是直接引起破坏的行动。一种行动单就它本身来看，并不一定就是一个引起冲突的行动，但是由于它所由发生的那些跟它对立矛盾的而且是意识到的关系和情境，它就变成一种引起冲突的行动。例如罗密欧与朱丽叶相爱，这爱情本身并没有破坏什么，但是他们认识到他们双方家庭是互相仇恨的，他们双方的父母都不会允许他们结婚的，由于这种原已假定存在的分裂，他们就陷入冲突了。

以上是概括的说明。"可能发现的不同情境是无穷的"，"一般说来，发现情境是一项重点工作，对于艺术家也往往是件难事。特别在现代，人们常听到一种抱怨，说找适当的题材来组成背景和情境有多么困难。第一眼看来，诗人如果有独创性，能自己去创造情境，他就会显得更有价值。但是这种依靠自己的活动并不是艺术的主要方面，因为情境本身还不是心灵性的东西，还不能组成真正的艺术形象，它只涉及一个性格和心境所由揭露和表现的外在。应该允许诗人取材于现成的历史、传说、神话、编年纪乃至于早已被艺术家运用过的旧材料和情境，但是他应该经常能推陈出新。……艺术的要务不在事迹的外在的经过和变化，这些东西作为事迹和故事并不足以尽艺术作品的内容；艺术的要务在于它的伦理的心灵的表现，以及通过这种表现过程而揭露出来的心情和性格的巨大波动。"

"我们一方面可以看到：内在的和外在的有定性的环境，情况和关系要变成艺术所用的情境，只有通过这情境所含蕴的心情或情绪才行。另一方面我们也可以看到：情境在得到定性之中分化为矛盾、障碍、纠纷以至引起破坏，人心感到为起作用的环境所迫，不得不采取行动去对抗那些阻挠他的目的和情欲的扰乱和阻碍的力量，就这个意义来说，只有当情境所含的矛盾揭露出来时，真正的动作才算开始。但是因为引起冲突的动作破坏了一个对立面，它在这矛盾中也就引起被它袭击的那个和它对立的力量来和它抗衡，因此动作和反动作是密切联系在一起的。只有在这种动作和反动作的错综中，艺术理想才能显出它的完满的定性和动态（发展）。因为在这种情况之下，两种从和谐中分裂出来的旨趣在相互对立和斗争着，它们的这种相互矛盾就必然要求达到一种解决。这种动态（发展），作为整体来看，已经不属于情境及其冲突的范围，它就要进一步研究真正的动作。"

评注： 黑格尔所做的冲突分类的概述是颇有启发性的。他以希腊悲剧三部曲为例，把矛盾斗争看作是和谐世界的分裂，其结果又由分裂经过矛盾斗争的解决而重新达到和谐。这虽然有一定道理，但不可定为死板的公式。别林斯基论汉姆莱脱似乎就据此义。又如（乙2）中论阶级区别，事物屈从妥协等等都是黑格尔哲学中消极保守方面（原文见中译本 P. 260—261）。再如：说《奥瑟罗》的妒忌是"天生性情所造成的主观情欲"，因而"属于自然性冲突"也是不符实际的。

摘录：动作（情节）

我们已经看到：动作须先假定有产生冲突，动作和反动作的环境。从这种假定看，动作究竟以哪一点为起点呢？这是不能固定的。因为从某一观点看来像是起点的东西，从另一观点看来，可能又是更早的事态错综的结果，这更早的事态错综就会成为真正的起点。但是就连这更早的事态错综也还是更早的冲突的结果。如此逐级例推。这种追溯到底的办法是令人厌倦的。艺术的旨趣并不在于把某一动作的最初起点作为起点，这还有一个更深刻的理由，那就是这种最初的起点只有在考虑到事态的外在的自然演变时才说得上是起点，动作与这种起点的关联只在于现象在经验上的一脉相承，它对于动作本身的真实内容可能无关。如果许多不同的事件是由一个人做的，这个人就成为这些事件的联络线索，这种外在的一脉相承也还是存在的。生活情况，行动和命运的总和固然是个人的形成因素，但是他的真正的性格，他的思想和能力的真正核心却无待于它们而能借一个情境和动作显现出来，在这个情境和动作的演变中，他就揭露出他究竟是什么样人，而在这以前，人们只是根据他的名字和外表去认识他。动作的起点应该只了解为被当事人的心情及需要所抓住的，直接产生有定性的冲突的那种情况，所表现的特殊动作就是这种冲突的斗争和解决。

情境和它的冲突一般是激发动作的原因；但是只有通过反动作，

动态本身——即在活动中理想的差异对立——才能显现。这种动态
（发展过程）包含以下三点：第一，普遍的力量，这些力量形成艺术所
要处理的真实内容和目的；第二，这些力量通过发生动作的个人而发
挥作用；第三，这两方面须统一于我们一般所说的性格。

a. 引起动作的普遍力量

（甲）在真正的美里，冲突所揭露的矛盾中每一对立面还是必须带
有理想的烙印，因此，不能没有理性，不能没有辩护的道理。

（乙）冲突固然可以用无数不同的方式引进来，但是反动作的必然
性不能是由荒谬反常的东西所造成的，它必须是本身符合理性的有辩
护理由的东西所造成的。……与上述那些正面的力量紧密联系在一起
的还有别的和它们对立的力量，那就是反面的、坏的、邪恶的力量。
但是，在一种动作的理想表现中，纯粹是反面的力量却不应作为不可
少的反动作的基本根源。反面力量的实在性固然可以与客观存在的反
面东西相适应，但是如果内在的概念和目的本身已经是虚妄的，原来
内在的丑在它的外在实在（客观存在）中也就更不能成为真正的美
了。……因为纯然反面的东西总是呆板枯燥的，使我们觉得空洞无味
或是厌恶，无论它是作为一种动作的动力，还是仅仅作为一种手段去
引起旁人的反动作。残暴、灾祸、严酷的暴力以及横暴的强权如果是
和意蕴丰富的伟大的性格和目的联系在一起，因而得到支持和提高的，
在想象中还可以了解和忍受，但是单纯的罪恶，妒忌，怯懦和卑鄙总
是只能惹人嫌恶。

（丙）只有本身是正面的有实体的力量才能成为理想动作的真正内
容。但是在艺术表现里，这些推动的力量却不应该只现出它们的普遍
性，而是必须形象化为独立自足的个别人物，尽管在行动的现实里它

们仍是理想的重要方面。如果没有形象化为独立自足的个别人物，它们就还只是一般的思想或抽象观念，不是属于艺术领域里。

b. 发出动作的个别人物

神们或普遍力量一般固然是推动的力量，但是在现实中，他们并不直接发出真正的个别的动作，发出动作的是人。因此这里有两个不同的方面。一方面是上述那些处在独立自足的因而还只见出抽象的实体性的普遍力量；另一方面是个别的人物，动作是蓄谋和最后决定以及实际的完成都要靠他们才行。……这就是真正的困难所在。因为神与人的这种关系中直接隐藏着一种矛盾。一方面是神们的内容，就是人的本性，人的个别的情欲，人的决定和意志；但是另一方面神们是被理解为自在自为的（绝对的），不仅不依存于个别的主体，而且对于主体还是推动和决定的力量，所以同一定性，时而被看成独立自足的神的个体，时而又被看成人心的最本质的东西。因此，一方面神的自由独立，另一方面发出动作的个别人物的自由，都像是遭到了危险。主要的困难在这一点；如果把发号施令的权力归之于神，人的独立自足性就要受到损害，让神的精神在它上面发生影响，这样人的自由意志就被消灭了，因为神发生这种影响的意旨对于人就好像是一种宿命。

（甲）人外在于神，神发号施令，人只有听从。如希腊悲剧中的神机关，神变成死的机械，而个别人物也就变成只是一种工具，任外在的飘忽任性的意志支配了。

（乙）神与人的统一。即使在把普遍力量看成独立自由的，和发生动作的人物及其情欲是对立的时候，这种统一也还必须可以清楚见出。这就是说，神的内容必须同时是个别人物本身固有的内在实质，这样，一方面统治的力量就显现为本身是经过个性化的，另一方面这种外在于人的力量却同时显现为人的心灵和性格中所固有。因此艺术家的任务就在于调和这两方面的差异，用一种微妙的线索把它们结合起来。人的心情必须在神身上显现出来，神就是独立的普遍力量，在人的内心中起推动和统治的作用。……无论把神们看成只是外在于人的力量，或者把他们看成只是内在于人的力量，都是既正确而又错误的。因为神同时是这两种力量。在荷马史诗里，神与人的活动总是经常往复错综在一起的；神们好像是在做与人无干的事情，但是实际上他们所做的事情却只是人的内在心情的实体。如《伊利亚特》中阿喀琉斯在争吵中要举剑杀阿伽门农，雅典娜的出现劝阻就是平息阿喀琉斯怒火的谨慎。歌德《伊菲琪尼亚在陶芮斯》是这种神的机械作用转化为主体的内在力量，即转化为自由，为伦理的美的可惊赞的例证。《麦克佩斯》中巫婆所寓言的正是麦克佩斯自己私心里的愿望。《汉姆莱脱》中的鬼是汉姆莱脱自己内心预感的一种外在形式。

（丙）最后，如果要找一个名词来称呼这种不是本身独立出现的而是活跃在人心中，使人的心情在最深刻处受到感动的普遍力量，我们最好跟着希腊人用 $\pi\alpha\theta o \varsigma$ 这个字。这个字很难译，因为"情欲"总是带着一种低劣的意味。我们这里用"情致"这个名词是取它的较高尚较普遍的意义，不带"可贬的"，"私心的"那些附带的意味，例如安蒂贡涅的兄妹情谊就是希腊文的"情致"。这个意义的"情致"是一件本身合理的情绪方面的力量，是理性和自由意志的基本内容。例如俄瑞斯忒斯杀死自己的母亲，并不是"情欲"的那种心情的激动，驱遣他采取这种行动的正是"情致"，而这种"情致"是经过很慎重的考虑来的。我们把情致只限于人的行动，把它了解为存在于人的自我中而充塞渗透到全部心情的那种基本的理性的内容。

（丙1）情致的表现是效果的主要来源。情致所打动的是一根在每个人心里都回响着的弦，每个人都知道一种真正的情致所含的意蕴的价值和理性，而且容易把它认出来。情致能感动人，因为它自在自为地是人类生存中的强大的力量。就这一方面来说，外在事物、自然环境、景致都只应看作次要的附庸的东西，其目的在于帮助发挥情致。在艺术里感动的应该只是本身真实的情致。

（丙2）荒诞无稽的主观幻想，对人性的真实情况作纤巧雕凿的理解，有关真理的教条，信念和见解（它们的基本要求在于认识，属于科学的认识和真理）都不是情致。反之，我们相信每一种情致，每一种影响行动的伦理的动力，都是能感动人心的。

（丙3）情致需要一种表现和描绘。所表现的心灵当然必须本身是丰富的，才能使它的丰富的内心生活滋养它的情致，而且不仅是停留在集中的浓密的状态，而是要广泛地外现，提升到具有完满的形象。单纯的感叹能力只是一种很可怜的能力，而这种表现方式也还只是野蛮人的表现方式。能表现情致的个人心灵必须本身是一种丰满的心灵，有展开它自己和表现它自己的本领。

c. 人物性格

神们变成了人的情致，而在具体的活动状态中的情致就是人的性格。因此，性格就是理想艺术表现的真正中心，因为它把前面我们作为性格整体中的各个因素来研究的那些方面都统一在一起。……真正自由的个别性，如理想所要求的，却不仅要显现为普遍性，而且还要显现为具体的特殊性，显现为原来各自独立的这两方面的完整的调解和互相渗透，这就形成完整的性格，这种性格的理想在于自相融贯的主体性所含的丰富的力量。

（甲）情致既然是在一个完满的个性里显现出来的，所以情致在它的得到定性的状态中不复是艺术表现的全部和唯一的兴趣，而变成只是发生动作的人物性格中的一个方面，尽管这个方面是主要的。……因此人物性格也须现出这种丰富性。一个性格之所以能引起兴趣，就在于它一方面显出整体性，而同时在这种丰富中却仍是它本身，仍是一种本身完备的主体。如果人物性格没有见出这样的完满性和主体性，而只是抽象的，任某一种情欲去支配的，它就会显得不是什么性格，或是乖戾反常、软弱无力的性格。个别人物的软弱无力，正在于上文所说的那种永恒的力量没有显现为他本身固有的自性，即没有显现为主体固有的属性。在荷马的作品里，每一个英雄都是许多特征的充满生气的总和。例如阿喀琉斯，荷马借种种的情境把他的多方面的性格都揭示出来了。……每个人都是一个整体，本身就是一个世界，每个人都是一个完满的有生气的人，而不是某种孤立的性格特征的寓言式的抽象品。

（乙）……要显出更大的明确性，就须有某种特殊的情致，作为基本的突出的性格特征，来引起某种确定的目的、决定和动作。但是如果这界限定得过分死板，以致使一个人物仅仅成为某种情致——例如爱情和荣誉感之类——的完全抽象的形式，那么，一种生气和立体性就会完全消失了，而这种艺术表现也就会因此枯燥贫乏。——例如法国的戏剧作品就是如此。所以性格的特殊性中应该有一个主要的方面作为统治的方面，但是尽管具有这个定性，性格仍须同时保持住生动性与完满性，使个别人物有余地可以向多方面流露他的性格，适应各种各样的情境，把一种本身发展完满的内心世界的丰富多采性显现于丰富多采的表现。从理智方面看，一方面有一个统治的定性，而另一方面在这个定性范围以内又有这样多方面性，好像是不可能的。……
理智爱用抽象方式单把性格的某一方面挑出来，把它标志成为整个人
的唯一准绳。凡是跟这种片面的统治的特征相冲突的，在理智看来，
就是始终不一致的。但是就性格本身是整体因而是具有生气的这个道
理来看，这种始终不一致正是始终一致的，正确的。因为人的特点就
在于他不仅担负多方面的矛盾，而且还忍受多方面的矛盾，在这种矛
盾里仍然保持自己的本色，忠实于自己。

（丙）人物性格在具有定性的状况里必须具有一种一贯忠实于它自
己的情致所显现的力量和坚定性。如果一个人不是这样本身整一的，
他的复杂性格的种种不同的方面就会是一盘散沙，毫无意义。……性
格之所以有这种坚定性与决断性，是由所代表的力量的普遍性与个别
人物的特殊性融合在一起，而在这种统一中变成本身统一的自己与自
己发生关系的主观性与整一性。……主要原则就是要有一个丰富充实
的心胸，而这心胸中要有一种本身得到定性的有关本质的情致，完全
渗透到整个内心世界里，艺术不仅要把这情致本身，而且还要把这种
渗透过程都表现出来。但是这情致却不能在人的心胸中自归消灭，以
至显得只是一种本身并不本质的空虚的情致。

评注：人称佛书"文如钩锁，义若连环"。黑格尔的说明方法也是
层层推进，步步深入，一环紧扣一环。他一向反对罗列事实作外在的
排比，要求各部分之间必须存在着内在联系。

情况——情境——情节这三个环节，是建筑在普遍性——特殊
性——个体性的辩证关系的基础上。（附带提一下，中译本译者不知普
遍性、特殊性、个体性是黑格尔总念论的三个基本范畴，以至于把特
殊性和个体性混为一谈，这从译者在译本中所做的注释就可以看出了。

这一混淆是很大的错误。须知黑格尔逻辑学中的推论全是从这三个范畴推演出来的，即由：E——B——A 推出其他各式。普遍性与特殊性相当于种和类的关系，但类并不是单一的个体。）恩格斯很早就提出了"典型环境中的典型性格"。但是，过去的文艺理论很少把这两方面结合起来作深入的探讨。这里，黑格尔给我们一个启发，要表现典型性格，只有把它放在典型环境中去加以考虑才行。

　　从世界一般的情况开始提到具有实体性的普遍力量，经过了一大段路程，终于在情境（b）中达到了它的归结——$\pi\alpha\theta o\varsigma$。它是激起人物动作起来的动力，是艺术作品能够感动人的真正根源所在。亚里士多德《诗学》已用过这一概念，但没有作充分的发挥和深刻的阐明。别林斯基论普希金曾袭用了这一术语，但未见中译，不知他究竟是怎样的说法。黑格尔关于这一问题的阐述，解决了美学上的一个困难问题。能够激发人物行动起来并使读者为之感动的力量必须是普遍性的。但是作为个体的人物又必须是有个性的。怎样通过一条微妙的线索使这普遍性和个别性结合起来，是艺术的真正困难所在。普遍性不能外在于主体的个别性，无论是神机关、宗教信念、真理的教条，一旦作为外在于人物个性的抽象普遍性，都会分裂两者的统一，使人物变成听命于一种抽象概念的傀儡。这种基于意志论的普遍性即恩格斯所斥责的那种"绝对命令"，个别性的主体成为听从"绝对命令"的工具。因此，普遍性必须同时是个别人物本身所固有的内在实质，在人的内心中起推动和统治作用。另方面，它又必须是外在于人物性格的，而不是生而具有的类如禀赋一类的东西。它是时代精神在人物身上打下的烙印。而这时代精神及其构成的某种伦理观念，不以个人意志为转移，但又浸透于人物性格之中。本书译者以情致绵绵的"情致"一词

来译 $\pi \acute{a} \theta o \varsigma$，这是很糟的。$\pi \acute{a} \theta o \varsigma$ 不仅是一种情感，而且具有自由意志和理性的内容。刘勰曾以情志连缀成词，采"情志"为译名较妥。

找寻冲突的起点不应陷入因果关系的无穷链锁之中，作品的情节不是散漫地记录人物的各种琐细的生活境况，而是要抓住一个情境和动作，即通过典型环境，把人物性格及其心情显示出来。

(a) 中提到"有辩护理由"是黑格尔的一个重要论点。它是说冲突的双方，动作和反动作，都必须是符合理性有辩护理由的。动作和反动作都必须是有存在根据的。就它们彼此相对，都是显得不合理的，否则双方就不会发生激烈的斗争。但就它们的每一方来说，又必须是有辩护理由的，否则就失去了存在的根据。这一方倘是荒诞不经的，那么和它对立的另一方也就立即失去了生气和威力。谁会把和风车大战的堂吉诃德看作是一位英雄呢？堂吉诃德是喜剧人物。这种情况在喜剧中是存在的，但不能存在于严肃性的冲突之中。因为堂吉诃德本身就是充满了荒诞不经的幻想的。在严肃的冲突中，如果为了烘托一方的理想性就把另一方竭力加以贬抑丑化，其结果就会使双方同受损害。

在 (c) 论述人物性格中，黑格尔对高乃依的《熙德》，拉辛的《裴笃尔》作了中肯的批判，显示了他的鉴赏力。

摘录：理想的艺术作品的外在方面对听众的关系

演员们表演一部剧本，他们并不仅彼此交谈，而且也在和我们交谈。

由于不同时代的隔阂，就发生这样一个问题：一件艺术作品应该怎样表现所写地方的外在方面，例如风俗、人情、宗教、政治、社会道德各方面的情况呢？换句话说，艺术家应该忘去他自己的时代，眼里只看到过去时代及其实在情况，使他的作品成为过去时代一幅忠实的图画呢？还是他不仅有权利有义务要只注意到他自己的民族和时代，按照符合他自己时代特点的观点去创作他的作品呢？我们可以把这两种对立的要求这样提出：应该怎样处理题材，是客观的按照它的内容和时代来处理呢？还是按照主观的方法来处理，使它完全适应现时代的文化和习俗呢？如果让这两种办法坚决对立，每种办法都会走到错误的极端。

（a乙）主观的表现方式之所以产生，是由于艺术家对自己时代的文化的骄傲，他认为只有他那时代的观点、道德和社会习俗才有价值，才值得采用，因此对任何内容都不能欣赏，除非那内容是用他那时代的文化形式表现出来的。所谓法国古典派的"纯正的鉴赏力"就属于这一种。因此伏尔泰说法国人改善了古人的作品，这话是不对的，他们不过把古人的作品加以法国化罢了。他们的趣味要求一种完全宫廷式的社会文化，在意义和表现方式上都要做到符合规则和沿袭陈规的概念化。他们的趣味是非常狭隘的，因为艺术所应该做的事不是把它的内容刨平磨光，成为这种平滑的概念化的东西，而是把它的内容加以独特化，成为有生命有个性的东西。因此，法国人最不会了解莎士比亚，当他们修改莎士比亚的作品时，他们所删削去的正是我们德国人所最爱好的部分。

（c乙）这些历史的东西虽然存在，却是在过去存在的，如果它们和现代生活已经没有什么关联，它们就不是属于我们的，尽管我们对它们很熟悉；我们对于过去事物所以发生兴趣，并不只是因为它们一度存在过。历史的事物只有在属于我们自己的民族时，或是只有在我们可以把现在看作过去事件的结果，而所表现的人物或事迹在这些过去事件的连锁中，形成主要的一环时，只有在这种情况之下，历史的事物才是属于我们的，我们自己民族的过去事物必须和我们现代的情况、生活和存在密切相关，它们才算是属于我们的。

（丙2）艺术家当然可以取材于辽远的国度、过去的时代和异方的人民，在大体轮廓上维持神话、习俗和制度的在历史上的本来的形状，而同时却只把这些形状作为他所写的画面的框子，把内在的内容配合到现代的更深刻的意识上去。到现在为止，最令人惊赞的例子还是歌德的《伊斐琪尼亚在陶芮斯》。

比较严重的反历史主义还不在于服装之类外在事物方面，而在于一部艺术作品中人物说话、表现情感和思想，推理和发出动作等等的方式，对于他们的时代、文化阶段、宗教和世界观来说，都是不可能有的，不可能发生的。人们往往把这种反历史主义归于妙肖自然的范畴，认为所表现的人物如果不按照他们的时代去说话行事，那就是不自然。但是如果这种妙肖自然的要求，如果片面地坚持它，也会引入迷途。因为艺术家在描写人的心胸以及他的情绪和基本情欲时，一方面应该保持个性，另一方面却又不应把这心胸及其情绪和情欲等写成像它们在日常生活中天天出现的那样，因为艺术家只应该用适合的现象把每种情致表现出来。在这种表现中，艺术家应该注意到当代现存的文化、语言等等。（如荷马、索福克勒斯等都以高度发展的思想方式和语言表现方式去描写以前时代。）这样破坏所谓妙肖自然的原则正是艺术所必有的反历史主义。表现品的内在实质并没有改变，只是已进一步发展的文化使得语言表现和形象必然受到改变。另一种情形却不能与此并论，那就是把宗教道德意识的较晚的发展阶段中的观点和观念强加于另一个时代或另一个民族，而这个时代或民族的全部世界观是与这种新观念相矛盾的。我们理应要求艺术家们对于过去时代和外国人民的精神能体验入微，因为这种有实体性的东西如果是真实的，就会对一切时代都是容易了解的；但是如果想要把古代灰烬中的纯然外在现象的个别性都很详尽而精确地摹仿过来，那就只能算是一种稚气的学究勾当，为着一种本身纯然外在的目的。从这方面来看，我们固然应该要求大体上的正确，但是不应剥夺艺术家徘徊于虚构与真实之间的权利。

（丙3）如果把情致揭示出来，把一种情境的实体性的内容以及心灵的实体性的因素所借以具有生气并且表实在事物的那种丰富强有力的个性揭示出来，那就算达到真正的客观性。所以要表现这样有实体性的内容，就要有一种适合的本身轮廓鲜明的具有定性的现实。如果找到了这样一种内容并且按照理想的原则把它揭示了出来，所产生的艺术作品就会是绝对客观的，不管它是否符合外在历史的细节。

评注：（a乙）中对法国古典主义的所谓"纯正鉴赏力"的批判是很有见地的。这里以伏尔泰为代表，他是启蒙时期的先驱者。黑格尔在《历史哲学讲演录》中说这时代是"世界用头立地"的时代。恩格斯《反杜林论·引论·概论》中引用一下这个说法，指出：当时是"思维的悟性（知性）成了衡量一切的唯一尺度"，追求"永恒的真理和正义"，并认为"以往一切社会形式和国家形式，一切传统观念，都被当作不合理的东西扔到垃圾堆里去了；到现在为止，世界所遵循的只是一些成见；过去的一切只值得怜悯和鄙视。只是现在阳光才照射出来"。这正可用来作为黑格尔所说的"对自己时代的文化的骄傲"的注释。

黑格尔对于历史主义和反历史主义的看法。要点：a. 在历史的东西中，只有那些可以视为"现在"的"过去"的那些东西，才有价值。历史的东西并不因为它们曾经存在过才有价值。b. 历史中有实体性的东西如果是真实的，对一切时代来说都是可以了解的。所谓实体性的东西即指心灵方面具有实体性的普遍力量。c. 要用高度发展了的思想方式和语言表现方式去处理历史题材，而不是亦步亦趋地去妙肖自然。只要在大体轮廓上维持习俗和制度在历史上本来的形状就行了。d. 反历史主义是在于把较晚的发展阶段中的观点和观念强加于另一时代，而这时代的世界观是与这种新观念相矛盾的。

附录：《路易·波拿巴政变记》（部分）

人们自己创造自己的历史，但他们这种创造工作并不是随心所欲，并不是在由他们自己选定的情况下进行的，而是在那些已直接存在的，既有的，从过去继承下来的情况下进行的。一切死亡先辈的传统，好像噩梦一般，笼罩活人的头脑：恰好在人们仿佛是一味从事于改造自己和周围事物，并创造前所未闻的事物时，恰好在这样的革命危机时代，他们怯懦地运用魔法，求助于过去的亡灵，借用它们的名字、战斗口号和服装，以便穿着这种古代的神圣服装，说着这种借用的语言，来演示世界历史的新场面。……

但是，当新的社会形态刚形成的时候，远古的巨人连同所有复活一时的罗马古董——所有这些布鲁特斯，格拉克斯，普布利古拉，护民官，参议员以及恺撒本人——就消失不见了。冷静求实的资产阶级社会已是把塞伊、库森、罗亚耶——提拉尔、辛执

明·康斯坦和基佐之流当作自己的真正的解释者和代表者了；此
时它的真正的统帅已是那些商务账房里的总办事人员，它的政治
首领已是头肥如猪的路易十八了。资产阶级社会全然埋头于财富
的创造与和平的竞争，竟已忘记古代罗马的幽灵曾守护过它的摇
篮。但是，不管资产阶级社会怎样缺少英雄精神，然而它的诞生
是曾需要过英勇的行为、自我牺牲、恐怖手段、内战以及民族战
斗的。在罗马共和国典型般严肃的传说中，资产阶级社会的斗士
找到了必需的理想、艺术形式和幻想，为的是不让自己看见自己
斗争的资产阶级的狭隘内容。为的是要把自己的热情保持在伟大
历史悲剧的高度上。例如，在一世纪以前，在另一发展阶段上，
克伦威尔和英国人民为了自己的资产阶级革命，就借用过《旧
约·圣经》中的词句，热情和幻想。当真正的目的已经达到时，
当英国社会的资产阶级改造已经实现时，洛克就代替了先知阿娃
库的地位了。

　　由此可见，这些革命中，使死人复生，是为了赞美新斗争，
而不是为了勉强模仿旧斗争；是为了提高某一任务在想象中的意
义，而不是为了回避在现实中解决这个任务；——是为了再度找
到革命的精神，而不是为了让革命的亡灵重新游荡起来……

　　十九世纪的社会不能从过去，而只能从未来取得自己的诗情。
它在自己还没有根本破除任何迷信或崇拜古旧事物的思想以前，
是不能开始的。从前的革命曾需要对过去事物作世界历史的回忆，
为的是要向自己隐瞒自己的内容。十九世纪的革命一定要让死者
去埋葬他们自己的死者，为的是要自己弄清自己的内容。从前是
辞藻胜于内容，现在是内容胜于辞藻。

摘录：想象，天才和灵感

想象：最杰出的艺术本领就是想象。但不要把想象和纯然被动的幻想混为一谈。想象是创造的。

（甲）属于这种创造活动的首先是掌握现实及其形象的资禀和敏感，这种资禀和敏感通过常在注意的听觉和视觉，把现实世界的丰富多采的图形印入心灵里。此外，这种创造活动还要靠牢固的记忆力。从这方面看，艺术家就不能凭借自己制造的幻想，而是要从肤浅的"理想"转入现实。在艺术和诗里，从"理想"开始总是很靠不住的，因为艺术家创作所依靠的是生活的富裕，而不是抽象的普泛观念的富裕。在艺术里不像在哲学里，创造的材料不是思想而是现实的外在形象。所以艺术家必须置身于这种材料里，跟它建立亲切的关系；他应该看得多，听得多，而且记得多。一般地说，卓越的人物总是有超乎寻常的广博的记忆。因为对人能引起兴趣的东西，人才把它记住，而一个深广的心灵总是把兴趣的领域推广到无数事物上去。有了这种对外在形状的精确的知识，还要加上熟悉人的内心生活，各种心理状况中的情欲以及人心中的各种意图；在这双重的知识之外，还要加上一种知识，那就是熟悉心灵内在生活通过什么方式才可以表现于实在界，才可以通过实在界的外在形状而显现出来。

（乙）复述：想象活动的几个要素：a. 不仅是艺术家内在心灵的外观，而且是现实事物的真实性的显现。b. 不仅是艺术家自己所意识和感动的，而且是他对现实事物的广度深度的彻底体会。c. 不是把现实事物的真实性放在普泛命题和观念的形式里去认识，而是把理想化为具体的形象和个别事物去认识。d. 一方面求助于常醒的理解力，另一方面也要求助于深厚的心胸和灌注生气的情感，使理性内容和现实形象互相渗透融会。

（丙）复述：想象活动中的主导力量是情感。a. 情感使图形与内在自我统一。b. 不仅要熟悉各种现象，而且只有被它们所掌握和感动才能达到深刻的发现。

评注：在谈到创作活动时，黑格尔强调生活经验的丰富，而反对肤浅的理想，认为从理想开始总是很靠不住的，尽管他的美学是以理念为起点，并认为艺术美就是理想。他认为艺术创造的想象活动不属于哲学研究的范围，这是因为艺术和哲学有着一定的区别：在艺术里，创造的材料不是思想而是现实的外在形象。虽然艺术也是经过深思熟虑，长久而深刻的衡量，也需要清醒的理解力，需要思考和分辨能力，但是"我们不能因此就说，艺术家应该以哲学思考的形式去掌握形成宗教、哲学和艺术基础的那一切事物中的真实的东西。哲学对于艺术家是不必要的，如果艺术家按照哲学方式去思考，就知识的形式来说，他就是干预到一种与艺术相对立的事情。因为想象的任务只在于把上述内在的理性化为具体形象和个别现实事物去认识，而不把它放在普泛的命题和观念的形式里去认识"。这里提出了艺术与哲学在认识方式和思维形式上的区别，但是还没有用"形象思维"这一概念，尽管如此，从上述一段话中可以推出它里面已潜伏了"形象思维"的萌芽。

马克思《政治经济学批判导言》中有一段话很难理解："整体，当它在头脑中作为被思维的整体而出现时，是思维着的头脑的产物，这个头脑用它专有的方式掌握世界，而这种方式是不同于对世界的艺术的、宗教的、实践—精神的掌握的。"这里提出掌握世界的两种方式。一种是"思维着的头脑用它专有的方式"，一种是"艺术的、宗教的、实践—精神的掌握的方式"。用头一种方式掌握世界，整体在头脑中作为被思维的整体而出现，这里说的"整体"，似乎指的是具体的普遍性或由抽象形成的整体概念。因此这种掌握世界的方式，大概指的是运用范畴或观念形式去掌握世界。第二种方式与此不同，艺术掌握世界的方式是通过具体形象去掌握的（可用黑格尔上述说法来阐明）。但是与之并列的宗教的方式是什么呢？是不是通过信仰的方式？特别是实践—精神的方式又是什么呢？（是不是意志？）为了解决形象思维的问题，必须把马克思的上述说法弄清楚。

摘录：才能和天才

（甲）单纯的才能只是在艺术的某一个别方面达到熟练，为着达到本身的完备，就还需要只有天才才可以供给的那种一般性的艺术本领和灌注生气的作用。所以没有天才的才能总不免只停留在表面的熟练。

（乙）艺术家不能用纯粹是思考的心灵活动形式，而是要守在感觉和情感的范围里，或是说得更精确一点，要用感性材料去表现心灵性的东西。因此，艺术创作正如一般艺术一样，包括直接的和天生自然的因素在内，这种因素不是艺术家凭自己所能产生的，而是本来在他身上就已直接存在的。只有在这个意义上我们才能说，天才和才能必然是天生的。

（丙）复述：a. 作家要有一种直接的需要把自己的情感思想表现为艺术形象。b. 这种形象的表现方式就是他的感受和知觉的方式，他毫不费力地在自己身上找到这种方式，好像它就是特别适合他的一种器官一样。c. 构造形象的能力不仅是一种认识性的想象力、幻想力和感觉力，而且还是一种实践性的感觉力，即实际完成作品的能力。这两方面在真正的艺术家身上是结合在一起的。凡是在他的想象中活着的东西，好像马上就转到手指头上。d. 完成作品所需要的技巧是轻而易举的事，可以迫使最不易驯服的材料听命就范。e. 心里的构思与作品的完成（或传达）是携手并进的。

评注：这里说到形象思维的一些特征：即在构成形象的过程中，认识性的想象力、幻想力和感觉力与实践性的感觉力即完成作品的能力这两面（亦即心里的构思与作品的完成）是携手并进的。形象的构思方式和表现方式是结合在一起的，都诉诸艺术家的感觉和知觉的方式。不能把构思的方式当作一回事，把表现的方式当作另一回事，认为构思属于理智的功能，而表现则属于感性的功能，艺术家把他在构思中通过理智功能所得到的思想，在创作中再把它们"化"为形象表现出来。这样就把一种和艺术思维相对立的办法引进了艺术的创造过程，从而把艺术创造变成一种最枯燥、最乏味的翻译工作：不断地要把概念化成形象。

为什么构思和表现可以而且必须是携手并进的？因为艺术构思不是用纯粹是思考的心灵活动形式，创造的材料不是思想而是现实的外在形象，作为构思的想象活动不是把现实事物的真实性放在普泛的命题和观念的形式里去认识，而是以形象为目标，环绕着形象这个中心来进行的。艺术家构思时在现实事物中所揭示的内在意蕴是浸透在它的外在形象里，而不是脱离形象孤立地来进行的。因此，意蕴揭示得愈深刻，浸透着意蕴的外在形象也就愈益完善。借用陆机《文赋》的说法，这一过程就是："情曈昽而弥鲜，物昭晰而互进"。构思的完成也就是形象塑造的完成。当内在意蕴的真实性尚未完全揭露出来时，它的现实形象也必然是有缺点的、支离不全的。

摘录：灵　感

想象的活动和完成作品中的技巧运用，作为艺术家的一种能力单独看来，就是人们通常所说的灵感。

（甲2）无论是感官刺激还是单纯的意志和决心，都不能引起真正的灵感。要采用这些办法来引起灵感，就足以说明心灵和想象还没有抓住真正有艺术意义的东西。反之，如果艺术的动力是正当的，这种真正有艺术意义的东西就会抓住一个明确的对象和内容而得到坚实的表现。

（乙）灵感就是完全浸沉在主题里，不把它表现为完满的艺术形象时决不肯罢休的那种情况。

（丙）但是艺术这样把对象完全变为他自己的对象之后，他还要知道怎样把他自己主观的特殊癖性及其偶然的个别现象抛开，让自己完全沉浸在主题里面；这样，他作为主体，就好像只是形式，赋予形式予他所沉浸在里面的那个内容。如果在一种灵感里，主体作为主体突出地冒出来发挥作用，而不是作为主题本身所使用的器官和所引起的有生命的活动，这种灵感就是一种很坏的灵感。

评注：创作时的灵感是存在的。当灵感出现时，作者头脑中涌现出各种彩色缤纷的意象，纷纭杂沓，蜂拥而来，一齐奔赴笔下，使他应接不暇，只要毫不费力地记下来就可以了。有时，作者在长时间的深思苦虑踌躇万状之后，一旦豁然开朗，坦途就在面前，那些求索不得的词句突然浮现脑际。陆机《文赋》："若游鱼衔钩而出重渊之深，若翰鸟缨缴而坠曾云之峻"，就是形容这种境界。这时，作者更是感到了浑身痛快。这种给作者带来创作上极大喜悦的现象就是灵感。

黑格尔在这里只是指出了这种现象，但灵感作为一种心理状态，究竟是怎样形成并产生的，这一问题迄今尚没有人深入地探讨过。

摘录：艺术表现的客观性

a. 纯然外在的客观性。按照通常的意义来说，"客观性"这个名词所指的是：艺术作品的一切内容都要采取原已存在的现实事物的形式，就以人所熟悉的外形出现在我们的面前。如果我们满足于这种客观性，考茨布也就算得上一个客观的诗人了。在考茨布的作品里，我们看到他依样画葫芦地把平凡的现实完全抄写了一遍。纯然外在的客观性不能揭示内容的完满的实体性，艺术家就不应致力于此。

b. 尚未发展的内心生活。艺术家用以掌握对象的是他的深刻的内心生活，但这内心生活还是隐蔽的、凝聚的，还不能挣扎出来，让意识可以清楚认识到，从而达到真正的展观。情致的表达只限于通过与它共鸣的一些外在现象隐约地暗示出来，作者还没有足够的能力和文化修养，可以把内容的全部性质加以阐明。特别属于这种表现方法的是民间诗歌。……这种情感与情欲不应该如上文所说的那样禁闭在心灵的深处，只通过外在事物隐约地暗示出来，而是应该完完全全地把自己显现出来，它所寄托的外物须是清晰地、完全透明的。

c. 真正的客观性。使艺术家得到灵感的那种真正的内容（意蕴）不能有丝毫部分仍保留在主体的内心里，而是要完全揭示出来，而揭示的方式又要是这样的：所选内容的普遍的灵魂和实体既很明确，它的个别形象本身也很圆满，而整个表现出来的作品显得有那灵魂和实体灌注在里面。因为最高尚最卓越的东西都不是什么可言说的东西，认为诗人在作品里所表现的之外，还有较深刻的东西，那是不正确的。作品就是以见出艺术家的最好的方面和真实的方面；他是什么样人就是什么样人，凡是只留在心里的就还不是他。

评注：我想黑格尔在这里只是反对故作高深不可言传的玄虚，本来没有什么深意，偏偏装作莫测高深的样子；本来就说不出什么，偏偏装作似乎有许多东西无法以语言来表达的样子。黑格尔是彻底的"言尽意"派。

明确、清晰、完全透明和含蓄、蕴藉、意在言外应该是一致的。哲学著作在于激起人的求知欲和探索精神。一篇哲学著作倘不能激发读者产生许多以前从未想到过的问题，并渴望去解决它们，那么这就是这篇哲学著作失败的标记。就文艺作品来说，它应该唤起人们的想象活动，而不是想象活动的停止。它唤起的想象活动越生动活跃，越广泛开阔就越说明它的成功。伟大作者的作品往往使读者运用想象去补充其中的虚线。作者只截取一个人物的生活片断提供给读者，读者往往觉得作者意犹未尽，他自己还可以补充许多细节来充实作者所提供的片断。他可以想象出作者所提供的生活片断之前或之后的许多情节、场景。这是我们阅读许多优秀作品时都曾亲自体会到的。此外，艺术家应有含蓄的权利，可以使他的作品具有弦外之音、言外之意，但这并不是说他有什么不可言传的东西。他应该在选择的特定形象身上把他所知道的统统说出来，但这并不是说使人一览无余。

摘录：作风，风格和独创性

作为主体，艺术家须使自己与对象完全融合在一起，根据他的心情和想象的内在的生命去造成艺术的体现。艺术家的主观性与表现的真正的客观性这两方面的统一就是独创性的概念。

a. 主观的作风

单纯的作风必须和独创性分别开来。因为作风只是艺术家的个别的，因而也是偶然的特点，这些特点并不是主题本身及其理想的表现所要求的，而是在创作过程中流露出来的。

（甲）作风是特属于某一艺术家的构思和完成作品时所现出的偶然的特点，它走到极端，可以与真正的理想概念直接相矛盾。就这个意义来说，艺术家有了作风，就是拣取了一种最坏的东西，因为有了作风，他就只是在听任他个人的单纯的狭隘的主观性的摆布。

（乙）某一特殊的表现方式由某一个别艺术家创造，由他的摹仿者和门徒的仿效，往复沿袭，成为习惯，这就形成了作风。（乙1）第一个方向是掌握题材。（乙2）其次作风也可以表现于艺术实践方面。例如画笔的运用以及涂色和配色的技巧之类。（乙3）这种掌握题材和表现题材的特殊方式经过反复沿袭，变成普泛化了，成为艺术家第二天性了，就有这样一个危险：作风愈特殊，它就愈易退化为一种没有灵魂的因而是枯燥的重复和矫揉造作，再见不出艺术家的心情和灵感了。到了这种地步，艺术就要沦为一种手艺和手工业式熟练，于是原来本身没有多大坏处的作风就变成枯燥无生命了。

（丙）因此，比较正确的作风就得避免这种狭隘的特殊性，力求开阔，以免同样的特殊处理方式僵化成为呆板的习惯；艺术家要用比较一般的方式抓住题材的性质，学会掌握符合概念的比较一般的处理方式。

b. 风格

法国人有一句名言："风格就是人本身。"风格在这里一般指的是个别艺术家在表现方式和笔调曲折等方面完全见出他的人格的一些特点。……我们无须把风格这个名词只限于感性材料这一方面，还可以把它推广，用它来指艺术表现的一些定性和规律，即对象所借以表现的那门艺术特性所产生的定律和规律。……风格就是服从所用材料的各种条件的一种表现方式，而且还要适应一定艺术种类的要求和从主题概念生出的规律。如果在这个广义的风格上有缺陷，那就是由于没有能力掌握这种本身必要的表现方式，或是由于主观任意，不肯符合规律，只听任个人的癖好，用一种很坏的作风来代替了真正的风格。因此，像吕英尔所已经指出的，我们不能把某一门艺术风格规律应用到另一门艺术上去……

c. 独创性

（甲）独创性是和真正的客观性统一的，它把艺术表现里的主体和对象两方面融合在一起，使得这两方面不再互相外在和对立。从一方面看，这独创性揭示出艺术家的最亲切的内心生活；另一方面看，它所给的却又是对象的性质，因而独创性的特征显得只是对象本身的特征，我们可以说独创性是从对象的特征来的，而对象的特征又是从创造者的主观性来的。

（丙）由此看来，艺术的独创性因此要消除一切偶然的个别现象，但是所以要消除它们，只是为着要使艺术家可以完全听命于他的专从主题得到灵感的天才，使他能在按照真实性来充分发展主题之中，也表现出他的真实自我，而不是只表现出个人的好恶和主观任意性。不要有什么作风，这才是从古以来唯一伟大的作风，只有在这个意义上，荷马、索福克勒斯、拉斐尔和莎士比亚才能说是有独创性的。

评注： 黑格尔不是采用毕封而是采用吕英尔的风格含义。他在作风（manier 即 manner）和风格（stil 即 style）之间作了区别。作风是艺术家的主观方面的特点，风格则是艺术表现的一些定性和规律，艺术以构成它的材料为媒介，不同种类的艺术部门使用不同的材料，由此产生了不同的定性和规律。风格就是服从所用材料的各种条件的一种表现方式，适应一定艺术种类的要求和从主题概念生出的规律。

黑格尔认为作为掌握题材和表现题材的特殊方式的作风愈特殊，就愈易退化为一种没有灵魂的因而是枯燥的重复和矫揉造作。这种情况连某些大作家也不免。如阿里斯多芬（大概是在《蛙》）中就嘲笑过埃斯库勒斯和欧里庇德斯的作风上的特点。等而下之者，则如车尔尼雪夫斯基在《概观》中竭力挖苦的森柯夫斯基的文体。森柯夫斯基为了使自己的文体独标一格，他有一种喜欢炫耀机智的强烈癖好。车尔尼雪夫斯基说："我们得承认，我们是怀着无聊的情绪读完这些文章的，因为其中的机智是千篇一律的，几乎总是用最机械的方法穿插在它们里面，这方法甚至每一个最少机智的人都能胜任。全套本领通常总是这样的：在他所批评的书本中，提出一些不正确的文句，然后三番四复地重述；若是书本的标题不恰当，那么还要连带嘲笑及于标题；如果可能的话，他就挑选一些跟标题或者作者姓氏声音相同或者意义相同的文字，三番四复地把它们重复，例如把《莫斯科观察者》时而混叫作《莫斯科监察者》，时而混叫作《莫斯科视察者》，时而混叫作《莫斯科监视者》"等等。至于优秀的文学家，例如普希金等"却一点都没有被自己的机智所迷惑……他们只有在凑巧的时候，在谈话的题目要求它的时候，才使用机智，这是应该这样的，因为机智必须服从于他们的文学素质的其他更高特征。相反，布朗贝乌斯（即森柯夫斯基）男爵却凭着一种专门本领去挑选机智，竭力使得所说的每一句话都装潢着机智"。黑格尔认为坏的作风是发自作者主观的一种呆板的习惯，这也就是我们所说的"习气"，无论书法、绘画、表演、创作，凡带有作者主观习气的都是拙劣的。

但优秀的作者都是具有独创性的。真正的独创性是一方面揭示出艺术家的最亲切的内心生活，另方面作品所给予的却又只是对象本身的性质。这一点黑格尔的论述是很好的。

读后札记

　　黑格尔于一八一七年第一次讲授美学。他的这部著作像他的其他许多著作一样，并不是他本人出版的，而是在他逝世以后，由他的门生霍托、拉森等根据他授课的讲义编纂而成。

　　黑格尔讲授美学时期正是他创作力最充沛时期，这不仅由于他的哲学思想已渐臻成熟，同时也由于当时德意志社会经过了动荡而转入相对的稳定，从而使他可以摆脱生活上的困扰，无拘无束地对哲学进行潜心的思考。一八〇六年的普法战争德意志战败了，一八〇七年签订了屈辱的提而西特和约，这对德意志今后的发展来说，却反而变成了一件好事。普鲁士贵族统治集团在战败后不得不进行改革，拿破仑法典在德意志推行标志着封建关系的削弱，跟着来了文化繁荣。一八一八年海德堡创立了"大学中心"的柏林大学。就在黑格尔讲授美学的次年，一八一八年，他受聘到柏林大学去讲授哲学。当他一登上这座闻名欧洲的大学讲台，他就怀着欢欣鼓舞的心情，向他的听众预告具有光荣传统的德国古典哲学的再觉醒："似乎这样的时间已经到来，即哲学已有了引人注意和爱好的展望，而这几乎很消沉的科学也许可以重新提起它的呼声。"在这篇《开讲词》中，黑格尔宣告，空疏浅薄的意见和虚浮骄妄的作风是哲学的敌人。他认为，精神一旦为它们所占据，理性便无法再去追求它自身的目的。哲学所要求的是认识真理的真忱，"只有这种最纯挚的真忱本身才能成为哲学复兴的基础。"从黑格尔著作中，我们可以看出他是认真地恪守这种信念来从事哲学工作的。在德国古典哲学史上，他是一个集其大成的人物。在哲学的每个领域里，他都作出了划时代的贡献。

从康德开始的德国古典哲学，如果深入到它那被种种矛盾现象所隐蔽的内容实质中去，就可以理解到它是哲学领域内的一场革命。这场哲学革命成了一八四八年震撼整个欧洲的政治革命的先导。海涅在他移居法国期间于一八三三年所写的《论德国宗教和哲学历史》一书中，指出了宗教革命中产生出来的哲学革命的深刻意义，并且把德国的哲学革命和法国的政治革命作了生动的比较，预告了德国哲学革命势将带来的政治风暴。海涅是第一个从晦涩的德国古典哲学中发掘出它那不易察觉的深刻意蕴的人。当然，他的功绩主要是依靠他作为一个敏感的诗人的天才预测。如果我们想要从他书中得到对于黑格尔的全面评价，就感到非常不够了。

黑格尔本人和他的哲学是一个极其复杂的矛盾现象。他在早年兴高采烈地把法国大革命称作是"壮丽的日出"，到了晚年却主张同丑恶的普鲁士君主制调和。就他的哲学著作来说，在辩证法方面常常爆发出革命的愤火，在体系方面保守因素却占据了压倒优势，起着窒息作用。他在自己的工作领域里是"奥林帕斯山上的宙斯"，在政治态度上却"没有完全脱去德国的庸人气味"。怎样来解释这些矛盾？如果把阶级分析当作比解一次方程式还要容易的简单化庸俗化观点来看，那么，黑格尔只是"一条死狗"，他的著作不过是一堆错误的陈迹。对于这种观点来说，政治倾向和科学研究的矛盾，世界观与创作的矛盾，体系与方法的矛盾，都是不存在的。但是，怎样来解释恩格斯说的，在文艺复兴时期"为现代资产阶级统治打下基础的那些人，无论如何都不是些受着资产阶级观点局限的人"呢？怎样来解释马克思提到的那些古典经济学家是在作着"超利害关系的研究，无拘无束的科学研究"呢？怎样来解释马克思在《资本论》中称赞那批英国工厂视察员和公共卫生报告医师都是些"才能胜任，无党无私，也无所顾虑"的工人生活真相的报导者呢？这些杰出的思想家、科学家、艺术家在自己的研究领域内部具有那种认识真理的真忱，从而在追求真理的道路上为人类作出了一定的贡献。我们应当把他们和那批御用的资产阶级辩护士严格地区别开来。我觉得，对于黑格尔身上的那些复杂的矛盾现象也应该以这种态度去对待。

黑格尔在《小逻辑》第三版序言中对他的批评家说过这样的话："对于一个经过多年的透彻思想，而且以郑重认真的态度以谨严的科学方法加以透彻发挥的著作，予以这样轻心的讨论，是不会给人以任何愉快的印象的。"这并不是一个哲学家的自满和高傲。事实的确如此。今天谁还知道那些黑格尔哲学批评家的名字呢？不过，除了这些浅薄空疏的批评家外，毕竟还是有人认真地研究了并批判了黑格尔的哲学。头一次击中了黑格尔哲学要害的是费尔巴哈。费尔巴哈在一八三九年出版的《黑格尔哲学批判》中指出：

　　黑格尔哲学被规定和宣布为"绝对的哲学"，虽然并不是这位大师本人作出了这样的规定，而是他的门徒们，至少是他的正统门徒们贯彻始终地契合着老师的学统作出了这样的规定。但是黑格尔哲学，不管它的内容性质如何，却只能是一种一定的、特殊的、存在于经验中的哲学。……认为哲学在一个哲学家身上得到绝对的实现，正如认为"类"在一个个体中得到绝对的实现一样，这乃是一件绝对的奇迹，乃是现实界一切规律和原则的勉强取消，……因此也就别无他望，只有等待世界的真正终结。但是，如果今后历史仍像以前一样继续前进，事实上上帝化身的理论也就被历史本身所驳倒了。

费尔巴哈对黑格尔的批判表明着唯物主义的凯旋。费尔巴哈批判黑格尔哲学体系中的绝对主义，在黑格尔《美学》中也是同样存在的。后来，车尔尼雪夫斯基在批判黑格尔美学时，主要就是根据这一点而加以发挥的。费尔巴哈打烂了黑格尔哲学体系，就把黑格尔哲学当做无用的东西抛在一边。但是正像恩格斯说的："像黑格尔哲学这样对民族精神发展起过巨大影响的伟大作品，是决不能靠简单地置之不理的办法把它收拾的。"

黑格尔哲学具有一整套系统完备的体系，他的美学是这个庞大体系中的一个组成部分。黑格尔的哲学体系是理念的自我综合、自我发展、自我深化的运动过程。首先，以理念自身作为出发点，然后理念将自己外化，转化为自然界。理念由自在阶段发展为自为阶段后，再进一步返回自身，终于在人身上重新达到自我意识。在黑格尔哲学体系中，这三个发展过程就表现为"逻辑学"、"自然哲学"、"精神哲学"这三大部门。美学属于精神哲学的最初阶段。在美学体系中，首先是从"美的理念"出发，然后"美的理念"将自身外化为"自然美"，由于"自然美"是有缺陷的，于是"美的理念"发展为自在自为阶段，成为"艺术美"。由此可见，黑格尔体系毫无例外地总是遵循正、反、合的否定之否定律，即：自在—自为—自在自为这三个环节构成的。绝对理念是构成他的整个体系的根本依据。黑格尔曾经花费很大力气用在体系的思考上。如果我们不能识破他的思辨结构的秘密，就很容易被他的体系所俘虏。首先，我们需要弄清他的绝对理念是怎样形成的。关于这方面马克思和恩格斯给我们留下了极其丰富的论述。在一八四三年出版的《神圣家族》中，马克思论《思辨结构的秘密》说：

　　如果我从现实的苹果、梨、草莓、扁桃中得出"果实"这个一般的观念，如果再进一步想象我从现实的果实中得到的"果实"这个抽象观念就是存在我身外的一种本质，而且是梨、苹果等等的真正的本质，那么我就宣布（用思辨的话说）"果实"是梨、苹果、扁桃等等的"实体"，所以我说：对梨说来，决定梨成为梨的那些方面是非本质的，对苹果说来，决定苹果成为苹果的那些方面也是非本质的。作为它们的本质的并不是它们那种可以感触得到的实际的存在，而是我从它们中抽象出来又硬给它们塞进去的本质，即我的观念中的本质——"果实"。

　　就其本来意义看，绝对理念不外是物质的抽象，正如果实这一实体概念是从梨、苹果、扁桃等等现实存在的水果中抽象出来的一样。但是，黑格尔从物质中抽象出理念之后，却把理念看作是不依赖于物质存在，相反，倒是产生物质存在的实体。因此，他把自然界当作了理念的自我外化。在自然界中，理念并不意识到自身，自然界只是理念自我发展的一个低级阶段，它还处于一种粗陋状态之中。这种看法同样反映在他的美学里。他在《美学》中作出了这样一个结论："自然美只是属于心灵的那种美的反映，它所反映的只是一种不完全不完善的形态，而按照它的实体，这种形态原已包含在心灵里。"黑格尔在这里无非是说，艺术美高于自然美，艺术美不是自然美的反映，相反，自然美倒是属于心灵的那种美的反映。所谓"属于心灵的那种美"，就是作为一切美的事物的根本依据的美的理念，即决定并产生一切美的事物的"实体"。

从物质中抽象出绝对理念，并把绝对理念当作不依赖于物质的独立存在，这是容易的。但是人们的常识不免要问：这个"一般果实"即作为现实水果的实体，又怎么会忽而表现为苹果，忽而表现为梨，忽而又表现为扁桃呢？思辨结构为了达到某种现实内容的假象，它需要从抽象的实体返回到丰富、生动、具体的现实世界上去。马克思指出，思辨哲学家对于这问题的回答是，因为"一般果实"并不是僵死的、无差别的、静止的本质，而是活生生的，自相区别的，能动的本质。千差万别的水果，只是"一般果实"的生命的不同表现。思辨哲学所要证明的正是"一般果实"在它的一切生活表现中，在苹果、梨、扁桃等等中的统一性，也就是证明这些水果的神秘的互相联系，证明"一般果实"怎样在这些水果的每一种中渐次地实现自身，并怎样必然地从自己的一种存在形式转到另一种形式。这样，思辨哲学家就把它自己从苹果的观念推移到梨的观念这种他本人的思维活动，说成是"一般果实"这个绝对理念的自我活动了。马克思说："这种了解方式就是黑格尔方法的基本特征。"

思辨结构的秘密一旦被揭露后，它的神秘性也随之消散了。值得注意的却是马克思在（《论思辨结构的秘密》）中最后说的这句话："黑格尔常常在思辨的叙述中，作出把握事物本身的真实的叙述。"我们只要识破思辨结构的秘密，就可以懂得黑格尔的辩证法往往是以颠倒的形式反映着客观事物发展过程的。当我们把黑格尔的头脚倒置的辩证法顺转过来，就可以发现其中蕴涵着的合理的内核。

黑格尔关于辩证法的叙述总是贯穿着一条由低级向高级发展的线索。在他的《美学》中，关于自然美的论述是全书写得最枯燥的部分，往往被黑格尔美学评论家弃置不顾。但是，其中也不是毫无可取之处。黑格尔是把自然美和自然界的演进联系起来考察的，从而证明自然美也有它本身的发展过程，也同样贯穿着一条由低级向高级的发展线索。

按照自然界的演进序列，自然界三大类别：矿物、植物和动物是前后相继依次出现的。这自然三大界不仅表现了自然的演进历程，而且它们也各自显现了不同等级的美的形态。黑格尔认为，在这三个阶段的自然分野中，有一种内在的必然性，有一种符合理性的前进过程。

首先，是最低级的矿物结晶体，它只表现了一种外在统一的抽象形式的美，即整齐一律和平衡对称。比矿物高一级的是植物。植物不再是同一定性的抽象的重复，也不是同与异一致性的交替，而开始具有雏形的部分之间的区别。比如茎、叶、花、果等不同形状构成具有差异面的有机体。因此植物美就比矿物美前进了一步。更高一级的是动物，动物身上才显出生命。黑格尔认为生命与自由是美的概念的基础。但是，动物身上有生命的活动的枢纽对于我们还是隐蔽着，我们只看到动物形体的外在轮廓，而这外在轮廓还是完全被羽毛、鳞甲、针刺之类遮盖着，还保存着植物的构成形式。露在外面到处显现的不是内在生命。只有发展到人体，自然美才呈现出最高的美的形态。人体是构造最精的有机体。人体不复被一层无生命的外壳所遮盖，血脉流行在全部皮肤的表层，处处都可以看出活跃的生气。人的全身都可以显示他的内在生命，表现他的微妙复杂的感情。在这构造最精的有机体上，各部分之间，既有彼此外在的独立性，又有贯穿一气的内在联系。为了说明这一点，黑格尔举出亚里士多德提出的一个例子，比如，一只手只有长在人体上，和人体的其他器官构成一个有机体时，方才具有手的意义，发生着手所应有的作用。如果把手从人体上割下来，就不再是手了。同时，在人体这个构造最精的有机体上，整体与部分之间，形式与内容之间也达到了和谐一致的境界。这种和谐一致性正是构成美的重要因素之一。这一点，从下面情况可以清楚见到：当一个人被某种感情所支配的时候，他的内在灵魂就要从外在方面显现出来。人的感情通过各种方式充分地宣泄于外，不仅从眼睛里表露得最充分，而且也在其他器官中流露出来，如嘴角、鼻翼、面颊、额头，甚至连全身肌肉也都被这种感情所灌注。雕刻家就是往往通过人体的肌肉来表现人物的内在情绪和性格的（如罗丹的"思想家"）。表现在人体上的这种整体与部分之间、形式与内容之间的和谐一致，形成了自然美的最高峰。

　　这里我们可以看到自然美随着自然界的演进历程，从结晶体美，一步步逐渐发展到人体美，形成了不断地前进运动。这就是黑格尔所说的自然美"有一种符合理性的前进过程"。黑格尔根据自然界演进历史来考察自然美的发展，对于我们来研究自然美和艺术美的关系提供了一条足资借鉴的线索。自然，这里必须说明，在黑格尔那里，上述见解并没有用这样明确的形式阐发出来，偶尔闪烁出来的一些可贵见解，往往混杂在一大堆繁琐概念和思辨的叙述之中。我们在转述他的意见时是经过选择和整理过程的。这种整理工作，我们是谨守"根底无易其故，裁断必出于己"的原则来进行的。我们并没有把黑格尔美学本身所没有的东西硬加给他。

由于黑格尔把自然美作为美的理念的发展的低级阶段，由此他就毫不费力地作出"艺术美高于自然美"的结论。他对美所做的定义是：理念在感性中的显现。如果理念不是完善地直接地从感性中显现出来，那就不能认为是艺术的理想。他认为处于低级阶段的自然美，还没有摆脱它的粗糙状态，是有缺陷的。这种缺陷表现在三个方面：

第一，在直接现实中的内在因素仍然是内在的；

第二，直接个别存在的依存性；

第三，直接个别存在的局限性。

就以自然美的最高一级人体来看，人体虽是构造最精的有机体，已接近艺术的理想，但毕竟还不是艺术美本身。作为自然美的人的生活的缺陷在哪里呢？黑格尔说："心灵的个体的本身是一种借心灵性作为中心点而结合起来的整体。在它的直接现实中，它只是零碎地显现于生活、行动、不行动、愿望和冲动，但是它的性格还是要从它一系列的行动和经验才可以认识出来。"这就是说，现实生活中的个别人物，他的性格并不是在他的日常生活中的任何一个片断中可以完整地表现出来。他有某种感情激发的时刻，这种时刻固然可以表现他的心灵活动，但也只是表现了他的性格的某一方面，因为他也有被另一种性质完全不同的感情所支配的时刻。除此以外，他还有无所思虑或者意识完全停止活动的时刻，比如在睡眠中，这种时刻根本无法表现他的性格特征。所以，在现实生活里，一个人的性格只是零碎地分散地表现在他的一系列的生活经验里面，其中每一个断片都不足以表现他的完整性格。他的完整性格只能表现在这些断片的总和之中。因而，就每一断片来说，他的完整性格仍然是内在的，受局限的，并且是互相依存的。

艺术的理想就是为了排除这种自然美的缺陷。黑格尔说："理念和它的表现，即它的具体现实，应该配合得彼此完全符合。按照这样理解，理念就是符合理念本质而现为具体形象的现实，这种理念就是理想。"所谓理想就是指的艺术美。艺术美要求事物的外在形象必须完善地表现它的内在本质。这里涉及现象和本质的关系问题。黑格尔在《小逻辑》中曾提出过这样一个命题："凡现象所表现的没有不在本质内的。凡在本质内的没有不表现于外的。"（第一三九节）当然任何现象都是本质的现象，不可能有不表现本质的现象存在。但是表现本质的现象却是多种多样的，我们不应把它们并列起来放在同一等级的地位上，因为它们是在各自不同的程度上表现着本质。从某些现象中，我们可以比较直接比较充分地见出它所表现的本质。但也有些现象和它们所表现的本质之间存在着疏远的距离，并且往往是迂回曲折地表现了本质的某一侧面，这一侧面也可能以一种假象的形态呈现出来。因此，如果要求外在形象完全符合它的本质，艺术创作首先就必须排除掉那些不能充分显出本质的偶然性的或不必要的东西。但是，在现实生活中，一个完整的性格在自然形态的生活断片中仍呈现分裂状态，还不是成为一种可以看得见的内在联系，直接呈现于感性观照，而只能成为思考的对象。按照黑格尔的艺术理想来说，作为内在本质的东西，必须直接显现于感性事物中，由抽象的概念转化为具体的形象，提供为感性的观照，而不能通过思考去掌握。因此，要使自然美升华为艺术美，就不能单纯地去摹拟自然，而必须对自然美再进行艺术的加工。按照黑格尔的说法就是"使无数的个别性相由分裂状态还原到统一，以便集中成为一个表现和一个形象。"这就是艺术的概括。黑格尔在《美学》中没有提出典型的说法，但是他说的艺术概括正是典型论的萌芽。在艺术的概括中，自然美的缺陷，即客观事物的内在性、依存性和局限性被克服了。在艺术创造出来的"一个表现和一个形象"中，外在形象完全符合它的本质，并且就在外在形象中可以直接地见到它的本质。举例来说，雕刻作为空间的艺术，没有时间的延续性，它只能表现人物的某一种姿态，并通过这种姿态显现人物的某一种情绪，但它必须克服生活真实中的内在性、依存性和局限性，成为艺术概括出来的典型，从而可以唤起人的想象活动，让人预感到它在千变万化的情况里可以产生一切可能的表现。这就是黑格尔关于艺术美高于自然美的主要论据。

黑格尔用这些包含着合理因素的论据来证明这样一个错误的命题，显然是由于他把自然作为无所不包的理念中的一个构成部分，而且是其中最粗糙的部分。他认为自然美是有缺陷的，因为照他看来只有美的理念才是绝对自由和无限的。这是黑格尔的思辨哲学无法避免的谬误。正确地说来，人们不满足于自然美而要求艺术美，是由于人通过自己的主观能动性，像黑格尔在上述论述中所说的那样，去揭示现实生活的真实性，而并不是艺术美高于自然美。艺术家不能用理想代替现实，或把美的理念化为现实的形象，他只能能动地反映现实，再现现实，并且只能"近似正确地"（列宁）反映现实。就这一点看来，恰恰和黑格尔提出的命题相反，任何杰出的艺术品都不可能绝对完善地反映现实，达到这样的顶点，而宣告艺术发展的终结。

我们已经说过，在黑格尔那里，自然美和艺术美的关系是颠倒的。为了体系的需要，他把"美的理念"放在自然美的前面，认为"美的理念"是先于自然美的独立存在。但是只要我们把这两部分论述加以仔细对照和比较，我们立即就可以发现，黑格尔对"美的理念"所做的种种规定，恰恰是从作为生命的自然美中概括出来的。所谓"美的理念"不是别的，正是他在《自然生命作为美》的部分中对生命有机体作了周密研究之后所获得的成果。这些成果主要是把关于生命有机体的一些带有规律性的东西加以规范化，以更提炼更精确的形态表述出来。这样，从体系看似乎是黑格尔《美学》中最唯心的这一部分，就其内容来说，却是现实的。例如黑格尔说："一切存在的东西只有作为理念的一种存在时才是真实性，因为只有理念才是真正实在的东西。"这里是说，客观存在只有符合概念时才有真实性。如果实在在其展开过程中表明为合于规律的必然性，那就是符合它的概念。所以黑格尔说的"作为理念的存在"无非指的是合乎规律的客观存在。"美的理念"就是客观存在的真实性在感性事物中的显现。黑格尔认为美的必须是真的，因为理念本身是真实性的，但真的却不等于是美的。在美学里，真实的理念不像在哲学里那样以普遍性的思考形式出现，而是以个体性的感性形式显现出来。"当真在它的这种外在存在中直接显现于意识，而且它的概念是直接和它的外在现象处于统一体时，理念就不仅是真的，而且是美的了。"黑格尔在《美的理念》中，详细地论述了这个统一体，并由此推演出一些美的法则。

黑格尔在论述美的法则时，运用了他的总念论的三个范畴：普遍性、特殊性和个体性。"普遍性是自我同一的，不过须了解为，在普遍里复包含有特殊的和个体的在内。特殊的即是相异的，或有特殊性格的，不过须了解为，它自身是普遍的，并且具有个体性。同样，个体性亦须了解为主体或基本，包含有种和类于其自身，并具有实质的存在，这就表明了概念的各环节有其异中之同，有其区别中的不可分离性。"（《小逻辑》第一六四节）在作为美的统一体中，具有普遍性的内在本质方面和特殊个体的外在现象方面可以互相渗透。普遍性的内在本质可以把特殊个体的外在现象统摄于自身之内，同时，特殊个体的外在现象也可以把普遍性的内在本质宣泄于外，从而形成各差异面的和谐一致。

黑格尔认为这种对立统一的辩证法是知性所不能理解的。他说："知性不能掌握美。"因为知性的特点乃在于"抽象"与"分离"。知性认为抽象孤立的概念即本身自足，可以用来表达真理而有效准。其实，知性只是对于对象的外在思考，知性用来称谓对象的概念或名词，乃是主观的现成的表象，是外加给对象的。如果用知性来掌握美，就会把美的统一体内的各差异面看成是分裂开来的孤立的东西，从而把美的内容仅仅作为一抽象的普遍性，而与特殊性的个体形成坚硬的对立，只能从外面生硬地强加到特殊的个体上去，而另一方面，作为美的形式的外在形象也就变成只是拼凑起来勉强粘附到内容上去的赘疣了。这就破坏了美的和谐与统一。

按照黑格尔看来，知性只是理性认识的一个低级环节。知性凭借理智的区别作用，不是在事物的变化发展中，不是从事物的内在联系中，而是就事物的孤立的静止状态，去分析、判定事物的特点和性质。这种区别作用在认识过程中虽不可少，因为缺少了这一步就会丧失对事物认识的确定性，但是，认识过程却不能停留在知性的阶段上。倘使认识至此不再前进，那就会局限于知性所坚持的限度内，不能认识事物的发展变化及其内在联系，而陷入形而上学之中。按照知性的观点来看，美的对象只能是这样一些个别事物，这些个别事物的概念只能是从主观外加于客观存在。可是按照辩证的观点来看，普遍性不是从外面附加到个别事物上去的，在个别事物本身中就包含着普遍性和特殊性。因而认识的作用只在于把个别事物本身固有的普遍性发掘出来。黑格尔把这种普遍性叫作"具体的普遍性"，以区别知性的"抽象的普遍性"。

在美的对象中，概念和实在都必须是从事物本身发出来的。显然，这条美的法则是从生命有机体的规律中概括出来的。在生命有机体中，概念和实在这两个差异面的统一，就是灵魂与身体的统一。灵魂与身体都是生命所固有的。它们之间的关系是一种有机的内在联系。灵魂把生命灌注在身体的各部分之中，这在感觉中就可以看出。人的感觉并不是单独地发生在身体的某一部分，而是弥漫在全身，全身的各部分都在同时感觉到这种感觉。但是，在同一身体上并没有成千上万的感觉者，却只有一个感觉者，一个感觉的主体。美的法则也是这样。在艺术作品中，内容意蕴和表现它的外在形象必须显现为完满的通体融贯。内容意蕴作为艺术生命的主体，把生气灌注到外在形象的各部分中去，使它们活起来。外在形象的各部分都弥漫同一内容意蕴灌注给它们的生命，而形成和谐一致的有机体。外在形象是从内在意蕴本身中发展出来的，是内在意蕴在现实中实现自己的外在表现，而不能是拼凑一些外在材料，强使这些材料机械地迁就本来不是它们所能实现的目的。因为那些拼凑起来的艺术形象的各部分对于外加给它们的抽象概念处处都会表现出一种抵制和反抗，从而形成内容和形式的分裂。这是形成艺术上概念化的根源所在。

黑格尔对于上述美的法则作了更进一步的说明：

> 美的对象各个部分虽协调成为观念性的统一体，而且把这统一显现出来，这种和谐一致却必须显现成这样：在它们的相互关系中，各部分还保留独立自由的形状，这就是说，它们不像一般的概念的各部分，只有观念性的统一，还必须显出另一方面，即独立自在的实在面貌。美的对象必须同时显出两方面：一方面是由概念所假定的各部分协调一致的必然性，另方面是这些部分的自由性的显现是为它们本身的，不只是为它们的统一体。单就它本身来说，必然性是各部分按照它们的本质即必须紧密地联系在一起，有这一部分就必有那一部分的那种关系。这种必然性在美的对象里固不可少，但是也不应该就以必然性本身出现在美的对象里，应该隐藏在不经意的偶然性后面。否则各个实在的部分就会失去它们的地位和特有的作用，显得只是服务于它们的观念性的统一，而且对这观念性的统一也只是抽象地服从。

在这段话里，屡次出现了"观念性的统一"这一用语。首先，我想对黑格尔这一术语简略地解释一下。所谓"观念性的统一"就是指的事物的内在联系。说它是观念性的，并不是说这种统一只存在于主观意识中，这种由内在联系构成的统一就存在事物本身里面，但由于它是内在的，所以不能凭借感官知觉到，而只能通过思考才能辨认出来。通过思考去认识这种观念性的统一，却是专属哲学的认识功能。

在美的对象里，观念性的统一却必须从事物的外在现象中直接显现出来，呈现于感性观照。例如，人的身体和灵魂之间有着有机的关联，在平时，这种内在联系，还不能直接见出，只能通过思考去辨认，这就是观念性的统一。但是人一旦被某种感情所支配的时候，这种感情就从他的身体的各个部分充分地显现出来，从而这种观念性的统一就由本来内在的直接宣泄于外，变成可以感觉到的东西了。这就是美的对象所必须具有的特点。

黑格尔在这段话中运用了必然性和偶然性这对范畴，揭示了必然性和偶然性在美的对象里的辩证关系。在美的对象里，作为整体的观念性的统一直接从各部分中显现出来，这就使各部分之间由于内容的生气灌注而形成通体融贯的协调一致。各差异面协调一致的必然性，使各部分之间结成这样一种有机的关联，即有这一部分就必有那一部分的关系。自然生命有机体的各部分就是按照这种方式构成的。在生物学中，达尔文把它定名为"生长相关律"。这一规律表明一个有机生物的个别部分的特定形态经常是和其他部分的某些形态相联系的，虽然在表面上它们似乎并没有任何关联。（参阅《自然辩证法》论"生长相关律"）在自然生命有机体中，各部分的形状、性能发生着相互影响（因此居维埃可以根据一枚牙齿的化石勾勒出一种早已灭绝的古动物的大致正确的全体图像）。无机物就不能。从矿物割取一部分下来，既不影响整体，也不影响部分。就部分来说，它仍是同一矿物。就整体来说，并不引起质的改变，只引起量的改变。可是生命有机体并不如此。从人体割下一只手来，无论对部分或对整体都会引起质的变化。美的对象也像生命有机体一样。艺术形象的任何一部分的任意改动，就必然会影响其他部分以至整个作品的原有性质。这种整体与部分和部分与部分之间的有机关联，就是黑格尔所说的必然性。

但是，另一方面，黑格尔又说，这种必然性不应该以它本身出现在艺术作品中，而必须隐藏在不经意的偶然性后面。这是黑格尔论述美的法则的一个重要观点。为了说明这一观点，我们还是先回到自然生命有机体上来。在互相关联协调一致的生命有机体中，各部分又显示了它们各自所具有的独立自在的面貌。例如，在人体上每个部分都是不同的，每个部分都显得它本身是独立自在的。因此它们都为同一生命所统摄，都为同一生命而服务，但是它们不仅在形状上显出各自不同的独立自在性，而且在为同一生命服务上也因形体构造不同，而发挥不同的功效。它们各有专司，各管各的事，不能互相替代。

黑格尔认为，生命的过程就是矛盾统一的过程，它表现在下述双重活动方面："一方面继续不断地使有机体的各部分和各种定性的实在差异面得到感性存在，在这种感性存在中，每一方面都具有独立的存在和完备的特性；另一方面又继续不断地使这感性存在不致僵化为独立自在的特殊部分，变成彼此对立，排外自禁的固定的差异面，而使它们可以见出观念性的统一。"在这种体现了生命过程的双重活动的有机体中，各差异面保持了它们独立自在的面貌，而并不现出抽象的目的性。这就是说，某一部分的特性并不同时是另一部分的特性。任何部分并不因为另一部分具有某种形状，也就具有那种形状，例如像在"有规律的安排"中那样。在"有规律的安排"里，各部分的形状、大小等等，都取决于某一抽象的规定，就如同一军营的士兵都穿上一样的制服，制服的各部分、样式、颜色等等，彼此之间的关系不是偶然的，这一部分用这个样式，就因为其他部分也用这个样式。生命有机体却不如此。它们的独立自在性显得是为它们本身的，而不是为了它们的统一体。虽然在各部分的独立自在性里可以见出一种内在的联系，但是这种经过生命灌注作用所产生的统一，不但不消除各个别方面的特性，反而把这些特性充分地表现出来，把它们保持住。这就是黑格尔所说的必然性必须隐藏在不经意的偶然性后面。

黑格尔关于必然性和偶然性辩证关系的精辟论述，给予以形而上学为基础的概念化庸俗化的理论以致命的打击。这种理论使必然性和偶然性坚硬地对立起来，并且把必然性置于不堪容忍的、专横统治的地位。照它看来，如果要表现艺术作品由概念所规定的各部分协调一致的必然性，就不能允许各差异面的独立自在性。各部分不是为它们本身而存在，只能是为它们的统一体而存在，它们完全丧失了自己的地位和特性，只是单纯地为抽象的概念服务。这样制造出来的作品，其中的人物形象就变成了作家的思想传声筒，而作品的细节也就变成了影射主题思想的简单符号，从而作为现实生活自然形态的偶然性完全被放逐到艺术领域之外。但是，在现实生活中，"这一个豌豆荚中有五粒豌豆，而不是四粒或六粒；这条狗的尾巴是五寸长，不长一丝一毫，也不短一丝一毫；这一朵苜蓿花在今年已由蜜蜂授粉，而那一朵却没有，而且这一朵还是由这一只特定的蜜蜂在这一特定的时间内授粉的；……今早四点钟一只跳蚤咬了我一口，而不是三点钟或五点钟，而且是咬在右肩上，不是咬在左腿上……"（参阅：《自然辩证法》中的《论必然性与偶然性》）这里面有什么必然性呢？这种现实生活中自然形态的偶然性，在艺术作品里也是不能排除的。艺术创作一方面要把生活真实中各个分散现象间的内在联系这种必然性直接表现出来呈现于感性观照，另方面又必须保持生活中自然形态的偶然性，使两方面协调一致，这是艺术创作的真正困难所在。在艺术真实中，生活现象的自然形态保持下来了，但它们彼此分裂的片面性被克服了；偶然性的形式也保持下来了，但必然性通过偶然性为自己开辟了道路。这里黑格尔关于偶然性的论述也就驳斥了他自己在《艺术美或理想》第一部分中所提出的"清洗"的理论。根据他的清洗理论，艺术创作必须把现象中凡是不合概念的东西一齐抛开，必须把生活中只关自然方面的一切外在细节一齐抛开。这样，作为现实生活自然形态的偶然性也就被排斥在艺术作品之外了。但是，黑格尔的辩证法纠正了他强调理想的偏颇，使他没有陷入反现实主义的陷阱中去。

　　以上就是我们根据黑格尔在《美的理念》中提出的美的法则所做的说明和阐发。不难看出，这些美的法则并不是先验地在自然美产生以前就已存在，尽管黑格尔本人是这样宣布的。事实上，这些美的法则正是从自然生命有机体的法则中概括出来的。离开了自然生命有机体又从哪里去寻找美的理念呢？就连黑格尔自己也不得不承认："凡是唯心哲学在心灵领域内所要做的事，自然在作为生命时就已经在做。"因此他说："只有生命的东西才是理念，只有理念才是真实。"这里所说的生命，我们只要扬弃它的思辨属性，把它作为自然生命的有机体看待，那么黑格尔的这句话就是一个真理。所以美的理念只能以自然生命有机体为基础，从中抽绎出美的法则。正如宗教幻想所造成的神物不过是人自身本质的幻想的反映，作为绝对存在的美的理念也不过是自然生命有机体的本质的反映。我们一旦认识到以幻想形式出现的美的理念只是自然生命有机体的本质的反映，我们同时也就发现了黑格尔关于美的法则作出了把握事物本身的真实的叙述，不过是"把现实的发展变成了思辨的发展，把思辨的发展变成了现实的发展"（马克思语）罢了。

在黑格尔《美学》体系中，艺术美或理想是作为美的理念的高级形态出现的。《美的理念》中所提出的美的法则，在艺术美中得到了充分的显露和具体的发挥。在艺术美中最值得重视的部分是《理想的定性》里关于情况、情境、情节三个环节的论述。这一部分是黑格尔着力来写的，其中有着不少深刻的见解，这些见解是和辩证法的运用分不开的，但同时又往往和虚幻的思辨叙述混杂在一起。例如，他所说的"一般的世界情况"（简称情况），按其朴素意义来说，不过指的是时代或社会的背景。黑格尔自己也把它解释做人在周围世界实现自己活动的"一般背景"。他说："我们谈到情况，所指的是有实体性的东西成为现实存在的一般性质，这种有实体性的东西作为心灵现实范围内真正本质的东西，就把这心灵现实的一切现象都联系在一起。举例来说，我们说教育、科学、宗教乃至于财政、司法、家庭生活以及其他类似现象的'情况'，就是采用这个意义。"这样，作为时代或社会背景的情况，就具有一种特殊意义的思辨属性了。黑格尔从他的客观唯心主义历史观出发，认为意识形态、社会组织、国家机器等等上层建筑，都不是被经济基础这种物质力量所决定，相反，它们都是"有实体性的东西"这种精神力量的自我表现，化为现实的存在。就黑格尔的历史哲学来说，所谓"有实体的东西"就是普遍性的绝对理念。绝对理念不是静止不动的，而是不断地处于运动的过程中。绝对理念发展到每一历史阶段，都以不同的方式外化为现实存在，由此显现为不同的社会组织和国家形态。这种思辨哲学的历史观使得黑格尔在关于《一般的世界情况》的论述中，出现了许多极其晦涩的地方。

另一方面，这种晦涩也多半是由于他常常喜欢用一些不同的术语来表达同一概念所造成的。例如，"有实体性的东西"，有时又说成是"人心的有实体性的内容"，"有实体性的普遍力量"，"普遍的内容"，"神的内容"或"神"等等。这些令人目眩的纷杂繁琐的术语，其实都代表着同一概念，指的是作为艺术美的理想定性。它不是抽象的普遍性，而是具有特殊内容具化到人心灵中的一种普遍力量，它往往指的是支配人的一切心灵活动和激发人行动的伦理观念。最后，黑格尔在《情节》关于《发出动作的普遍力量》中才把它的奥秘揭示出来，称之为情志（$\pi\acute\alpha\theta o\varsigma$），才作出使人可以了解的说明。为什么黑格尔要经过这样迂回曲折的道路才揭出它的底蕴来徒增读者的迷乱？这主要应当归咎于黑格尔的思辨结构，他的体系规定必须由自在到自为，再由自为到自在自为的三段论式的思辨叙述方法。这种思辨的叙述方法往往使一些合理的内核披上一件神秘的外衣。关于"情志"就是这样。

为了避免枝节上的纠缠，我们不打算跟着黑格尔的系统走。我们的目的是批判地吸取他的《美学》中的合理因素。但是要做到这一点，除了选择他《美学》中有价值的部分来论述并重点地指出这些部分的缺点和局限性外，也需要根据自己的看法作一些正面的阐发。当然，在作正面的阐发时要把这些地方标明出来，使它们不至和黑格尔的意见混同一起。

黑格尔在论述情况——情境——情节时，同样运用了总念论中的普遍性、特殊性和个体性这三个范畴。黑格尔认为，情况即"一般的世界情况"，是个别动作（情节）及其性质的前提。他认为，艺术的理想不能是普泛的普遍性，而应该是有实体性内容的普遍力量。普遍性实现自身于特殊的个体之中，这就是理想的定性。这种实体性的普遍力量怎样可以成为可供感性观照的艺术作品呢？它必须实现自己，通过动作及一般运动和活动展示出来。这种运动或活动的场所或前提就是"情况"。他说："情况只能形成个别现象表现的可能性，还不能形成个别形象表现本身。所以我们所看到的只是艺术中有生命的个别人物所借以出现的一般背景。"按照我们的看法，情况作为人物活动场所的时代或社会背景，应该正确地理解为矛盾的普遍性。

黑格尔关于情况的论述是很朦胧的。他将史诗时代（古希腊社会）和现代社会（资本主义社会）作了比较，认为在史诗时代具有实体性的普遍力量完全体现在个人的活动中，从而显现了个体的独立自足性，而在现代社会的散文生活中，普遍性与个性形成了分裂状态，个性只有在局限的狭窄范围内才显出自由自在。所以他认为作为史诗时代的古希腊社会是体现艺术的理想时代。不管黑格尔对于资本主义社会不利于艺术创作作出了怎样有价值的论断，总的说来，他对情况的说明是从和谐宁静这种观点出发的，他并不把情况看作是矛盾的普遍性。现代社会虽然也存在矛盾，但这只是和谐宁静的艺术理想的破坏，而不发生社会与个人矛盾的史诗时代才是符合艺术理想的楷模。但这种时代已经一去不复返了。今天艺术已趋向衰败时期，代它兴起的将是哲学。这种把和谐宁静作为艺术理想的看法是和黑格尔本人关于生命的过程就是矛盾的过程这一看法相矛盾的。为什么会出现这种矛盾呢？这固然出于他对古希腊艺术的偏爱，但更主要的应归咎于他的思辨结构。他认为情况在三环节中处于最初的自在阶段，在这种萌芽状态中，其发展尚未明显，其涵蕴尚未显露，因此还不能形成具有差异的对立面。按照我们的看法，情况只能形成个别形象表现的可能性，而不能成为激发动作的直接推动力，其原因并不在于情况不存在矛盾，而是在于情况是矛盾的普遍性。虽然同一社会的每一个成员都受到这同一普遍矛盾的影响和支配，但它只有具化为特殊的矛盾时，才成为激发人物行动的直接的力量。

由情况进入到情境，就是由矛盾的普遍性进入到矛盾的特殊性。矛盾的特殊性是被矛盾的普遍性所规定的。只有在情境中，才把情况所规定的人物及其行动表现的可能性转化为现实性。黑格尔说：情境就是"情况的特殊性，这情况的定性使那种实体性的统一发生差异对立面和紧张，就是这种对立和紧张成为动作的推动力——这就是情境及其冲突。"在这里，黑格尔把情境及冲突作为动作的推动力，这是正确的。不过，他认为情境作为情况的特殊性，是和谐宁静的情况发生差异对立面的结果，显然是不正确的。艺术创作如果只从一般的情境去把握人物，而不从具体的情况去把握人物，只着眼矛盾的普遍性，而无视矛盾的特殊性，那么这往往是形成概念化倾向的根源之一。概念化的冲突必定是不真实的、普泛的、观念化的。就人物性格表现来说，冲突只能发生在特殊的情境的规定之中。黑格尔说："发现情境是一项重要的工作，对于艺术家也往往是件难事。"人物性格不能凭空的表现出来。怎样选择一个特定的情境或冲突来使人们认识到这是怎样一个人，确是不容易的事。

情境克服了矛盾普遍性的抽象形式，和人物的具体处境、生活、遭遇结合起来，成为激发人物行动的机缘和动力。在这种情形下，冲突对于人物来说，是使他不得不行动起来的必然趋势。在情况中，冲突只是一种未定型的可能性，只是冲突的一般背景或世界的根本情况。在情境中，冲突的必然性变成人物的内在要求，和他的心情紧密地联系在一起。

但是，情境只是激发人物行动起来的机缘和动力，情境本身还不是行动。发出行动的是人，动作的蓄谋，最后决定和实际完成都要依靠人来实现。在情境或冲突的激发下，人究竟怎样行动起来？性格的差异往往在相同的情境或冲突中使他们发出千差万别的动作和反动作。在这里，人物的个性起着决定作用。所以我们再由情境进入到情节。情节，即动作，是以人物性格为核心的。人物性格属于个体性范畴。按照黑格尔的说法，个体性就是"主体"和"基本"，"包含有种和类于其自身"。矛盾的个体性包含着矛盾的普遍性（种）和矛盾的特殊性（类）于自身之内。所以，我们认为，人物性格一方面体现着人的本质和阶级属性，另方面也体现着时代矛盾的特定冲突和纠纷。这两方面都要通过主体的动作或反动作显现出来。由此可见，从情况到情境再到情节，也就是由矛盾的普遍性进入矛盾的特殊性再进入到矛盾的个体性。就这一点来说，黑格尔为我们提供了一条很可贵的线索，这就是把人物和环境联系起来考察，这是直到今天仍旧为某些论者所没有意识到的。他的这些看法，可以帮助我们对恩格斯所提出的"典型环境中的典型性格"，作出更深入的理解。

关于情节或动作，黑格尔是环绕人物性格这个中心来论述的。这里首先介绍一下他关于情志的说法。他把冲突激起人物行动起来的内在要求，用一个古希腊语 πάθος 来表达。他说这个字很难转译，不能作为情欲来理解，因为情欲总是带着一种低劣的意味。它是一种本身合理的情绪方面的力量，是理性和自由意志的基本内容，但又不表现为一时的心情的激动，而是经过慎重考虑来的。它是存在于人的自我中而充塞渗透到全部心情的那种基本的理性内容。我们在前面说过，黑格尔从"人心的实体性的内容"出发，经过迂回的思辨发展过程，最后才归结到"情志"一词上来。如果剥丌它的种种神秘外衣，我以为情志应该合理地理解作在人的内心中所反映的时代精神。时代精神是一种普遍的力量，所以黑格尔把它称为"有实体性的普遍力量""普遍力量"或"普遍的内容"等等。更确切地说，这种时代精神，黑格尔往往用来表明那个时代的具有普遍性的伦理观念。为什么黑格尔又把它称为"神圣的东西""神的内容"或索性就是"神"呢？这是黑格尔从他认作是艺术理想时代的希腊艺术中概括出来的。在古希腊的作品中，无论是雕刻、史诗或悲剧，"神"纵使不是唯一的也是最重要的艺术表现的内容。古希腊人正是用神来表现他们时代具有普遍性的伦理观念的。这样我们就不难理解黑格尔说的："无论把神们看成只是外在于人的力量，或是把他们看成只是内在于人的力量，都是既正确又错误的。因为神同时是这两种力量。"反映时代精神的具有普遍性的伦理观念不是由个别人所形成，并且不以他的意志为转移，所以是外在的。但是个别人不能脱离他的时代，他的性格被他那时代具有普遍性的伦理观念所浸染，形成他的情志，所以又是内在的。

黑格尔为了说明这一点曾举《伊利亚特》为例。他认为，在荷马史诗里，神与人的活动经常交织在一起。神好像是在做与人无干的事情，但是实际上，神所做的事情只是反映了人的内在心情的实体。比如，荷马描写阿喀琉斯在一次争吵中正在举剑要杀阿伽门农，这时雅典娜女神站在他身后，一把抓住他的头发，只有阿喀琉斯才能看到她。一方面，雅典娜的来临好像与阿喀琉斯的心情毫不相干，阿喀琉斯心头的怒火突然停顿，这种控制对于原有的愤怒似乎是一种外在力量。但是，从另一方面看，突然出现的雅典娜就是平息阿喀琉斯怒火的谨慎，这还是内在的，反映阿喀琉斯自己的心情的。事实上，荷马在前几行诗里就已留下了伏笔，点明了阿喀琉斯犹豫不决的内心矛盾。这就说明了雅典娜作为一种以神的面貌出现的情志，对阿喀琉斯来说，既是外在的又是内在的力量。这种情志代表一种审慎，这种审慎不是凭空而来的，而是和那个时代具有普遍性的伦理观念交织在一起的。它是以那个时代对于首领的尊重，处世待人的态度，以及符合英雄品格的行为标准这些具有普遍性的伦理观念为内容的。一个人从小就生活在浸透着他那时代精神，他那时代具有普遍性的伦理观念的环境中。这种时代精神及其具有普遍性的伦理观念，通过种种渠道：教养、习惯、亲友交往、社会风气的熏染，在他内心深处扎下了根，融为他的性格之内的一部分，所以当他一旦发觉自己的行为背离这种时代的具有普遍性的伦理观念时，他就会自觉或不自觉地马上起来纠正自己行为的偏差，把它纳入他心目中认为合理的正轨。

黑格尔说："要显出人物的更大明确性，就须有某种特殊的情志作为基本的突出的性格特征，来引起某种确定的目的、决定和动作。但是如果这种界限定得过分死板，以致使一个人物仅仅成为某种情志——例如爱情和荣誉感之类——的完全抽象的形式，那么一切生气和主体性也就完全消失了，而这种艺术表现也就会因此枯燥贫乏。例如法国的戏剧作品就是如此。"这是非常值得我们注意的一个重要论点。作为人物身上主导因素的情志必须在人物性格的丰富性复杂性中显现出来，和人物性格的丰富性复杂性互相交织在一起，必须带有人物个性的鲜明烙印。莎士比亚的作品可以说是这方面的典范。他的人物都具有特殊的带有个性鲜明烙印的某种情志作为基本的突出的性格特征，同时这种特殊的情志又不是直线式地支配人物行为和心理的单纯力量，而是与人物性格的多样性结合在一起的复合体。与此相反的就是黑格尔所说的十七世纪法国古典主义作品。这种作品只是挑出某一种情志作为人物性格的全部内容，人物一言一行莫不严格地按照这种情志的需要作出死板的安排和规定，从而消灭了人物性格原来所应有的丰富性和复杂性。这样，就使情志丧失了生气和活力，而沦为一种概念化的抽象力量。黑格尔在论述希腊悲剧时也指出了某些作品存在着同样的弊端。他反对把神（情志）作为一种抽象的外在力量加到人物身上去。他指出有些希腊悲剧搬用"神机关"来作为事件的转折点，而不是使神（情志）和人结合起来，通过神（情志）来表现人物改变自己行动的内在要求。在这种情形下，人和神分裂开来，神（情志）发号施令，人只有俯首服从。神（情志）变成了死的机械，而人物也就变成神（情志）的工具，任凭外在的意志所支配了。在法国的古典主义戏剧中，尽管没有出现神，尽管推动人物行动起来的力量好像也是人物内心的一种思想感情，但由于这种思想感情只是由作者的意志外加到人物身上去的抽象概念，所以它其实就是一种变相的"神机关"，不过是人化了的神机关罢了。

　　黑格尔认为，情志应该在一个完满的个性里显现出来，在这完满的个性中，某一特定的情志尽管是构成性格的基本特征，尽管是在这一个性中占有统治作用的一方面，但是人的心胸是广大的，一个真正的人可以把各种不同的情志同时包括在他的心里。人物性格所以能引起兴趣，就在于他一方面显出整体性，而同时在这种丰富性中，他仍是本身完备的主体。所以在人物性格中，尽管有一种特定的情志作为统治方面，但同时人物性格仍须保持住生动性和完满性，使他有余地可以向多方面流露他的性格，适应各种各样的情境，把一种本身发展完满的内心世界的丰富多采性显现出来。但是从形而上学（知性）的观点看来，一方面有一个统治的定性，而另一方面在这个定性范围内又有这样的多方面性，好像是不可能的。形而上学的观点爱用抽象方式单把性格的某一方面挑出来，把它标志成整个人的唯一准绳。凡是跟这种片面的统治相冲突的，在形而上学看来，就是始终不一致的。但是，就性格本身是整体因而具有生气的这个道理来看，这种始终不一致正是始终一致的，正确的。因为人的特点就在于他不仅担负多方面的矛盾，而且还忍受多方面的矛盾，在这种矛盾里仍然保持自己的本色，忠实于自己。

黑格尔关于人物性格的论述，尤其是对于形而上学观点的批判，显示了他的辩证法的光芒。完整的性格应该有某种特定的情志作为统治力量的主导方面，同时，又应显示出个性的丰富多采，使两方面达到和谐一致。这也就是"单一"（主导方面的情志）和"杂多"（丰富多彩的个性）的矛盾统一。单一是人物性格的一致性，杂多是人物性格的矛盾性或不一致性。艺术创作就要从不一致性中显示一致性，从杂多中显示单一。在艺术创作中，一旦消灭了这种作为美的法则的矛盾统一的辩证法，也就宣告了艺术生命的死亡。

黑格尔提出的一些美的法则直到今天仍旧是值得我们深思的。他在艺术美最后一部分《艺术家》中，如关于想象的活动等，也说出了许多可贵的见解。这方面我们想留待以后再来论述。我常常感到诧异，黑格尔提出的极有价值的美的法则，为什么这样被人漠视，甚至研究西方美学史的专家也往往弃置不顾，觉得不屑一提？今天在西方美学界仍是从康德出发的形式主义、感性主义等等学派风靡一时，而远远超乎康德之上的黑格尔美学却被抛在一边。在我们这里，往往有人把黑格尔的美学当作是从概念到概念的"戏论"，而不能认识到他那通过哲学思考形式表述出来的深刻见解，这比那些看来似乎十分"具体"的实证主义美学包含了无比丰富的内容。黑格尔美学中具有生命的东西是那些所谓"具体"的空疏浅薄的美学理论根本不存在的。

关于黑格尔《美学序论》部分，评论家论述最多。有些意见我觉得没有重复的必要，有些意见我想提出自己的一些看法。

我曾读到一本由专家们集体编写的《美学原理》。这部书第一篇关于《德国古典唯心主义美学》部分，提到了黑格尔美学与康德美学的关系。论者并不直截地说黑格尔美学仍受着康德美学的局限，只是委婉地暗示读者：黑格尔也存在着康德的"无利害关系"的观点。这是值得我们加以探讨的。

黑格尔在美学中正如在哲学中一样，曾着力地批判了康德的物自体不可知论。康德的审美判断只涉及形式，不涉及内容，对象只是以它的形式而不是以它的存在产生美。所以，他认为审美活动必须对于对象的存在采取一种冷淡的态度。黑格尔指出，在康德那里，主观思想与客观事物的对立是固定不变的。这两方面的对立虽然在所谓"直觉的知解"中找到了统一，但是他把这种矛盾的和解只看成是主观的，而没有一个恰当的实在界和它对应。黑格尔认为康德的审美判断，不能使人认识客观对象的性质，它只表现一种主观的反省方式。美的对象既然只是主观的，就不能是自在自为的真实。

黑格尔在《序论》中说："尽管说在有些人认为一切真实的东西都是不可理解的，可理解的只是些有限现象和有时间性的偶然事物，其实这话是不对的。只有真实的东西才是可以理解的，因为真实是绝对概念，即理念为基础的，美只是真实的一种表现方式，所以只要能理解的思考真正有概念的威力武装着，它就可以理解美。"这段话就是对康德的批判。康德认为物自体不可知，所以他很自然地否定美的对象包括真实的内容。但是黑格尔恰恰与此相反。他认为"艺术的使命是在于用感性的艺术形象的形式去显示真实"。因为理念本身是真实的，只有真的才能是美的。所谓"理念在感性中的显现"这条美的定义，它的含义不过是说，美和真是一致的，美只是通过感性形式表现真实，因而同哲学通过思考形式表现真实有所区别罢了。但这种区别仅仅在于表现形式上不同，至于内容却都是以同一真实为对象。自然，黑格尔说的真实具有一种思辨的属性，他只是从客观唯心主义去批判康德的不可知论。但是，他由此出发，论证了存在与思维的同一性，克服了康德在存在与思维之间所设下的不可逾越的鸿沟。

所谓"无利害关系"的观点倘是从实用主义或功利主义观点上提出来的，那么这正是黑格尔所反对的。他说："荷拉斯的'诗人既求效益又求娱乐'一句言简意赅的箴言到后来经过无穷的推演和冲淡，以至变成一种最俗滥最肤浅的艺术论。"这种艺术论趋向这样的极端，以至把艺术看成没有自己的目的，使它降为一种仅供娱乐的单纯游戏，或是一种单纯教训的手段了。黑格尔反对把艺术的目的规定为"教训"。他认为，如果把艺术内容的普遍性看作是抽象的议论，干燥的感想，普泛的教条，那就会使艺术形象变成一种单纯的外壳或外形，从而形成感性的个别事物和心灵性的普遍性相分裂开来，彼此相外。这样，艺术的目的就不在它自身，而在另一种事物上。但是，艺术的效用应该从艺术本身的性质阐发出来。黑格尔认为，人类生存的全部内容是非常复杂的。人类社会形成规模巨大组织繁复的经济网，商业、航业、工艺；较高一层的是权利、法律、家庭生活、阶级划分以及庞大的国家机构；此外，还有包罗万象的知识系统，艺术活动和美的兴趣就是其中之一。这种种需要之间有什么必然联系？黑格尔说："按照科学要求，就得深入研究它们本质上的内在联系和彼此间的必然性。因为它们不只是借效用就能联系在一起的，而是相辅相成的。"效用的观点也就是实用或功利的观点。黑格尔反对效用的观点是正确的。

马克思在《资本论》中批判边沁的功利主义说：

> 杰勒米·边沁是一种纯粹的英国现象。就把我们的哲学家克利斯钦·沃尔夫包括在内来说，也不曾在任何时代，任何国家，有过这样不足齿的平凡，这样满足的横行阔步。效用原理并不是边沁的发现。他不过无意味地把爱尔维修及其他十八世纪法兰西人的才气横溢的言论再生产罢了。例如，要知道什么对犬有效用，先得研究犬性。这种犬性自身，是不能用效用原理来推知的。应用到人身上来，人们想依效用原则来判断人的一切行为、运动、关系等等时，也首先要研究人性一般，然后研究各时期历史地变化了的人性。边沁不要研究这些，却用他的极干燥无味的素朴性，把近代的买卖人，特别是英国的买卖人，假定为标准的人。一切对这标准人及其世界有效用的，就其自身说，就是有效用的。他还用这个标尺，来判断过去与将来。(P. 365)

研究事物的效用首先必须研究事物本身的性质。只有把事物本身的性质充分揭示出来，才可以见出它的真实效用。事物的性质是不可穷尽的，许多事物由于它们的性质还没有揭示出来，它们的效用也就不能显露；有些事物一直是被认作毫无用处的，但当它们的性质研究出来后，往往成为极有用处的东西。因此，科学的理论研究，就不能用狭隘的效用观点去衡量，根据眼前是不是有用为标准。美索不达米亚等地的居民为了眼前的效用，根除森林以求取得耕地的面积，他们当时这样做的确取得了一定的收获，但是他们根本没有想到，从长远的利益来看，他们这样做的后果就是使这些地方变成了一片荒芜不毛之地，因为他们竟使那里积蓄和贮存水分的中心也都随着森林一同消灭了（见《自然辩证法》）。黑格尔曾经正当地嘲笑了这种功利主义的效用观点，他在《小逻辑》中说："不仅从葡萄树对人们的显著用处的观点去研究葡萄树，乃进而去考量，一种其皮可制软木塞的橡树，并研究这树皮如何可以剥下来作为木塞以作封酒瓶之用。过去曾有不少书是根据这样的作风写成的。"（第二〇五节）

黑格尔认为，艺术和哲学一样，都在于认识真理，揭示真理。从这方面来说，黑格尔反对简单的效用观点并不是否定艺术的社会使命。在《序论》中，他把艺术称为"各民族的最早教师"。他并不否认历史上艺术曾为宗教服务的事实。但他认为艺术为宗教服务并不是把对象附加到先由思考产生出来的一些抽象格言和定义上去，而是艺术家通过艺术形式把他心里酝酿成熟的东西表达出来。"例如古希腊艺术就是希腊人想象神和认识真理的最高形式。"

黑格尔的错误是他认为艺术的使命在于表现现代生活中所谓"和解了的矛盾"。照他看来，在现代资本主义社会中，人生活在两种互相矛盾的世界里。从一方面看，人囚禁在寻常现实和尘世的有时间性的生活里，受到需要和穷困的压迫，受到自然的约束，受到自然冲动和情欲的支配和驱遣，纠缠在物质里，在感官欲望和它的满足里。但从另方面看，人却把自己提升到永恒的理念，提升到思想和自由的领域，把普遍的法则定为自己的意志，把世界的生动繁荣的现实剥下来，分解成一些抽象的观念。然而生活与意识之间的这种分裂必须解决，而解决这种矛盾就是哲学的使命，也同样是艺术的使命。他说："就艺术使命来说，矛盾的任何一方，只要是抽象的片面的就不能算真实，真实是在矛盾双方的和解与调停里。"事实上，要调停资本主义社会的矛盾，使之和解，这只是黑格尔的一种空想。

但是，除了这种错误之外，黑格尔在《序论》中提出的关于审美活动的实践观点却是非常值得重视的。在这方面，他又和康德形成一鲜明的对照。按照康德看来，审美只对对象形式起观照活动，而不起实践活动。相反，黑格尔总是把认识和实践结合起来考察的。他反对把"认识的主体当作一张白纸"（《小逻辑》第二二六节），只限于被动地接受，而不起主观能动作用。洛克在《人类悟性论》中说："我们不妨假设人心就像一张白纸，上面没有任何字迹，也就是说没有任何观念。"但是，黑格尔认为，认识总是和人的有目的的实践活动分不开的。他在《序论》中说："人还通过实践活动，来达到为自己，因为人有一种冲动，要在直接呈现于他面前的外在事物中实现他自己，而且就在这实践过程中认识他自己。人通过改变外在事物来达到这个目的，在这些外在事物上面刻下他自己的生活的烙印，而且发现他自己的性格在这些事物中复现了。"这一看法曾得到了马克思的称赞。马克思在《为〈神圣家族〉写的准备论文》中说："黑格尔把人的自我产生看作一个过程……这就是说，他看出了劳动的本质，他把对象的人，真正现实的人，看作他自己劳动的产品。"自然马克思也同时指出了黑格尔的局限性，这就是"黑格尔只知道而且承认劳动的一种方式，即抽象的心灵的劳动"。所以，黑格尔不能作出人在改造世界中改造自己的正确结论。

总的说来，黑格尔《美学》给我们留下了一份丰富的遗产，它的价值就是其中时时闪烁出来的辩证法的光芒。在无坚不摧的辩证法的威力下，从知性出发的形而上学的各种观点都在根本上动摇起来，纷纷瓦解了。当然，我们同时要记住马克思的话："辩证法在黑格尔手中神秘化了，但综合地、意识地叙述辩证法一般运动形态的，还要算他最早。在他手上辩证法是倒立着的，必须顺过来，我们方才能在神秘的外壳中，发现合理的核。"像黑格尔这样一个人，无论就他本人或就他的哲学来说，都有着我们必须扬弃的东西，但我觉得他在自己工作领域内那种追求真理的勇毅精神却是值得我们敬重的。就让我们来引用他下述这段话来结束我们的笔记罢：

"人应当尊敬自己并应自视能配得上最高尚的东西。精神的伟大的力量是不可以低估和小视的。那隐闭着的宇宙本质自身没有力量足以抵抗求知的勇气。对于勇毅的求知者，它只能揭开它的秘密，将它的财富和奥妙公开给他，让他享受。"

读后附释

　　（一）《笔记》中某些黑格尔专门术语的译名，没有采取朱光潜中译本的译名。例如 Begriff 朱译作"概念"（英译本作 notion），《笔记》从贺译作"总念"。因为黑格尔赋予此字的特殊含义与一般所谓"概念"有重大区别。总念指的是具体的普遍性以区别于知性的抽象的普遍性。再如 πάθος 这一古希腊语，黑格尔在书中已说明此字很难转译，因此在书中特标明此字的希腊原文，至于他是否用德语转译以及用哪个德文字来转译，朱译未曾加以说明，至于英译本用什么译名，朱译亦未注出，估计可能用的是 Pathos（英汉字典释为悲哀、哀愁、动情力、悲怆性等）；而朱译竟极草率地以"情致绵绵"的"情致"译之。这个拙劣的译名大悖原旨，且远在英译名 Pathos（动情力）之下。Pathos 作为一种动情力，含有悲怆性的意蕴，略近似于雅科布·伯麦的 Qual 这一用语的含义（英译 Qual 作 torment，intense suffering）。据恩格斯解释："Qual 按字面的意思是苦闷，是一种促使采取某种行动的痛苦；同时，神秘主义者伯麦把拉丁语 qualitas（质）的某些意义加进这个德国字；他的 Qual 和外来的痛苦相反，是能动的本原，这种本原从受 Qual 支配的事物、关系或个人的自发发展中产生出来，而反过来又推进这种发展。"（见《反杜林论》P. 326）由于自己的语言学和哲学水平所限，我不能把古希人所说的 πάθος（亚里士多德《诗学》似曾用过此字）和神秘主义者伯麦所说的 Qual 两者之间的关系作进一步探讨，这里只是提供一条线索供高明者作为参考之资。至于《笔记》中把 πάθος 转译为"情志"一词是借用刘勰的用语。《文心雕龙》中把作为情感因素的"情"和作为志思因素的"志"连缀成词，用以表示情感和志思的互相渗透。刘勰所谓"志思蓄愤"，也同样是说情志含有一种悲怆性，它是一种打动人们心弦唤起人们共鸣的动情力，不过他只是就激发诗人进行创作这方面的力量来说罢了。用情志来转译 πάθος 一词，自然并不是最惬洽的，但由于找不到更妥切的字，只能取这庶几乎近之的意义了。除此之外，在中译本中屡次出现的"静穆"一词，《笔记》中都改用"宁静"。这是因为我想到抗战前译者在自己的美学著作中曾经大肆标榜过遭到鲁迅先生驳斥的"静穆说"，这一论点和黑格尔的美学理论是毫不相干的，静穆一词早经译者赋予了特定的含义，为了避免引起"静穆说"和黑格尔的美学同出一源，或来自黑格尔的美学理论，这种不应有的暗示，而造成莫须有的误会，所以我另用在黑格尔其他哲学著作的中译本中所读到的"宁静"一词。（黑格尔《美学》中译本未注出原文）

　　（二）关于《笔记》在前面所引用的黑格尔的话："认识真理的真忱"，以及《笔记》最后所提出的黑格尔的"追求真理的勇毅精神"，我们感到必须再说几句话。不难看出，我们是把这种追求真理的勇毅精神，作为过去一些在体系和方法上或在世界观和创作上发生着矛盾的杰出的思想家或艺术家能够在一定程度上作出伟大贡献的重要因素之一。但是长期以来，只要一提到这种表现在个人身上的精神素质对于过去那些自身具有矛盾的伟大思想家或艺术家曾起着巨大的影响，就会招来凶狠的攻讦，毁谤交加，詈骂纷至，种种恶谥都一股脑地加在你的身上，似乎这种观点已成为反对马克思主义的唯心论的同义语了。这使人不由得不想到这批大大小小的勇士的叫嚣是多么勇敢地一笔勾销了马克思主义经典作家的遗训。当史达克批判费尔巴哈的"唯心主义"时说："难道同情、爱以及为真理和正义服务的热忱，不是理想的力量吗？"恩格斯马上指出，史达克"无非是把追求理想目的的这种意向叫作唯心主义"。接着恩格斯揭示了这种错误的根源，乃在于"认为信仰道德理想即信仰社会理想是哲学唯心主义本质的这种偏见，是在哲学领域以外发生的，是在那些从席勒诗歌中拾取了他们所需要的哲学知识断片的德国庸人中发生的"。为了纠正这种偏见，恩格斯进一步指出："外界对于人的影响显印在人的头脑中，在头脑中反映成为感觉、思想、动机、意志表现，一句话，就是反映成为'理想的力量。'如果一个人只因他有'理想的意向'并承认'理想的力量'对他的影响，就算是一个唯心主义者，那么任何一个稍稍正常发展的人就都是天生的唯心主义者了，于是就有一点不可以了解：世上怎么会有唯物主义者呢？"（见《费尔巴哈与德国古典哲学的终结》）

　　马克思、恩格斯是首先指出黑格尔哲学中的体系和方法的矛盾问题的。但是，问题不仅在于我们应该认识这种矛盾，而必须进一步理解马克思所指出的："黑格尔常常在思辨的叙述中，作出把握事物本身的真实的叙述"；必须进一步理解恩格斯以不同的语言所表达的同样的观点：黑格尔哲学"形式是很唯心的，而内容却是很现实的"。为什么有这种可能? 在《笔记》中, 我们回答了这个问题, 认为这种可能性是基于黑格尔所具有的那种追求真理的勇毅精神。我觉得, 在这里我们还必须作出更充分的补充说明。

车尔尼雪夫斯基由于历史的社会的条件限制, 没有成为一个马克思主义者。但是他也看出了"黑格尔的原则是非常有力、非常宽广的, 可是结论却狭窄而渺小"。所谓原则和结论的矛盾, 也正是马克思以更精确的语言所指出的体系与方法的矛盾。车尔尼雪夫斯基认为黑格尔哲学中最可贵的地方就在于他"真诚地、不知疲劳地寻觅真理"的勇毅精神, 并且把这一点和他的"思维的辩证方法"联系起来加以考察。现在我们就把车尔尼雪夫斯基阐述这个出色见解的原话抄引在下面:

> 首先我们要指出每一次进步中最有影响力的原则, 一般说来, 在德国哲学中, 特别在黑格尔的体系中, 这种原则和当时(十九世纪的开端)在法国人和英国人那里占有主宰地位的伪善而卑怯的观点有多么尖锐而明显的区别: "真理——是思维的最高目的; 寻觅真理去, 因为幸福就在真理里面; 不管它是什么样的真理, 它是比一切不真实的东西更好的; 思想家的第一个责任就是: 不要在随便什么结果之前让步; 他应当为了真理而牺牲他的最心爱的意见。迷妄是一切毁灭的来源; 真理是最高的幸福, 也是一切其他幸福的来源。"为了估计康德以来整个德国哲学这个共通的要求, 特别是黑格尔所有力地表示的要求的异常重要的意义, 我们应当记得, 有一些怎样奇怪而偏狭的条件, 限制着当时其他派别的思想家的真理: 他们所以研究哲学, 无非为了"证明为他们所尊重的信念", 也就是说, 他们寻觅的不是真理, 而是对自己的先

入之见的支持；每个人所选取的真理，就只是他所喜欢的，每一种他所不喜欢的真理，他就加以排斥，他会毫不客气地承认，悦目的谬误，在他看来，要比不偏不倚的真理更好。德国哲学家（特别是黑格尔）是把这种不关心真理，只关心证明自己所喜欢的偏见的作风，叫作"主观的思维"，是为了个人满足，而不是为了真理的真正需要而进行的哲学研究。黑格尔猛烈地揭穿了这种空洞有害的玩乐。黑格尔所提出的"思维的辩证方法"，就是用来防止为了讨好个人的愿望和偏见因而想脱离真理的企图的必要手段。这个方法的实质就是：一个思想家不应当自安于随便哪个肯定的结论，而应当搜索，在他所思索的对象中，有没有和这种对象初次所表现的东西相对立的质和力；因此，思想家就不得不从各方面来观察对象，而真理，在他看来无非是各种各样对立意见斗争的结果。这种方法，代替以前对于对象的片面理解，渐渐变成完整而全面的研究，同时对于对象的所有真正性质，都有生动的理解。解释现实，变成哲学思维的根本责任了。对现实十分严肃的注意，就从这里开始，而过去对于现实是并不考虑的，为了满足自己片面的偏见，就毫不客气地把它歪曲。这样一来，真诚地、不知疲劳地寻觅真理，就把以前任性解释的位置取而代之。然而在现实中，一切都取决于环境，取决于空间与时间的因素，——因此黑格尔承认，过去人们用一般文句来判断善与恶，但却不观察某一个现象所从而产生的情势和原因，——这些一般的、抽象的箴言是不能令人满意的；每一种事物，每一种现象都有它本身的意义，因此就应当按照它所凭以生存的环境来对它下判断；这个规则可以用这个公式表现出来："抽象的真理是没有的：真理总是具体的", 也就是说, 只有在观察某一特定的事实所从而产生的一切情势之后, 才能对这一事实发出一定的判断。

在这段引文后, 还有一长段"原注", 提出"是善呢还是恶?"的问题来阐释辩证观点, 斯大林曾在他的文章中引用过, 这里不再抄录了。上述引文见于《俄国文学果戈理时期概观》。在这里, 车尔尼雪夫斯基把黑格尔的辩证法的特征阐述得这样透彻, 使我们觉得用不着再来加以引申了。认为不管什么样的真理, 总比一切不真实的东西更好; 宁可接受辛辣的真理, 也不要悦目的谬误; 为了真理, 纵使牺牲自己最心爱的意见, 纵使放弃自己最尊重的信念, 也在所不惜。这就是黑格尔所说的"认识真理的真忱", 或者借用鲁迅的说法这就是"人类渴仰完全的潜力"。这种力量在黑格尔那里就从"常常爆发出革命的愤火"的辩证法中体现出来; 在巴尔扎克那里就从"违反他自己的阶级同情和政治偏见"的现实主义中体现出来。

(三)《笔记》中(第三段)在阐述知性不能掌握美时说到"知性只是理性认识的一个低级环节", 事前曾和韦卓民先生讨论过, 他来信表示这种说法不妥。然而这并非出于杜撰, 乃是黑格尔本人的说法。《小逻辑》第八二节中说: "玄思逻辑(按即辩证逻辑)内即包含有单纯的知性逻辑, 而且从前者即可抽出后者。"(中译本 P. 193)又, 第三六节: "在玄思的哲学里(即辩证法), 知性亦应是必不可少的一'时段'(moment)[亦可译作环节或阶段], 但却是不能老停滞不前的'时段'"。(P. 120)为什么知性作为理性认识的一个低级环节在认识的全部过程中是不可少的呢?《小逻辑》第八〇节说: "我们必须首先承认知性式的思想之权利和优点，大概讲来，无论在理论的和实践的范围内，没有理智，便不会有坚定性和确定性。"（P. 184）形而上学的观点的缺陷乃在于坚持着并停滞在知性逻辑和知性范畴。例如恩格斯所指出的那些"在法国为行将到来的革命启发过人们头脑的伟大人物"（指启蒙学派），就是以"思维着的悟性（应改译作"知性"）作为衡量一切的唯一尺度"（《反杜林论》）。

恩格斯对于以知性为出发点的形而上学的批判，几乎可以说是全部采纳了黑格尔的观点并加以发展的。这里试将《小逻辑》和《反杜林论》中有关部分作一比较，就可见出两者关于形而上学的观点是多么近似。

《小逻辑》："古代希腊的哲学家，完全生活在活泼具体的感官的直观世界中，除了上天下地之外，别无其他假定……"（第三一节）

《反杜林论》："当我们深思熟虑地考察自然界或人类历史或我们自己的精神活动的时候，首先呈现在我们眼前的，是一幅由种种联系和相互作用无穷无尽地交织起来的画面，其中没有任何东西是不动的和不变的，而是一切都在运动、变化、产生和消失。这个原始的素朴的但实质上正确的世界观是古希腊哲学的世界观……"（P. 18）

《小逻辑》：论述知性的理智的区别作用不可少时说："知识起始于认识当前的对象而得其确定的区别。例如在自然研究里，我们必须区别质料、力量、类别等，将每一类孤立起来，而确定其形式。在这里，思想作为分析的理智而进行，而知性的定律为同一律，为单纯的自我相关。也就是由于根据这种同一律，知识的历程才能够由一个范畴推到另一个范畴。"（"……距知性最远的活动范围里，如在艺术、宗教和哲学的领域里，理智亦复不可缺少。如果这些部门愈益缺乏知性，则将愈有缺陷。例如，在艺术里，凡是那些在性质上不同的美的形式，皆得严加区别，且得明白揭示，此皆理智活动之力。即就每一件艺术品而论。理智的活动情形亦复相同。因此一出剧诗的完美，在于对不同的剧中人的性格将其纯粹与确定性加以透彻的描绘，且在于将支配各人行为之不同的目的和兴趣，加以明白确切的表达。"）（第八○节）

《反杜林论》论述古希腊人的朴素辩证法"这种观点虽然正确地把握了现象的总画面的一般性质，却不足以说明构成这幅总画面的各个细节；我们要是不知道这些细节，就看不清总画面。为了认识这些细节，我们不得不把它们从自然的或历史的联系中抽出来，从它们的特性，它们的特殊原因和结果等等方面来逐个地加以研究。……但是，这种做法也给我们留下了一种习惯：把自然界的事物和过程孤立起来，撇开广泛的总的联系去进行考察，因此就不是把它们看作运动的东西，而是看作静止的东西；不是看作本质上变化着的东西，而是看作永恒不变的东西；不是看作活的东西，而是看作死的东西。这种考察事物的方法被培根和洛克从自然科学中移到哲学中以后，就造成了最近几个世纪所特有的局限性，即形而上学的思维方式""在形而上学者看来，事物及其在思想上的反映，即概念，是孤立的，应当逐个地和分别地加以考察的、固定的、僵硬的、一成不变的研究对象。他们在绝对不相容的对立中思维；……在他们看来，一个事物要么存在，要么就不存在；同样，一个事物不能同时是自己又是别的东西。正和负是绝对排斥的；原因和结果也同样是处于固定的相互对立中。初看起来，这种思维方式对我们来说似乎是极为可取的，因为它是合乎所谓常识的。然而，常识在它自己的日常活动范围内虽是极可尊敬的东西，但它一跨入广阔的研究领域，就会遇到最惊人的变故。形而上学的思维方式，虽然在相当广泛的、各依对象的性质大小不同的领域中是正当的，甚至必要的，可是它每一次都迟早要达到一个界限，一超过这个界限，它就要变成片面的、狭隘的、抽象的，并且陷入不可解决的矛盾，因为它们看到一个一个的事物，忘了它们互相间的联系；看到它们的存在，忘了它们的产生和消失；看到它们的静止，忘了它们的运动；因为它只见树木，不见森林。"

　　这段引文的最后部分对形而上学的批判，基本上也和黑格尔的论述近似，这里不再引《小逻辑》来互相印证了。

　　关于知性的译名（一般译作悟性），贺译《小逻辑》的《译者引言》曾作了详尽的说明，值得注意。

　　《费尔巴哈与德国古典哲学的终结》中同样说过："黑格尔所称为形而上学方法的那种旧的研究方法和思想方法，即主要把事物当作一成不变事物研究而其残余至今还牢固盘踞在人们头脑中的方法，是曾经有过伟大的历史根据的。在着手研究某种过程之前，曾经应该研究事物。起初应该知道该事物是什么，然后才可以研究该事物里面所发生的变化。当时自然科学方面的情况正是这样。认为事物一成不变的旧形而上学，就是从那把自然界的无生物和有生物都当作某种一成不变事物来研究的自然科学中成长起来的。"这里无非说从古希腊人的原始的朴素辩证观——形而上学——今天的唯物辩证法是人类认识运动的合理的发展过程。

　　（四）黑格尔的《美学》是一部渊博浩瀚的巨著，我们觉得其中的精华部分是关于美的法则的论述。《笔记》中的二、三、四三段就是对于这方面的评介。笔者打算将来如有机会以这三段为基础写一篇《黑格尔论美的法则》。

规律是现象界内部联系的必然性，是客观事物的本质在人头脑中的反映。无论在自然、社会和思维中，规律都起着决定的作用。人不能创造出规律来，而只能适应、掌握、驾驭规律来达到自己的目的。违反规律就会受到惩罚。因此理论的最高任务，首先就是认识规律并把它揭示出来。但是，规律是看不见摸不着的，只有掌握充分的资料，凭借抽象力的研究，才能把现象界的内在联系的必然性抽绎出来。

社会规律与自然规律不同，不是持久不变的。从原始社会到迄今出现的社会主义社会，随着每一种新的生产方式出现，旧的规律就失去效用退出历史舞台，而让位给新的规律。每一社会都有其独特的基本规律。作为经济基础决定的上层建筑的顶端意识形态之一的美学规律更是如此。反映每一时代不同社会基础的美学标准具有这么大的区别，只要略略涉猎一下艺术史的人是都可以看到的。以至今天如果把过去社会的任何一种独特的美的规律硬加在现在的艺术作品上面，那么都不免会受到时代错误的应有的讥评了。

不过，每一社会除有其独特的基本规律外，还存在着在一切社会经济形态下都发生作用的普遍的经济规律。例如马克思所揭示出来的生产关系一定要适合生产力性质等等就是这种普遍规律。每一社会的基本规律就其在自身领域内所发生的作用来说都是普遍性的，但就其对一切社会都适用的普遍规律来说，就成为特殊性的了。

黑格尔在《美学》中阐述的美的法则就是具有这种普遍规律的性质。它不是限定于某一社会形态的基本规律，也不是限定于某一艺术样式的基本规律，而是统摄这一切的美的普遍规律，因此我们可以称之为美的根本大法。我们觉得黑格尔论述美的法则具有极大价值，其意义就在此。

第一，黑格尔论美的法则正如他的辩证法一样，是受到他的思辨结构的体系局限的，因而是头脚倒置的，必须把它顺转过来，才能从中剥取合理的内核。

第二，黑格尔在论美的法则的时候，有时不免把某一时代独具的特殊规律当作普遍规律看待，例如对古希腊艺术就是如此，由此贬低了表现平凡的散文生活的应有的意义。

第三，黑格尔论美的法则受到他对美所下的定义的束缚，一方面很容易导致绝对主义，要求普遍的理念在个别的感性形象中完全地显现出来，正如费尔巴哈所批判的那样，"认为类在一个个体中绝对的实现，乃是一件绝对的奇迹，乃是现实界一切规律和原则的勉强取消。"费尔巴哈用"艺术表现感性事物的真理"来代替黑格尔的美的定义："理念在感性中的显现"，是由唯心主义转向了唯物主义。另方面黑格尔的美的定义也往往会给理想化的观点留下可乘之机。虽然他是强调现实的，反对理想化的；但由于他的定义本身的缺陷，使他有时不得不陷于矛盾中。例如《美学》中提出的清洗的理论和关于偶然性的理论显然是矛盾的。

图书在版编目(CIP)数据

读黑格尔 / 王元化著. — 上海：上海书店出版社，
2023.1
(王元化著作集)
ISBN 978-7-5458-2225-0

Ⅰ.①读… Ⅱ.①王… Ⅲ.①黑格尔(Hegel,
Georg Wehelm 1770-1831)—哲学思想—研究 Ⅳ.
①B516.35

中国版本图书馆CIP数据核字(2022)第188779号

统筹策划 杨英姿
责任编辑 邹　烨
封面设计 胡斌工作室

读黑格尔

王元化　著

出　　版　上海书店出版社
　　　　　（201101　上海市闵行区号景路159弄C座）
发　　行　上海人民出版社发行中心
印　　刷　苏州市越洋印刷有限公司
开　　本　890×1240　1/32
印　　张　9.5
字　　数　200,000
插　　页　2
版　　次　2023年1月第1版
印　　次　2023年1月第1次印刷
ISBN 978-7-5458-2225-0/B·122
定　　价　75.00元